红山文化之谜

考古挖掘『三亲』者口述

辽宁省政协文化和文史资料委员会⊙主编

万卷出版有限责任公司
VOLUMES PUBLISHING COMPANY

图书在版编目（CIP）数据

红山文化之谜：考古挖掘"三亲"者口述 / 辽宁省
政协文化和文史资料委员会主编. -- 沈阳：万卷出版有
限责任公司, 2025.8. -- ISBN 978-7-5470-6811-3

Ⅰ. K871.134

中国国家版本馆CIP数据核字第2025350EP7号

出 品 人：王维良
出版发行：北方联合出版传媒（集团）股份有限公司
　　　　　万卷出版有限责任公司
　　　　　（地址：沈阳市和平区十一纬路29号　邮编：110003）
印 刷 者：辽宁新华印务有限公司
经 销 者：全国新华书店
幅面尺寸：170 mm×240 mm
字　　数：300 千字
印　　张：20.75
出版时间：2025 年 6 月第 1 版
印刷时间：2025 年 6 月第 1 次印刷
责任编辑：王雨晴
责任校对：刘　洋
封面设计：白　冰
版式设计：隋　治
ISBN 978-7-5470-6811-3
定　　价：88.00 元
联系电话：024-23284090
传　　真：024-23284448

编 委 会

序

　　红山文化，曾长期湮没在历史的尘埃中。20世纪初，考古工作者尝试从零散的陶片和些许石器中拼凑出它的神秘模样，并为之求索半个多世纪。直到20世纪80年代，东山咀、牛河梁遗址的发现，才缓缓掀开了它神秘的面纱。随着对红山文化研究的不断深入和推广，其在中华文明起源中的独特价值和当代意义日益凸显，"玉出红山，礼行天下"叫响中华大地，"天人合一"的生态观、"玉以载礼"的价值观和"多元共融"的社会实践，为构建人类命运共同体贡献了东方智慧。2023年12月9日，中华文明探源工程发布最新成果，牛河梁遗址被确定为距今5800至5200年前后的古国时代第一阶段典型代表，再次明确了辽河与长江、黄河并列为中华文明主要起源地之一的重要地位。

　　近年来，辽宁省政协文化和文史资料委员会充分发挥人民政协人才荟萃、智力密集、联系广泛的优势，采取多种履职方式推动牛河梁红山文化遗址申遗，宣传推介以红山文化为代表的辽河文化，为文化强省建设作出了应有贡献。红山文化"三亲"史料是政协文史资料征集的一项重要工作，邀请曾参与红山文化发掘与研究的亲历者口述那段难忘经历，将那段历史记录、保存下来，从而更好地发挥"存史、资政、团结、育人"的作用。

在省政协党组的领导下，从 2024 年 3 月开始，省政协文化和文史资料委员会携手辽宁师范大学、辽宁大学、赤峰学院、牛河梁遗址博物馆等单位，集结各方面精英力量，数次奔赴省内外多地，分头采访当年参与红山文化相关遗址现场调查和发掘的专家、学者、技工、民工，以及红山文化研究的专家，征集"亲历、亲见、亲闻"口述史料，共整理了 21 篇口述史。这些"三亲"第一手资料，可以让读者直接体味到讲述者的心路历程和背后的故事：玉器出土时的第一缕微光、中心大墓葬打开前的期待与紧张、寒夜里围炉讨论的激情传递，甚至是那些令人会心一笑的田野趣事。这本《红山文化之谜——考古挖掘"三亲"者口述》让红山文化的发掘、研究工作不再只是严肃冰冷的学术记录，而是一段具有活性元素、深度还原历史的文化记忆。

当前，全省上下正在深入学习贯彻习近平总书记在辽宁考察时的重要讲话和重要指示精神，编辑出版《红山文化之谜——考古挖掘"三亲"者口述》是践行习近平总书记关于"推进文化自信自强、加强社会主义精神文明建设"重要要求的具体举措，必将推动红山文化作为标志性文化名片在国内外广泛传播，必将极大提升辽宁的知名度和美誉度，为打造高品质文体旅融合发展示范地提供有力支撑。

站在新的历史起点，我们应以"政协之为"激活文化遗产的当代生命力，让红山文化绽放新的文明之光，奋力谱写中国式现代化辽宁篇章。

辽宁省政协主席、党组书记　周波

目　录

1

找回湮失的文明

郭大顺⊙口述　　孙丽璐⊙整理

我是郭大顺，1938年11月出生，河北张家口宣化人。1962年、1965年先后毕业于北京大学历史系考古专业本科和硕士研究生。1968年到辽宁省博物馆工作。1983年至1994年任辽宁省文化厅副厅长兼辽宁省文物考古研究所所长。1998年退休。现为辽宁省文物考古研究院名誉院长、辽宁省文物保护专家组组长、中国考古学会名誉理事。

我先后主持了东山咀、牛河梁等著名的红山文化时期遗址考古发掘工作。著有《追寻五帝》《龙出辽河源》《礼出红山——牛河梁遗址的发现与研究》《东北文化与幽燕文明》《汇聚与传递——郭大顺考古文集》等专著及论文。学术成果收入由钱伟长总主编的《20世纪中国知名科学家学术成就概览·考古学卷·第一分册》（科学出版社，2015年）。

我到辽宁工作后不久就遇到红山文化，遇到东山咀和牛河梁这样重要的红山文化遗址，并将红山文化和中华文明起源研究作为我的工作重点和一生的追求，这对一个考古人来说是非常幸运的。特别是2023年12月国家文物局发布中华文明探源工程第五阶段成果时，将牛河梁遗址作为古国时代第一阶段的代表，引起了我对在牛河梁遗址40年亲身经历的再次回顾和对今后工作的进一步思考。

在相当长的时间内，中国人占主导地位的思想是中华文明的起源地是黄河流域。那么一向被视为古文明边缘的、长城以外燕山以北的西辽河流域为什么会在5800年前率先出现一个文明古国呢？东山咀和牛河梁红山文化遗址是怎样被发现的，它们对探究中华文明起源究竟有哪些重要作用和重大影响呢？

文明的进程，不仅仅在那些由文字组成的盛大华章典籍中，还在考古工作者细细拨开的人类的炊烟袅袅和悲欢聚散之中。那就从我开始考古工作讲起吧！

上北大，学考古

我最初选择考古有一定的偶然性，上中学时我对文史并无特别偏好。可能是受家里的影响吧，我挺喜欢读书的，我祖父是当地的举人，主办的柳川书院，是宣化一中的前身。我父亲也曾从事教育工作。1957年，我参加高考，由于我一只眼睛有弱视，报理工科专业要吃亏，就临时改成文科，报了历史学，这样就考上了北京大学历史学系。到了读完大一分专业的时候，有个学长推荐我选考古。我想着考古可能比读文献多干一些实际的事，于是就学了考古。

1962年，我本科毕业后考取了中国著名考古学家苏秉琦先生的研究生，从那时起我就正式深入研究新石器时代考古。我大学实习是在洛阳王湾遗址和山东大汶口遗址，这两个遗址在诸多史前文化中至今仍具典型性，我对它们之间的交流以东方地区影响中原地区为主的趋势印象深刻。

此后苏秉琦先生正式提出了考古学文化区系类型理论，强调各区域文化大致同步发展又相互影响并以四周向中原汇聚为交流主导方向，这成为我到辽宁工作后特别是红山文化研究的学术指导思想。

捕捉到了这一地区文明时代的曙光

1968年，我被分配到辽宁省博物馆工作，那时在国内考古界的印象里辽宁古代遗存甚少，我有了"无古可考"的忧虑。由于工作的关系，我先是接触到一批窖藏的商周青铜器，又参与了一座西周墓葬和相当于夏商时期的夏家店下层文化遗址的发掘工作，发现了与商周青铜器花纹起源有关的彩绘陶器以及等级明确的墓葬、房址等。这就不仅使我打消了以前的忧虑，而且进一步想到，北方地区的古文化水平可能不低于中原地区，它不只是被动接受中原文化的影响，甚至应该和中原地区相互影响。我的这一想法在以后对红山文化的考古发掘中有了更为确切的答案。

早在20世纪初，热河省赤峰县（今内蒙古赤峰市）郊外的一片褐红色山峦就被日本和法国的考古专家所关注，他们在这里不断发现新石器时代遗存。主持安阳殷墟考古发掘的考古学家李济呼吁："我们应当用我们的眼睛，用我们的腿，到长城以北去找中国古代史的资料，那里有我们更老的老家。"中国现代考古开始于20世纪二三十年代，差不多同时，在辽宁锦西（今葫芦岛）南票的沙锅屯和热河省赤峰县郊的红山后就发现了红山文化遗存。1954年，梁思永先生建议尹达先生在论述中国新石器时代的专书中加入红山文化的内容，于是"红山文化"被正式命名，它的分布范围包括辽宁、内蒙古和河北交界的燕山南北及长城地带。此后，从比红山文化更早的距今 8000 年的兴隆洼到阜新蒙古族自治县（以下简称"阜新县"）查海，再到 6000 年前的赵宝沟，更老的老家随着考古发掘的深入在中国北方的西辽河流域不断地被发现。不过当时对于红山文化遗址在辽宁这件事知道的很少，在野外调查时偶遇红山文化彩陶片，大家争相抢拾，视为珍奇。

1979 年 5 月，辽宁省在全国率先启动了计划四年完成的文物普查，试点选在与赤峰相邻的朝阳地区。我担任朝阳市喀喇沁左翼蒙古族自治县（以下简称"喀左县"）普查队队长，我们在普查中，将红山文化列为重点，在发现的 609 处遗址点中，有 24 个点采集到了红山文化陶片，有几处采集到的陶片较为丰富，且多彩陶，东山咀就是其中之一。

东山咀村，它现在的全称是辽宁省朝阳市喀喇沁左翼蒙古族自治县兴隆庄镇章京营子村东山咀屯，流经八百里的大凌河在它的身旁转了一道弯，青色的山丘环抱在它的身后。

那一年的秋天，我带着文物普查队对东山咀进行了首次发掘，当一道由方整石块砌筑的石墙逐渐露出的时候，我当即感觉到东山咀遗址大不寻常。它的面积不大，遗址南北长 60 米、东西宽 40 米。南侧是一用河卵石铺成的圆形台基，北侧是一长方形石基址，内置成组立石，均由经过加工的石块砌成。接着，我们在这处石砌建筑址内外，相继发现双龙首璜形玉饰、鸮形绿松石饰。由此可见，早在 5000 多年前红山文化时期就已经出现了作为中华民族文化象征的龙形象。

1982 年春暖花开的时节，我又带着文物普查队开始对东山咀遗址进行第二次发掘，掌握了遗址的全面情况。遗址南边的圆形建筑址，我们当时认为这应该就是一座祭坛，和今天北京的天坛有些类似。向北正对着方形建筑址，然后有东西对称的石墙，有个南北中轴线，石墙边上排列着大小不一的彩陶器，这些陶器都没有底部，同时遗址中还发现了一座房址和一具石化人骨。最令人兴奋的是出土了两件小型孕妇陶塑像，虽然历经5000多年的岁月斑驳，仍难掩动人魅力，造型简约而优雅，线条流畅而柔和，陶色明丽但不炫目，静静地散发着母性的光辉。东山咀遗址选址在面对大凌河和山口的高岗上，并且布局为以中轴线南圆北方左右对称，这完全不同于诸史前文化，却与后世建筑，特别是礼仪性建筑的布局相近。孕妇小雕像在从亚欧大陆到环太平洋地区的史前文化中广有发现，在中国尚未获得明确标本，它被认为是母系社会的象征物，但我们在东山咀遗址所捕捉到的却是一个文明的信息。在1979年底的普查总结汇报会上，我试探性地提出了东山咀遗址与史前祭祀和文明起源的关系，这也是我第一次把红山文化与文明起源联系起来进行思考。

1981年，我与孙守道先生合作写了一篇文章《论辽河流域的原始文明与龙的起源》，提出了一个敏感课题："以红山文化龙形象的出现为标志，我们在五千多年前辽河流域的历史源头上，看到了这一地区文明时代的曙光"，大胆地将"红山文化的研究与中国文明起源问题的探讨"联系在一起。

中华文明的源头在哪里？会在这片偏僻甚至有点荒凉的西辽河流域吗？

我将东山咀遗址具有祭祀性的石砌建筑群、陶塑人像、玉器和非实用陶器等以前史前考古罕见的发现，写信向我的导师苏秉琦先生做了汇报。当时，苏秉琦先生正在考古学文化区、系、类型理论的基础上思考中国古文化和古文明起源、形成、发展从哪里取得突破的问题，东山咀遗址的发现让他震惊："在燕山南北地区，由于一个'凌源—建平—喀左'小三角的新发现，使我们不能不刮目相看，它涉及中国历史上两大课题：中国五千年文明连绵不断的奥秘和轨迹及中国统一多民族国家是如何形成的，意义重大，不可不认真对待，花大力气，搞个水落石出。"先生于1983年7月底身体力行，冒着炎热的天气实地考察了东山咀遗址现场并在朝阳召开了"燕山南北考古"座谈会，会后他说喀左、建平、凌源三县交界处是考古的"金三角"，这促使我们正式开始发掘牛河梁遗址。

时隔5000多年的历史性会见

牛河梁，在东山咀的北部，直线距离不足30千米，处在凌源与建平的交汇处，本是一个并不起眼的地名。在绵延起伏几十千米的燕山支脉——努鲁儿虎群山中，一条被俗称为"牤牛河"的河流穿山而过，因此，牤牛河两侧的山梁被当地百姓称为"牛河梁"。在牛河梁的台地上，世世代代生活在这里的人们种上了庄稼，可是庄稼地边上层层堆积着乱石块，他们也不知道这些石块是啥年代留下来的，又是谁堆在这儿的。耕种时这些石块甚至令他们十分烦恼，可是令他们做梦也没有想到的是，这些石块竟然隐藏着一个震惊世界的重大考古发现。

说起和牛河梁的缘分也挺有故事的。1981年，我在给辽宁省朝阳市建平县做文物普查培训时，一个参加培训的乡文化站站长跟我说，他们乡马家沟村老乡家里有个"玉笔筒"。当时，寻找一批不断从赤峰、朝阳和阜新收集上来、可能时代早到新石器时代的玉器，是我们在辽西作野外考古的重要课题。当即，我们几个借了自行车，骑了15千米就去那个老乡家看，在他家柜子上确实有个"玉笔筒"，里面插着几支笔。我一看，这哪是什么笔筒啊？这不就是我们正在寻找的斜口筒形玉器吗？解开玉器具体时代的疑问可能有了希望，我赶紧问这是哪儿来的。村民说是从西梁地那儿种地时捡的，随即他把我们领到村西部101国道南侧的一道山梁耕地上，这道山梁就是牛河梁，耕地上散布有红山文化陶片，我们还临时清理到一座砌石墓葬，墓主人头部置一件玉环，还从老乡手中收集到一件双联玉璧，这接二连三的发现让我们揭开了西辽河流域中华5000年文明起源的序幕。

隔年的（1983年）9月，我调到了辽宁省文化厅工作，我做的第一件事，就是请辽宁省博物馆研究室的孙守道先生带领考古队员开始试掘牛河梁。那已是秋冬季节，野外工作不到一个月时间，却大有收获。先是在1981年发现墓葬的山梁揭露出一大片积石，得知牛河梁的庄稼地里那些令农民烦恼的层层石块竟然是古代墓葬的一种形式——"积石冢"，而且是5000多年前生活在这里的人用石块砌成的坟墓。接着是发现了史前时期唯一的庙宇和女神塑像。这个被形容为"5000年后的历史性会见"的考古大幕的揭开，让"牛河梁"这三个字一下子成为探寻中华文明起源的聚焦点。

"这几天人塑像残件接二连三的发现使参与发掘的考古工作者都有一种预感，可能有更为重要的发现在等待着。挖掘剥离更加小心翼翼，接着，头额、眼部已显露出来。一尊女神头像终于问世了。"我在《红山文化考古记》一书中详细记述了女神像问世的一幕："面部呈鲜红色，唇部涂朱，为方圆形扁脸，颧骨突起，眼斜立，鼻梁低而短，圆鼻头……上唇外龇富于动感，嘴角圆而上翘，唇缘肌肉掀动欲语，面颊则随嘴部的掀动而起伏变化，具有很强的节奏感和神秘感。尤其是眼球的处理上，在眼眶内深深嵌入圆形玉片为睛，使炯炯有光的眼神，一下子迸发出来，更是神来之笔。""她仰面朝天，微笑欲语，似流露着经漫长等待后又见天日的喜悦，于是人们一齐围了上去，摄影师及时抓拍了这一瞬间。"

现在回想起来，女神头像出土的那一刻还历历在目。参加考古调查的富山乡文化站站长赵文彦到附近一条冲沟内小解，突然发现冲沟的表土散露出一些类似人体的陶土块，当时在场的孙守道先生一看是泥塑的人体上臂、下肢残块。这是红山文化的吗？因为当地曾有一座清代关帝庙被拆，是否是这座庙里的泥像？但前几年东山咀已有人体塑像被发现，这些陶土块属于红山文化的可能性还是很大的。于是大家跑到冲沟里仔细地搜寻起来，很快，又发现泥塑人像的鼻、乳房和四肢等残块，可以将这些残块摆出一个相当于真人约 2 倍、盘腿正坐的人体雕像，并在沟东地表以下很浅的地层中揭露出一座多室的半地穴式房子，里面堆满了泥塑残块。我得到消息马上从沈阳赶来，和孙守道对四周进行勘察，并根据泥塑人像残件作出初步判断：这些人像是神像，而神像所在的房子，肯定不是住所，而是祭祀地，应该就是一座庙宇。天黑了，我们回到住的老乡家，这一宿谁也没睡好，就盼着天亮继续挖。

第二天，天刚放亮，我们草草吃过饭就到现场了，我根据昨天傍晚的勘察给考古队员指出试掘的具体地点、范围，并嘱咐大家要小心谨慎，手中活要细。孙守道默默不语，两眼紧盯着考古队员铲土的铲子，生怕错过什么。刚刚揭开不到半米厚的表土，神庙遗址的轮廓就显露出来了。

那时都快入冬了，虽然有点冷，但我们的热情极高。11 月 2 日那天，在神庙主室西侧北壁下，一个考古队员轻轻拿开一块陶手掌，再用刷子刷去泥土，用竹扦剔去鼻窝里的泥土后，又将旁落的鼻子恢复到原位，一个完整的人面塑像就出现在我们面前。女神头像塑泥为黄土质，有较大黏性，掺草禾一类植物，未经烧制。内胎泥质较粗，捏塑的各个部位为细泥质。外皮打磨光滑。

这女神头像会是谁呢？我记得当时流行一首歌，歌词是："一把黄土塑成千万个你我，静脉是长城，动脉是黄河，五千年的文化是生生不息的脉搏，提醒你、提醒我，我们拥有个名字叫中国。"一把黄土塑成千万个你我，这女神头像不就是我们黄土做的祖先吗？

女神庙是北方史前时期流行的半地穴式建筑，尽管有大火烧毁的痕迹，但是依然可以想象出当时的富丽堂皇。神庙总面积约75平方米，呈"亞"字形的多室结构，有狭长的过道，木骨泥墙上装饰有仿木建筑构件，墙面还绘有赭红、黄白相间的彩色几何纹样，还有数尊分别相当于真人3倍、2倍和等同的女神塑像也被供奉在这座神庙中。

红山女神的出土表明，这座神庙是目前已知的中国5000年文明史上最早的庙宇，这意味着，在5000多年前，我们中国就有了祭祀的殿堂，即宗庙。在中国，以血缘为纽带的祖先崇拜就是中国人信仰和崇拜礼仪的主要形式，红山文化的信仰逐渐由自然崇拜和图腾崇拜进入祖先崇拜阶段。苏秉琦先生誉女神庙为"海内孤本"，并确认其功能为祭祖场所，认为女神头像"是红山人的女祖，也就是中华民族的共祖"。

以玉通神为礼

与此同时，我们又在最初发现积石冢墓葬的山梁和附近山梁发现了更多的积石冢。这些积石冢环绕于女神庙周围，形状有方有圆，有双冢相迭相套，还有石块砌筑的冢界，周围还散落着一些陶塑、彩陶罐的碎片。无论是一地单冢或多冢，无论规模大或小，每个地点都设有具王者身份的一座中心大墓，其他墓葬置于中心大墓南侧，这是文明起源时期社会结构变

◎ 1984年8月牛河梁第二地点一号冢四号墓出土红山文化玉龙

革最具"典型性"的实例。同时，由于积石冢所在的山岗各自独立，冢有冢界，可明确判断出每个地点为基本单元，每个地点群冢中的每个冢为次单元。每个基本单元只有一座中心大墓，说明每个社会基本单元有一个王者。

积石冢中的墓葬无论规模大小，大多有玉器随葬。1984年，我们在牛河梁遗址第二地点一号冢四号墓中发现了放在墓主人胸腹部上的两件玉雕龙和一件斜口筒形玉器（当时称马蹄形玉箍）。这是红山文化最具代表性的玉器，于是寻找多年的红山文化玉器终于"一锤定音"。消息传到海外，欧美一些著名博物馆如大英博物馆、华盛顿赛克勒博物馆等早年收藏的红山文化玉器也在重新认定后调整陈列，再次发表。

我们还在牛河梁遗址五号地点一号的中心大墓内发现了一位年迈的男性，墓葬中发现了2～3层台阶。随葬品包括7件玉器，头部两侧各有1件大型玉璧，右胸部下方压着1个玉箍，右腕上套着1个玉镯，这些玉器数量多、体积大、用料精致。尤其是还出现了两只玉龟（鳖），不仅个体较大，还是一雄一雌，各握在墓主人的左右手中。在整个牛河梁的积石冢群中，手握双龟者，仅此一人。而且，在中国现今已挖掘的古代墓葬中，手握双龟者，也仅此一例。那么，他是谁？为什么要手握玉龟（鳖）入葬呢？他是"一人独尊"的王者，还是沟通天地神的巫者呢？或许他是一个集神权和王权于一身的国家统治者。

那些玉器又传递着什么样的精神密码呢？

在牛河梁异常巨大规模的积石冢群中，布局和形式都出现了等级分化，玉器几乎是唯一的随葬品，但数量并不算多，大型墓葬中一般也不超过10件，组合也不十分固定。红山文化墓葬中随葬玉器，但基本不随葬石器和陶器，我们称之为"唯玉为葬"。国学大师王国维先生释"礼"（禮）字创字的初意为"以玉事神"，是将两串玉放在器皿中供奉于神，用以沟通天地神灵。红山文化的"唯玉为葬"习俗是最好的证明，说明了史前玉器确已具礼器性质，"以玉通神为礼"也是中国文明起源的一个重要特点。

介绍了女神庙和积石冢后再谈谈祭坛。前面讲到，1979年在东山咀遗址就发现了祭坛，圆形坛面，位置在南部，直径2米多。后来在牛河梁第二地点发现了规模更大、结构也更为标准的祭坛，这座祭坛在山梁顶部正中位置，正圆形，直径22米，几乎是东山咀祭坛的10倍。尤其是这座祭坛是用淡红色的玄武岩柱状石立砌，形成由外到内的三层坛界，这同中国古代祭天的圜丘结构如北京明清时期天坛的圜丘完全相同，而且三层圆之间的距离不等距，外圈距中圈的距离大于中圈到内圈的距离。天文考古学者考证，这一比例符合冬至和夏至、春分到秋分这二分二至的天文学规律。牛河梁这座祭坛的发现意义十分重大：一是说明这座圜丘就是当时祭天的地方；二是说明红山先人已掌握了相当准确的天文知识；三是说明祭天的圜丘,从结构到布局,从 5000 年前一直延续到明清时期,是中华文化与文明连续性的一个十分有力的证据。

这样,红山文化"坛庙冢"三位一体的祭祀建筑以一个完整体系呈现于世人,正如苏秉琦先生考察牛河梁遗址后的题词:"红山文化坛庙冢,中华文明一象征。"

最后再来谈谈大家都比较关心的玉器。玉器之于红山先民而言,不仅仅是社会权力的表现,更是精神世界的映照,在红山社会结构的鲜明等级差异中贯穿生死。由于红山文化为神权至上的社会,勾云形玉器应为神权象征物。还有最先在当地村民家见到的斜口筒形玉器,也是红山文化玉器中最常见的一种玉类,仅牛河梁遗址就出土了 23 件,传世和各地收集 20 余件,海外收藏的红山文化玉器中也多见这种斜口筒形玉器,总计超过 50 件。后来我们将其和安徽省凌家滩遗址中墓葬出土的 3 件斜口筒形玉

◎ 2003 年郭大顺在巴黎吉美博物馆参观该馆早年收藏陈列的红山文化玉龙

器——龟壳做比较，判断红山文化的斜口筒形玉器的原型就是龟壳，是龟壳的简化和神化，这是一个突破性的认识。龟灵崇拜在中国史前时期广泛存在，尤其是刚刚提到的中心大墓随葬的那两件玉龟（鳖），它们表达的已不是占卜是非凶吉，而是对神权的掌握，是古人对龟灵崇拜的升华。当然，由造型相对单调的斜口筒形玉器联想到玉龟壳，在思路上是很大的跳跃，要取得共识，还要在发现和研究上下更大的功夫。

红山文化玉器的造型高度抽象化，关于各类动物形玉器的原型这一认知是一个不断认识和修正的过程。比如玉龙的原型是猪还是熊？还有关于龙的起源和演变这一问题。

发现这件器物的时候，我们觉得这件器物整体造型像猪，是同农业相联系的，以为红山文化主要从事农耕，猪和农业有关系，所以我们就叫它玉猪龙；但是后来在发掘过程中，又不断出现熊的题材，如女神庙的泥塑熊，积石冢出土的熊下颚骨，玉器中的双熊首三孔梳背饰，还有玉熊人等，玉龙原型更类似熊。特别是将猪与熊的特征作进一步的细部对比：猪耳宽而扁，耳顶端尖，熊耳短而肥厚，耳顶端圆或尖圆；猪眼睛为梭形，熊眼睛为圆形。红山文化玉龙大多为耳肥厚而短，耳顶端圆或尖圆，目为圆形，总体具熊的特征而不同于猪。此外这一带的地理环境是森林和草原，当时的人们主要还是以采集和渔猎为主，不以

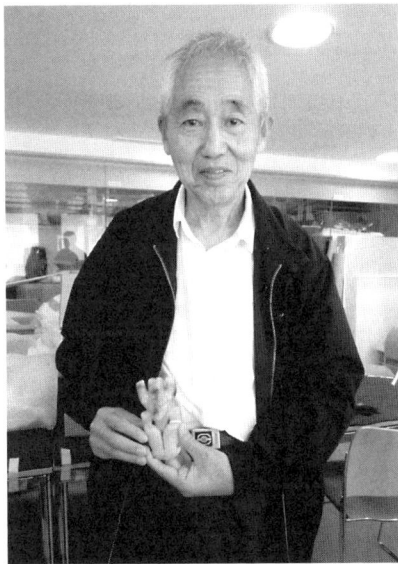

◎ 郭大顺在剑桥大学菲茨威廉姆博物馆观摩该馆收藏的红山文化玉熊人

13

农业为主，熊与渔猎有关，所以我们觉得这个玉龙原型更类似熊，这些玉雕龙大部分是玉熊龙。

龙是中国人的精神图腾，牵系着每一位中华儿女的民族情结，中国号称"龙的故乡"，中国人自称"龙的传人"。那么，龙又起源于哪里呢？它又是如何随着时间的流逝而演变的呢？

龙出辽河源。辽河流域发现的史前时期的龙时间最早、类型最多、序列最完整。在距今8000年兴隆洼文化的阜新查海遗址，就出现了石堆塑龙，也发现了有龙崇拜的陶片摆放造型。到距今6000年的赵宝沟文化中，已在陶尊上刻画出线条极为流畅的龙的组合。所以到了红山文化时期，龙已完全定型并以精美绝伦的玉器形式表现。在红山文化分布区，有玦形玉龙20余件，牛河梁还出土了凤形玉器，龙、凤都有了，表明红山先民已经向"礼制"迈出了重要一步。以龙图腾崇拜为主的共同的精神信仰，是中华5000年文明的起源，是中国进入古国时期的实证。红山文化玦形玉龙在新石器时代晚期传播到中原和南方，在中原的一些墓中，都出土了模仿红山文化风格制作的玦形玉龙。夏商周的青铜礼器、玉器以及建筑构件上，也以龙为最主要的装饰题材，龙的形象最终成为中华民族的象征。

追溯龙的起源，不仅可以揭示中华文明起源的问题，而且对了解五帝时期的历史文化意义重大。

此外，彩陶是红山文化又一主要内涵。牛河梁遗址第一期所出彩陶，多钵盆类，可能与日常生活有密切关系。第二、三期都主要为见于女神庙和积石冢上成行排列的彩陶筒形器，应与祭祀有关。这些彩陶是在中原仰韶文化彩陶的影响下产生的，是红山文化与仰韶文化南北交流的见证。

5000年是那样久远、悠长。在中国的历史上，5000年前曾只有"黄帝讨炎帝、诛蚩尤"的神话，只有"尧舜禹"的传说，"三皇五帝"只是人们口口相传的一个个动人故事。号称"四大文明古国"的中国，她的文明究竟起源于何时？她的文明究竟起源于何方？当人们还在一次次地画着问号的时候，红山先民把夏代以前的"三皇五帝"传说变成了真实存在。

传说黄帝与蚩尤、炎帝的两次大战都发生在今天的桑干河流域，这个地方正是南北文化的交汇点，也是仰韶文化、大汶口文化与晚期的红山文化交汇融合的地方。最近在我的家乡、桑干河附近的张家口市宣化区洋河南的郑家沟一带，发现了大规模的红山文化积石冢和玉龙等典型红山文化玉器，还发现了一尊彩塑熊首，引起大家与文献所记"黄帝有熊氏"的联想。另外，不少红山文化玉器与凌家滩文化的玉器颇具相似之处。彩陶也吸收了中原的仰韶文化。这些发现证实了5000多年前辽河流域和黄河中下游、长江中下游等地已经有了物质文化的融合和精神文化的交流。

"礼莫大于敬天，仪莫大于郊祀"，敬天法祖是中华民族最鲜明的胎记，从上古到明清，纵横数万里，横跨几千年，一脉相承，代代相传。在周围近50平方千米的范围内，红山先民充分利用山形地势营造出了坛、庙、冢宏大而又严谨的布局。女神庙和山台位于牛河梁主梁梁顶，坐北朝南；祭坛坐落于女神庙南方，低于主梁的山梁中部，呈"北庙南坛"布局，形成一条南北中线；其他积石冢则分布于四周。这样的布局理念一直延续到了明清时期。祭祀仪式中用来表达信仰与寄托的玉龙、玉凤、玉龟、玉人等那些复杂而又精美的玉器更是带着祖先的精神血脉传承至今。

从牛河梁诸遗址点及所处环境看，这是一处出于对大自然敬畏、尊重，以沟通天地神灵、天人合一的宇宙观，营造出的人文融于自然的大文化景观，环境也是祭祀的组成部分。

在那个更为久远的时代，红山先民生活在这个春有百花冬有雪、夏有凉风秋有月的大东北，他们在开阔平坦的丘陵或者漫长的坡地，背风向阳、开阔平坦的地势上建造自己的家园，他们除了以采集渔猎来果腹之外，也会种植一些谷物。他们对大自然的敬畏尊重程度极高，将最宝贵的材料制作出玉龙、玉猪龙、玉龟、勾云形佩、玉筒、玉璧等，这些玉器成为沟通天地神灵的法器，各有所祭，随葬在墓中。

牛河梁是古国的都城

随着"中华文明探源工程""考古中国"等重大项目的相继启动，牛河梁文化遗址保护连续几年被写进了辽宁省政府工作报告。这几年，牛河梁文化遗址的考古发掘工作不断取得突破性进展，在距离牛河梁遗址仅

◎ 1985年9月郭大顺陪同俞伟超、张忠培、严文明考察牛河梁遗址

仅 6.5 千米的上朝阳沟村，我们发现了一处大型红山先民的聚落遗址，发现了 27 座房址。这一发现也终于让我们对多年来"红山先民居住在哪儿、生活状况如何"有了更多认识。

红山古国的范围向北可到达吉林白城一带，向西越过燕山山脉到了冀西北的桑干河流域，向东南沿着辽河顺流而下，到了辽河入海口，也就是盘锦，虽然那里大部分是沼泽地，但是也出现了大量的红山彩陶片，也属于红山文化的遗存。牛河梁是红山古国的中心，亦是都城。

为什么说牛河梁是都城呢？因为在那里我们发现了城墙的痕迹，但是这个城墙和其他中原地区的城址不同，没有夯土砌筑的四方的城墙，是在山台上有"依崖型"城墙，是时代更早的护坡式城墙。当然，说牛河梁是都城，最主要是因为坛、庙、冢这种祭祀礼仪性的建筑，这是都城最基本的要素，而且它们不是孤立的，而是配套的，又各有不同功能，有的是祭天，有的是祭祖。最重要的是它的布局有中轴线，两侧是对称的，牛河梁第一地点山台具城址性质，东、西、北有护坡石墙。陕北与内蒙古河套地区龙山时期多有护坡式城墙。即使没城墙，有坛、庙、冢祭祀这一套，也可以成为都城；即使有城墙，没有坛、庙、冢这一套，也不会成为都城。除此之外，牛河梁积石冢拥有具王者身份的中心大墓，坛、庙、冢作为中国传统礼制的最高形式，起源于红山，这是红山文化具国家形态的主要标志。

很多人都想知道，5000 多年前我们所生活的西辽河流域这片土地会是什么样子呢？那我来给你们描绘一下吧。

这里地处内蒙古高原向华北平原和沿海过渡的地带，有丘陵山地，有河谷平原，茂密的森林里针叶林与阔叶林交混生长。生活在这里的人们已经进入了文明古国的初级阶段，他们以采集和渔猎为主，也栽培了黍（糜子）和粟（小米），人类从大自然中获取食物的同时，更尊崇自然，他们制作精美的玉器，沟通天、地、神，以坛、庙、冢为主形成了完整的祭祀体系。

红山文化在跨进古国时代的发展演变过程中，有当地深厚的历史文化基础和东北地区渔猎文化的背景，也有同邻区主要是中原地区的频繁交流。牛河梁遗址发现了两类冶铜遗存，内蒙古自治区赤峰市敖汉旗的西台遗址的围壕和房址堆积中，共出土10多件陶铸范，说明西辽河地区早有冶铜传统，并为夏商时期冶铜业所继承，对此不应忽视。

跨进古国时代的红山文化，无论是"坛庙冢"和玉器及彩陶的高度规范化，还是以祭天祭祖为主要内容的祭祀礼仪的制度化，特别是观念信仰的体系化，包括在观念信仰引领下的不断创新，与赖以生存的大自然万物的和谐共生，以及在交流中对待邻近文化的开放包容等，都是中华文明起源道路与特质的反映，也是中华文化得以代代相传的动力。

红山文化还有很多待解的谜团

在经历了分化、融合，多次交流与激烈碰撞后，红山先民率先跨入了文明的门槛。连绵不断的高低山丘中究竟埋藏了多少原始先民的智慧和创造？原始先民刚刚跨入文明门槛时又是怀着怎样的一种热情？为什么红山文化在进入文明的门槛后在向南迁移的过程中突然在辽河入海口又神秘消失？红山文化离我们很远，它还蕴藏着多少内涵和奥秘，至今我们还无法完全破译和解读。但是，红山文化又离我们很近，它曾经存在于我们生活的这方热土上，我们可以触摸它，可以感受它。

红山文化还有很多谜团待解。关于红山文化的人种，从女神头像看，红山人和现代人很像，推断可能是蒙古人种。这里处于亚欧大陆的交汇点，这个位置正是内蒙古高原、华北平原、东北平原的接合地，是连接亚欧大陆草原的通道，濒临北太平洋西岸，这意味着古代的西辽河流域处于中国南北的连接点与亚欧大陆和环太平洋两大板块的交界处。还有就是需要对红山文化时期的自然环境、地理气候进行研究，红山文化的文明程度如此发达，按说其经济基础应该是农业，但却以采集渔猎为主。红山文化的玉器如何做出来，玉料来源、玉作坊在哪里？如何制成大的陶器？牛河梁是一个大的遗址群，不同遗址间的布局关系如何，也需要做进一步的勘测和论证。这也是我不断在思考的、在研究的。

我今年已经 87 岁了，早就不参与现场考古发掘了，但我依然关注着考古事业的发展，尤其是在红山文化的研究领域上继续多做一些工作。2024 年我又有两项新的研究成果，一是我们曾在距女神庙以北约 200 米的山台北部边缘，发现堆有与女神庙同类但不同型的诸多仿木建筑构件和人体塑像，其中有约相当真人 3 倍的大耳、上臂和有蜂窝状饰的建筑构件，显示山台北部有另一座庙宇，与女神庙南北相对，当时分别称为下庙（即女神庙）和上庙。后寄希望于以后在对第一地点正式发掘时，在山台北部找到上庙的具体位置。第一地点发掘虽未找到上庙具体地点，但却证明，山台非"台"而为"台基"，台上原应有地上建筑，这是我对牛河梁遗址第一地点山台产生的一个突破性认识。由此推断，上庙不是如下庙那样的半地穴式，而为地上建筑甚至建在特筑的高台之上。从上庙采集遗物分析，都外表磨光，质地较硬，仿木建筑构件所饰蜂窝状圆洞的大小与排列较女神庙所出同类建筑构件更为紧密而规整。尤其是约相当真人 3 倍的残耳，不仅个体甚大，而且外表磨光较精，通体呈暗红色，有耳轮的表现，线条清晰流畅，质地、造型都胜于女神庙所出大耳。无论建筑的形式还是遗物的精致度，都显示上庙规格要远高于下庙，应当为主庙，可惜已不存在。可以想象，在牛河梁梁顶的高台上，矗立着一座高大的庙宇，同南部的女神庙北南相对，庙里供奉着相当真人 3 倍的神像，这是何等庄严神圣。确如苏秉琦先生所说，她是红山人的女祖，也就是中华民族的共祖。现在上庙的那件大耳静静地躺卧在辽宁省博物馆红山文化展厅的角落不被人注意，其实那才是牛河梁遗址也是红山文化乃至中国史前时期最为重要的一件遗物。

再就是有一年在黑龙江省社科院举办的一次学术研讨会上，我作了《渔猎文明的提出及其意义》的发言，认为红山文化属于东北文化区，是渔猎文明，是东北渔猎文化吸收中原农耕文化和西部草原文化先进因素，在接触交流碰撞中产生的文明火花。这同西方学者主导的以农业为前提进入文明社会的一般规律有所不同，是世界文明史研究的新课题。

牛河梁遗址和红山文化是一座宝库，是文明史的宝库、艺术史的宝库，也是思想史的宝库，需要不断深入研究下去。文明在于传承，以牛河梁遗址为中心的红山文化，既是中华五千年文明起源的象征，也是中华文化和文明连绵不断的实证。在中华文化这棵大树的总根系中，红山文化是当之无愧的直根系。"西辽河流域的红山文化是中华文明的一个主要源头"，我们已经提出了 40 多年，现在上升到了国家层面，这为我们辽宁增强历史自觉、坚定文化自信提供了力量源泉，值得我们静下心来更好地研究。

5000 多年以来，在这片满天星斗竞相闪耀的中国大地上，不同的自然环境、不同的社会风俗塑造了不同地域的地理核心。这些区域间的文化又各有所长，发展并进，积累起中华文明多元化的深厚土壤，积蓄着蓬勃力量，交流，互动，最终融为一体，这就是中国——我们和祖先共同守望过的中国。

口述者简介

郭大顺，1938 年生，辽宁省文物考古研究院名誉院长、辽宁省文史研究馆馆员、辽宁省文物保护专家组组长、中国考古学会名誉理事、国家文物鉴定委员会委员。从事新石器时代和青铜时代考古研究。主持东山咀和牛河梁红山文化遗址的发掘和前期规划保护工作。著有《追寻五帝》《龙出辽河源》《红山文化》《东北文化与幽燕文明》《汇聚与传递——郭大顺考古文集》等专著及论文。

心怀大地　情系红山

孟昭凯⊙口述　　王新辉⊙整理

　　我叫孟昭凯，1944 年 9 月 25 日出生于山东省淄博市博山区山头镇。1964 年 8 月高中毕业考入北京师范大学中文系。1972 年 4 月分配到辽宁省朝阳县第二中学任语文教员，1983 年 9 月任该校校长。1984 年 9 月调任朝阳市第一中学党支部书记兼校长。1986 年 6 月任朝阳第一师范学校党委副书记、书记。1988 年 3 月调任朝阳市教育委员会副主任。1991 年 11 月调任朝阳市文化局局长。2002 年 6 月聘为朝阳市牛河梁申报世界文化遗产指导委员会副秘书长。2004 年 9 月退休，继续从事牛河梁红山文化遗址申报世界文化遗产工作。2006 年聘为朝阳市文化产业办公室副主任。2009 年 1 月聘为朝阳市人民政府高级雇员。从 1991 年至今一直从事牛河梁相关工作，我对牛河梁的感情就像一位老父亲对孩子般的爱。

拜师

拜见郭大顺先生

第一次拜访郭先生，是 1992 年初夏的时候。

1991 年 11 月 18 日，我从朝阳市教委调到市文化局工作。我在教委的时候，就听说过牛河梁遗址，到了文化局工作，就想着一定要去看一下。1992 年初夏我到凌源办事，就特意带上了文管办的孙国平副主任一同前往。办完事，就从凌源直奔牛河梁。一下车就看到了整齐洁净的小院。院分上下两院，下院有一条甬路直通上院。上院正面是一排平房，西侧也有一排平房。房前是一排樱桃树，树前是草坪，四周环绕着松树。牛河梁遗址工作站站长朱达在门前迎候。寒暄后，我进了朱站长的办公室。一进门，我就愣了一下，这哪里是办公室，一张床，一个小桌子，桌上放着一台计算机，桌后是一把椅子，还有一个架子，架上全是文物。我进去，就没有地方容下第二个人了。简单寒暄几句后，他说今天郭先生正好在这里，你去见见？我说太好了，请带我去。

叩开郭先生的门，考古的气息扑面而来，我肃然起敬。郭先生的房间是里外两间，内间摆放着一张大一点的床，此外别无摆设。外间摆着一个铁架子，架子上全是文物。进门摆着一张桌子，桌前放着一把椅子，这应该就是先生的办公室了。多么简朴，多么实用啊！这就是辽宁省文化厅副厅长在牛河梁的办公室兼卧室啊。

郭先生指着旁边的椅子说，坐一会儿吧。我便坐了下来。就这样从白天讲到了黑天，从开头讲到结束。那种耐心、那种真诚、那种严谨，使我深受感动。这一场面深深地留在我的脑海里，直到永远。因为他是我的领导，他是长者，他是知名的考古学家，临别时，我壮着胆子说，我愿做您的学生，向您学习。他爽朗地笑了，笑得挺开心。

先生给我的印象至今十分清晰。他瘦瘦的，个子不高，头发有点花白，穿着朴实得体，说话总带着微笑，谈吐明朗，观点明确，学术问题绝不含糊。从这以后，我便恭恭敬敬地、十分虔诚地向先生请教。我只要到沈阳就拜访先生，先生就给我沏上茶水，循循善诱地给我讲考古的故事。我有什么不明白的问题，先生就毫无保留地给我诠释。久而久之，我对红山文化，对牛河梁遗址，也能说个大概。30年过去了，我也被人们称作朝阳的红山文化专家了。

我与张忠培先生

张忠培先生是吉林大学考古学专业创始人，曾任故宫博物院院长、中国考古学会理事长。我与张先生认识是在牛河梁遗址第二地点本体保护方案论证会上。他个子不高，身体微胖，脑门长着一颗"长寿瘤"，像老寿星一样。说起话来铿铿有力，但浓重的南方口音听起来有些令人似懂非懂。从此，我们结下了20多年的深厚情谊。牛河梁的所有大事，我都会向张先生请教，难事都会请他帮忙。时间长了，他那似懂非懂的话，我全都听明白了。

我第一次到张先生家里拜访是老同事带我去的。敲开了张先生的家门，直对着门口就是先生的书房，先生领我们走了进去。先生的书房可真是书房，书架上已是满满的了，地上也摆满了书，只留下了一处三角的空间、先生的办公桌和到办公桌的通道。先生落座后，让我坐在了他的对面。他倒了一杯茶水，自己拿出烟，点上一支，我们就聊了起来。当然是考古的话题。聊的时间不长，先生还有其他事情，我就匆匆告别。最开始总觉得先生很难接近，但是这次接触先生还是很和蔼可亲的。

2009 年 1 月 14 日，我仗着胆子，与曲福丛处长拜访张先生。一进屋，张先生说，有事赶紧说，我一会儿要开会去。我就赶紧介绍了曲福丛，接着我送上了女神庙和第二地点的保护方案。张先生问，什么时间论证？我说，已报国家文物局，什么时候论证不知道。张先生说，放到这里吧，我抓紧看看，有什么问题，我再与你沟通。我说，好，谢谢先生。先生说，我也不留你们了，我还得开会。我与曲福丛就离开了。曲福丛说，你要盯紧，过两天就与先生联系，张先生的意见很关键。我说，设计方案的事，张先生知道，估计错不了。

2009 年 3 月 7 日，张铁民市长随同滕卫平副省长在北京拜会中国考古学会理事长张忠培先生，就牛河梁遗址保护展示问题进行深入探讨，请张忠培先生对牛河梁遗址保护、遗址公园建设和"申遗"工作给予支持。张忠培先生说，牛河梁遗址的价值很大，保护和利用好的意义更大，在做好保护工作的前提下，还要创新发展。在这方面，中国考古学会及他本人一定给予鼎力支持。

2009 年 10 月 7 日，我与宝玉林主任拜访张忠培先生，送参加苏秉琦先生百年诞辰活动的请柬。张先生请宝主任坐在他的对面，问了宝主任一些工作经历的情况。他发现宝主任很善谈吐，便谈了较长时间，我怕先生累着，便告辞了。出来后，宝主任说，我还以为先生是大家，会很难接触呢，没想到先生还挺和蔼的。我说，那是先生看你还挺实在，否则，会不客气的。

2010 年，牛河梁遗址博物馆开工建设，每个博物馆的名字都是大家题写的，牛河梁的这个字我第一时间想到了张先生。打过电话，和先生约好时间，就一直期盼着早日拿到先生的字。一天先生给我打电话，告诉我字已经写好了，我去家里取字的时候得知先生非常重视此事。他特意选了一个大晴天，到故宫博物院内，找了一间书房，写了很多幅字，最终选了这一幅，由我带回朝阳。这幅字现刻在牛河梁遗址博物馆前面的大石头上。

牛河梁有大事难事，我都会拜访张先生，他总是知无不言、言无不尽，帮我们出主意、想办法、解决问题。可以说，牛河梁的建设，张先生是帮了大忙的。我们应该永远感谢张先生。

牛河梁保护之战

保护牛河梁遗址为何要用一个"战"字呢，因为我看见过一个个令人心酸的矿坑，聆听过领导的一次次讲话，经历过一场场战斗的情景，那真是惊心动魄啊。当年的保护之战，应该从记者的强烈呐喊开始。

牛河梁所在的地区铁矿石含量极高，岩层不深，容易开采，许多不法分子，为了利益铤而走险，在保护范围内盗挖铁矿石。在钢铁价格高的时期更是肆无忌惮。

第一次接触牛河梁遗址需要大力保护这个问题，是 1994 年我开始分管文物工作的时候。我主要负责根据调查选矿厂两家、铸造厂一家、砖厂一家、大碎石场三处、小碎石场三十处、大小矿坑若干。当时的副市长陈淑珍现场召开办公会议，解决保护范围内文物安全问题，但是收效甚微。

1996 年初，《朝阳日报》记者姜野到文化局办事，我突然想到应当让记者呼吁一下牛河梁的保护问题。第二天《牛河梁像一张麻脸》的报道很快引起了舆论的关注，国家和省内报纸也先后报道了牛河梁遗址遭到破坏的情况。其中一位记者在报道中写道："牛河梁在流泪"，描述的是牛河梁遗址环境因滥采乱挖矿石而遭受破坏的惨状。这引起了各级领导的重视，牛河梁看到了希望。

从 1996 年到 2007 年，牛河梁的保护工作一直在困难中前行，有关牛河梁保护的专题会议开了不少于 30 次，但是一直处于"我追敌跑，我退敌进"的状态。多次与选矿厂沟通协调，签订协议，对方大多是满口答应，但是依然我行我素。

2007 年 11 月 22 日，记者范学伟以《红山文化牛河梁遗址告急》为题，报道了遗址区内偷采滥挖矿石的情况。国家文物局办公室致函辽宁省文物局《关于调查牛河梁遗址遭采矿破坏事件的函》，辽宁省文化厅以《关于牛河梁遗址遭采矿破坏事件的报告》报省政府。副省长滕卫平于 11 月 27 日批示："铁民、高炜同志，请立即调查牛河梁遗址保护区内发生的采矿事件。依法对涉案人员予以查处。请将调查处理的结果报省政府。"保护牛河梁的号角正式吹响。

经市调查组深入调查，发现破坏现场触目惊心。老祖宗留下的财富将毁于一旦。张铁民市长提出两点意见：一、要一查到底；二、两市（县）负责回填矿坑和植被恢复。

2008 年 2 月，涉嫌在牛河梁遗址保护范围内偷采滥挖矿的 26 名犯罪嫌疑人被捕，并分别被判处了有期徒刑。

2008 年 7 月 22 日至 24 日，牛河梁遗址管理处对保护范围内历史遗留的砖厂、碎石场、加油站 3 家企业进行调查清理，至此保护区内无任何工厂。牛河梁遗址保护战取得了彻底胜利。

抓住时机，启动建设

2008 年 3 月 10 日，正在北京开会的陈政高省长、滕卫平副省长要到国家文物局拜访单霁翔局长，就牛河梁遗址保护、利用、展示和申遗等问题进行深入交谈。

晚上 5 点钟，我们陪同人员先行到达国家文物局，国家文物局关强副司长在大门口迎接我们。因机关已下班，关司长直接将我们领到机关食堂的一个房间里。单局长和童明康副局长在房间迎候。张春雨副局长将我们一行向单局长做了介绍。单局长说："你们来得正是时候，国家大遗址保护计划正在实施。牛河梁是三十六项重点大遗址之一，她是中华文明曙光升起的地方。书记、市长一起到文物局来，少见啊。"张铁民市长又介绍了朝阳市的市情。正谈着，陈政高省长、滕卫平副省长到了。寒暄后，座谈会开始了。单局长说："牛河梁是新石器时代北方一处重要遗址，是红山文化晚期最重要的遗址，是苏秉琦先生文明理论'满天星斗'说的佐证之一，是中华文明的曙光。其价值很高，意义重大。这次省、市领导都来了，可见地方领导的重视，牛河梁大有希望。"单局长又就牛河梁遗址下一步工作提出了指导性意见。陈政高省长就单局长提出的工作建议，发表了意见。

这次会见后，牛河梁遗址管理处处长曲福丛对我说："孟局长，这下牛河梁好办了。一是三级领导达成了共识；二是专家也有靠头了，北京有张老（张忠培先生），辽宁有郭老（郭大顺先生），朝阳有你孟老。"从此，"孟老"的称谓，代替了"老孟"的称呼。

这次会见之后，牛河梁国家考古遗址公园建设正式拉开了帷幕。

设计先行

2008 年，牛河梁的建设进入了一个新的阶段。编制可行性研究报告，争取国家发展改革委支持。编制"牛河梁国家考古遗址公园"立项申请。

经过市里几次会议研究决定，第一地点女神庙建保护棚，第二地点建保护棚，第三、第五地点回填保护、复原展示，第十六地点回填保护，第十三地点清理归安保护。

第一地点采用保护棚的方式保护没有问题，但是专家对第二地点的保护方式提出了不同意见。

2008 年 4 月 6 日，国家文物局在北京国谊宾馆召开"牛河梁遗址保护规划"调整座谈会。参加会议的有国家文物局童明康副局长、柴小明副司长、闫亚林处长，省参加会议的有张春雨副局长、吴炎亮处长、刘胜刚

◎ 2008 年 2 月，国家发展改革委和国家文物局相关人员到牛河梁调研

处长、郭大顺先生，市里有高炜副市长、曲福丛处长、办公室主任吴洋和我，还有国家专家组专家张忠培、严文明、徐光冀、侯卫东、吕舟、王力军等。会议由柴晓明主持。

张春雨副局长介绍了省文物局的意见，即女神庙保护棚调整为1500平方米，第二地点由局部覆罩调整为全部覆罩。对女神庙保护棚调整为1500平方米意见一致。对第二地点保护棚形成三种意见：一是完全回埋，是最安全的保护；二是维持原设计意见；三是建保护大棚。设计工程师王力军发言，他同意第二地点调整为全部覆罩的保护大棚。其理由一是原规划时也很矛盾，遗址全回埋，一点展示没有，肯定不行。而牛河梁最需要展示的就是第二地点，因规模太大，所以规划了局部覆罩展示，展示哪一部分也没有确定。理由二是规划时，还没有建大棚的先例，现在有了，如鸿山遗址博物馆、金沙遗址博物馆等，效果还可以，这应该成为大遗址保护的一种模式，至于影响环境是难免的，可以在设计时，尽量与环境相协调，把对环境的影响减少到最低。

张忠培先生接着说："力军先生的发言，我很受启发。但今天不形成结论性意见。女神庙的规模，我建议大顺回去，明确范围后，再定大棚规模。第二地点建不建大棚，可以先行设计，报国家文物局再议。但提醒一点，大棚不是越大越好，能罩上遗址就可以了。"最后，童明康副局长说："今天的论证很好，大家畅所欲言，虽然没有形成结论性意见，但总是向前推进了一步。我在心里暗暗高兴啊！"

会议结束后，高炜副市长特意将清华大学建筑学院副院长吕舟先生留下，专门请吕先生设计第一、二地点保护大棚。吕先生说："手里的活太多，忙不过来，请别人吧。"高副市长恳求说："今天的会议你也看到了，牛河梁在此一举，没有退路，设计好了，就能通过；设计不好，就枪毙了。你是国内知名的建筑大家，无论如何，我们就拜托先生了。"吕先生看高副市长太诚恳了，也就答应了。晚上，吕先生就给高副市长回话：他请了英国皇家建筑规划院执行主席查理·萨泽兰（以下简称"查理"）先生，设计第二地点保护大棚；他负责女神庙保护大棚，他的学生白雪、胡林等具体操作。如果可以，就签订合同。高副市长回应，可以。一块大石落了地，牛河梁看到了大遗址保护的曙光。第二天，我们高高兴兴回到了朝阳。

现场考察

2008 年 4 月 25 日，白雪、胡林、查理等人到牛河梁考察。曲福丛和我陪同。我边考察边讲解，查理用不太规范的汉语问这问那，我都一一回答。一天的考察，说话打唠，已经到了傍晚，我们回到朝阳燕都国际酒店，高副市长招待我们一行。宴席间，又对设计做了探讨。4 月 26 日，设计人员查理、白雪、胡林与张市长、高副市长、曲福丛、何俊江、吴洋和我在国际酒店会议室，交换设计理念。查理拿出了一张十六开的纸，上面画着一个椭圆形的构图，说是玉猪龙的变形。这就是第二地点保护大棚。大家先是惊叹，继而又会心地笑了，一致同意了这个方案。

2008 年 6 月 30 日，考古专家郭大顺、方殿春、朱达先生、处长曲福丛、副处长何俊江和我确定女神庙长 35 米、宽 20 米、面积 700 平方米。我将这一数字报告给白雪，他们开始设计女神庙保护棚。设计理念是吕舟先生提出来的，装文物的匣子，名为"玉匣"。

8 月 20 日，白雪最终完成了女神庙（2000 平方米）、第二地点保护棚（7200 平方米）设计方案。张铁民市长、高炜副市长同意设计方案，并报省文物局。

本体保护

女神庙保护工程施工方案由清华大学建筑学院泛道（北京）国际设计资询有限公司委托清华大学规划设计院第四研究所任菲所长负责设计。我与泛道赵工程师赴四所与任菲等研究设计事宜。任所长提出，朝阳市应出具市发改委委托书。

我说，尽快提供。没等散会，我就给何俊江打电话，说明了情况。何俊江说，马上办。当天何俊江就办妥了朝阳市发改委委托书，给我传到了泛道。第二天，我将委托书交到任所长办公室。她说，孟老先生你们办事效率可太快了。我说，朝阳市政府对牛河梁的事有指示，叫"特事特办，快事快办"。她笑着说，我们也得快事快办了。

2009年3月28日，女神庙保护工程施工方案设计完毕。2009年3月30日，我向省文物局报送女神庙保护工程施工方案。

吴炎亮处长看后说，孟老爷子，还得有一份设计说明书，专家方可论证，否则一堆图纸，专家怎么论证？我明白了，考古专家论证必须把图纸说明白了。我立即给设计院打电话，要求他们马上写一份设计说明，晚6点前我赶到院里取。我便赶到火车站，坐最早发车的动车赶往北京。晚5点，火车到站，我又买了晚9点25分的返程火车票，放心地坐地铁到了设计院。工程师小马在等着我。我看了说明书，并进行修改。请小马开车把我送到了北京站，等了一会儿，就上车了，晚饭是在车上吃的，这顿饭真香啊。第二天早8点到达沈阳，下车吃了早餐，就赶往省文物局。当我将说明书交到吴处手里时，他惊讶地说，老爷子，你这是飞啊，我服啦，明天就论证。虽然累，但是看着一项一项工作都在向前推进，心里真是说不出的高兴啊！

纪念苏秉琦先生百年诞辰

2009 年初，我到郭大顺先生家汇报牛河梁遗址第一、二地点保护棚设计工作。郭大顺先生在谈完修改意见后，跟我说今年是苏秉琦先生诞辰百年，牛河梁应该举办一次纪念活动，借此推动牛河梁遗址的各项工作。听后我立即赞同，并表示向市政府汇报。市长听后非常支持，要求尽快开始筹备工作。第二天我就把此事告诉了郭先生，郭先生看到朝阳市政府这么快就做出决策，可见对这件事非常重视。他说我们要好好筹划筹划。

郭先生建议苏秉琦先生诞辰百年要举办几项活动：一是出版苏先生文集；二是举办苏先生生平事迹展；三是塑一尊苏先生铜像；四是举办苏先生诞辰百年座谈会；五是牛河梁国家考古遗址公园启动仪式。经过与市领导沟通，最后确定了郭先生提出的方案。

铜像

塑铜像不是一朝一夕的事情，必须及早动手。郭大顺先生先与苏秉琦先生长子苏凯之联系，征求家属的意见，苏凯之又与弟弟妹妹联系，他们完全赞成，并表达了谢意。

定下来后，便开始了选像。我跟郭先生约定，尊重家属的意见。于是我与苏凯之先生联系好在北京见面。我们一同到了先生的家里。苏凯之夫人热情地招待了我。苏先生找出了父亲生前的相册，翻阅着给我介绍，最后落到了北大著名教授、考古学家宿白先生主编的《苏秉琦与当代中国考古学》封面上。这张照片是苏先生坐在绿荫黄花的草地上，手里拿着他用了大半辈子的手杖，满头银发，微笑着面对前方。那自信，那风范，那喜悦，那慈祥，给人留下了深刻的印象。我情不自禁地说这形象太好了。苏凯之先生说，我们家属都同意用这张。正好在北京，我们到张忠培先生家，征求了老先生的意见，他非常赞同。我与苏凯之先生又一同乘火车到了沈阳，征求了郭先生的意见。他说，太好了。郭先生与孙家彬沟通，正好他在沈阳。第二天，我们三人到了鲁迅美术学院孙先生的办公室，苏凯之先生把选择的照片给了孙教授，并介绍了苏秉琦先生60年圆一梦的故事，及布衣教授的为人。孙教授听后，大为感慨，表示一定要认真考虑，细心揣摩，雕塑出考古泰斗、布衣教授、一代宗师的形象。孙教授又领我们参观了他雕塑现场的样品。苏凯之先生放心地回了北京。

7月初，孙教授通知小样初步完成。接到通知后，我与宝主任立即乘车赴沈阳，会同郭先生进行了第一次审样。觉得还可以，并提出了修改意见。修改后，又请苏凯之先生进行了两次审样。最后一次审样是7月30日。苏凯之先生为了更稳妥，特邀苏秉琦先生的女儿苏怡之女士及女婿王意先生在郭先生、宝主任和我陪同下审样。因为他们是第一次观看，又是苏先生的亲人，他们的评价很关键。他们看后都说，挺像，并表示了诚挚的谢意。这样，塑像就进入到最后的工序，把小样变成铜像。在苏秉琦先生生平事迹展开幕前夕，苏先生铜像运抵牛河梁遗址展览馆，安放在展厅中央。开展那一天，苏先生的弟子和同人都在铜像前三鞠躬，表达了对先生的崇敬和怀念。

怀念

2009年10月24日下午，纪念苏秉琦先生诞辰百年座谈会在燕都国际酒店开幕。中国考古学会理事长张忠培先生讲话，谈了为什么座谈会在朝阳召开，因为牛河梁遗址的发现震撼了考古学界。苏秉琦以牛河梁为出发点，系统地提出了中国文明起源与形成的多元论，以及中国文明起源、形成及走向秦汉帝国道路的理论，这就是牛河梁考古发现所产生的意义。牛河梁考古发现的另一个重要意义，是引发苏秉琦保护大遗址的思考。苏秉琦认为牛河梁这类大遗址在我国历史进程中曾起着心脏或大动脉的作用，应该给予特殊和整体的保护。苏秉琦这一保护大遗址的理念，被国家文物局接受，并得到相当的发展，成了国家意志，形成了一系列措施和法规，现今大遗址的保护已蔚然成风。牛河梁遗址考古发现，有着如上说的两个意义。所以，我们要在这里集会，纪念牛河梁遗址发现30周年。这应归功于苏秉琦，这是我们所以要在这里集会纪念苏秉琦百年诞辰的重要原因。

接着，严文明教授发表了《永远的导师——苏秉琦与北京大学考古专业》。随后，苏先生的弟子们先后发表了怀念苏秉琦先生的讲话，甚是感人。发言到快要结束的时候，主持人说，下面给15分钟自由发言时间，坐在我身旁的张文彬局长（已退休）举手要求发言，题目是《功高德昭，风范长存》。我则为大家朗诵了一首为怀念一代宗师苏秉琦先生所作的诗《怀念》。朗诵刚一结束，全场报以热烈掌声。这首诗打动了张文彬先生，先生提出可以帮助牛河梁解决一些困难。这时的牛河梁正是建设发展的关键时刻，还有部分资金缺口。牛河梁遗址管理处立刻起草致中央首长的信函，由我去北京交给张文彬先生，不久两位中央领导作出批示。国家发展改革委安排预算外资金5000万元。

承诺

承诺是中华民族的传统美德，"言必信，行必果"。兑现承诺更是一种美德。建立苏秉琦先生纪念馆就是一个实例。

2009 年 10 月，在朝阳市举办的苏秉琦先生百年诞辰暨牛河梁遗址发现 30 周年座谈会期间，市领导会见了张忠培、严文明、黄景略、郭大顺等老先生和苏秉琦先生之子苏凯之等家属。张忠培先生建议在牛河梁建立苏秉琦先生纪念馆，其他几位先生也表示赞同。苏凯之发言对先生和市领导表示感谢，并愿意无偿捐献先生的遗物。市委书记和市长都明确表态，这是对朝阳的信任和厚爱，对苏凯之先生表示衷心的感谢，一定会把苏先生纪念馆建好，这是对老先生和家属的郑重承诺。这一承诺深深地埋入了我的心里，也变成了我的承诺。

开会期间趁家属都在朝阳，我们抓紧时间与家属商谈，听取家属的意见。家属一致同意在牛河梁建设苏先生纪念馆，并要求我们安排时间到苏先生的老家高阳看看故居。经多方打听我们得知北京大学还有苏先生的遗物，经过协商北京大学同意把苏先生的所有遗物放在新建成的苏秉琦先生纪念馆。

2011 年 10 月初，苏凯之先生给我打电话，让我们安排时间，到北京拉苏先生的遗物。郝建旭处长说尽快安排，两天后我带着王轩龙、司机樊宇和所有的包装材料，乘面包车赴北京苏先生家。到北京时已经很晚，简单住下，第二天便开始了工作。

第二天一早我们来到了苏秉琦先生家里，先生家是二楼，一进门北面是一间厨房，南面是客厅，客厅东侧是卧室，西侧有一间不大的书房。看后我十分惊叹，中国考古学泰斗就住在这里；我又十分敬佩，苏先生就是在这里创立了中国考古理论。

苏凯之夫妇热情地接待了我们，寒暄之后我们便开始工作。苏凯之先生拿一件，我就登记一件，轩龙与樊宇就包装一件，从书籍、字画、文房四宝、卡片音像、各界捐赠品到日常生活用品，件件不落。一一登记，打包装箱，胶带封存。整整工作了两天，装满了面包车，其他大件家具则由搬运公司负责。

2013 年 7 月 19 日，我与轩龙邀请苏凯之夫妇到牛河梁小住，并举行捐赠仪式。在清点先生遗物入库时，苏凯之先生睹物思人，讲了许多与物件有关的人和事，工作人员都记录下来。牛河梁遗址管理处处长郝建旭，为苏凯之先生发放了捐赠证书并讲话。苏凯之先生激动地说，我的家乡也想建父亲的纪念馆，但迟迟没有动作，今天牛河梁决心办事，并且有了动作，我相信一定能办成，一定能办好，父亲安心了，我们家属也放心了，感谢朝阳市政府，感谢牛河梁遗址管理处，感谢王馆长，特别感谢孟老，这么大岁数了还在为这件事奔忙，真是太感谢了。我听后热泪盈眶，暗下决心，无论有多大的困难也一定要把苏先生纪念馆建成。

此时已经进入纪念馆的设计阶段，需要向政府争取经费，进行下一步工作。趁王宏副市长有一天在办公室，我和王永辉局长到办公室汇报工作，由我汇报了纪念馆的来龙去脉。他听完汇报后说，政府经费太困难，再说现在正全力以赴申报世界文化遗产，纪念馆的事先放一放，以后再议。我心里咯噔一下，再议就是泥牛入海了。从此，在我参加的所有会议上，一有机会我就呼吁，甚至呐喊。2014 年 9 月 1 日，朝阳市成立牛河梁红山文化产业开发区管理委员会，撤销了牛河梁遗址管理处，我失去了呐喊的平台，承诺变成了泡沫，我很失望。

机会总是眷顾虔诚的人。2014 年 10 月 10 日，牛河梁红山文化产业开发区管理委员会常务副主任祁凤春给我打来电话，想聘我为顾问，请我一定答应，算是帮他忙。我看祁主任的态度十分诚恳，便欣然接受了。一次偶然的机会，我向祁主任提起牛河梁之前留下的两个项目，一是铁路涵桥，二是苏秉琦纪念馆。祁主任听了事情的原委后，同意由管委会出资建设苏秉琦先生纪念馆。

经过了一年的努力，当所有材料都准备就绪，我们准备向国家文物局报送的时候，省厅的处长来牛河梁办事，见到我就说苏秉琦纪念馆不能上报，因为名人纪念馆需要中央宣传部审批，国家文物局没有这个权限。国家文物局考古处王斌处长说，中国共产党中央委员会宣传部对名人故居要求很严，苏先生纪念馆怕是批不了。于是我第二天就和轩龙赶到北京找张忠培先生。我向张先生汇报了审批的有关情况，张先生立刻给国家文物局考古司关强司长打电话，帮我联系好司长，让我去国家文物局找他。我便赶快打车到国家文物局，直奔关司长办公室，向关司长汇报张先生等老专家建议在牛河梁建苏秉琦纪念馆，由朝阳市政府投资建设。关司长说，这是好事，但国家文物局确实批不了，中国共产党中央委员会宣传部也很难批。他停了一会儿说，换个角度思考，办个苏秉琦生平事迹展不行吗？我说，也挺好，但请你帮忙把馆给批了啊！他建议换个名头报，于是我们一起想名头：苏秉琦生平事迹展馆、红山文化博物馆、红山文化研究中心等。关司长说，还是红山文化研究中心好，展馆与纪念馆差不多，博物馆已经建完了，而牛河梁应该建立红山文化研究中心。红山文化研究中心的名头就这样定了下来。

又经过了 4 年时间，从建筑的设计到展陈大纲多次修改，终于完成了红山文化研究中心的建设和布展工作。2019 年 10 月，我在北京大学参加苏秉琦先生诞辰 110 周年纪念大会上，汇报了苏秉琦纪念馆已在牛河梁遗址落成，欢迎各位先生到牛河梁参观苏秉琦生平事迹展。严文明、徐光冀、赵辉等老先生带头给予了热烈的掌声。我心里美滋滋的，因为在我的努力下，朝阳总算兑现了对苏先生家属和他的弟子们的承诺。

心怀大地，情系红山

"身怀大地，情系红山"，这是沈鹏先生给我的题词。情系红山，情系牛河梁，这是我的初心，也是我的誓言。我与牛河梁遗址结缘已经 30 多个年头了。牛河梁的每一座山岗、每一片松林、每一条道路、每一个遗址点、每一处展馆、每一件文物，我都太熟悉了，太亲切了。为了她，30 多年来，我走过了多少路，坐过了多少车，见过了多少人，说过了多少话，写过了多少字。说也说不清，算也算不完。老伴的心疼和关切便是我最大的欣慰。

有人曾这样说过，退休就应该享乐，何必还奔忙呢？又有人这样说过，牛河梁有啥啊，一堆黄土，一堆石头，要想在这里发展旅游得何年何月？有人这样说过，朝阳的财政就是吃饭的财政，哪里有钱投入？牛河梁没有希望。有人这样戏谈，你退休干脆到牛河梁看大门吧。我笑而不答，心里想，只要需要，我就尽心竭力，想方设法，推动牛河梁向前发展。虽然力量微薄，但是问心无愧。

一路走来，成绩不大，辛苦却不少。谁可以见证呢？牛河梁遗址博物馆馆长王轩龙。因为他随我奔忙了多年，听过我苦苦求助的声音，听过我慷慨激昂的发言，听过我有声有色的陈述，看过我向老先生求教的虔诚，看过我为老先生服务的周到，看过我据理力争的决心，看过我写各种申报材料的一丝不苟，看过我在朝阳、沈阳、北京三地间的风尘仆仆的奔波。他曾这样跟我说，孟局长，值了。一个"值了"是对我最大的褒奖。多年来，他对我的照顾，对我的敬重，我都记在心里。

努力必有回报。今天再看牛河梁就大不一样了，博物馆、女神庙陈列馆、积石冢、祭坛陈列馆、苏秉琦纪念馆、游客服务中心巍然矗立，内环路掩映在树林之中，绿树、芳草、鲜花，景点，已是一处国家 AAAA 级旅游景区，已是一座国家考古遗址公园。她以焕然一新的容姿，迎接着八方的游客。当你翻开我写作的《牛河梁记忆》一书，就会在洋洋洒洒的几万字里，体会到两个字，一个是"情"，一个是"干"。今天的牛河梁是所有关心过牛河梁的人和所有的牛河梁人撸起袖子加油干，干出来的。作为一名牛河梁的保护者、宣传者，我希望能通过我的口述，让人们知道牛河梁是如何一步步走到今天的。

口述者简介

孟昭凯，1944 年生，山东淄博人。曾任朝阳市文化局局长，被聘为朝阳市牛河梁申报世界文化遗产指导委员会副秘书长。2004 年 9 月退休，继续从事牛河梁遗址申报世界文化遗产工作。2006 年任朝阳市文化产业办公室副主任，2009 年任朝阳市人民政府高级雇员。社会兼职，曾被聘为辽宁省红山文化研究会副会长、朝阳市红山文化研究会顾问、朝阳市历史研究会顾问。与妻子金瑞清共同编著《朝阳通史》《朝阳旅游》《牛河梁遗址》《文明圣地》《牛河梁遗址玉器赏析》《慕容燕国春秋》《三燕古都》《朝阳历史名人典故》《亚圣孟子》等专著，参与编写《朝阳辽金佛教文物》《慕容鲜卑饮食文化》《辽宁地域文化通览·朝阳分卷》《古文化·古城·古国》等著作。

对敖汉旗红山文化
考古的回忆

邵国田⊙口述　　白满达⊙整理

　　我叫邵国田，1947 年出生于内蒙古自治区敖汉旗贝子府镇王家营子村，汉族。1968 年从新惠师范毕业后分配到王家营子月明沟小学教了两年书，之后调到旗总工会工作，1972 年 7 月调到旗文化馆任文物干部。1975 年任文化馆副馆长，1980 年任文化馆馆长，1984 年任敖汉博物馆馆长直至退休。直到退休，我始终在敖汉旗从事文博工作。

　　作为一名长期从事基层文博工作的人员，我接触的文物标本贯穿了近万年到几百年的历史长河，涵盖了众多品类，其中自然也包括博大精深的红山文化。现在，我将从我踏入文博事业直至退休前后，亲身经历的敖汉旗红山文化考古中的几件往事开始讲述。

四棱山红山文化陶窑遗址的考古发现

　　1973 年至 1974 年，赤峰市（当时称昭乌达盟）松山区（当时称赤峰县）和敖汉旗进行了一次配合沙通铁路建设的考古发掘。1974 年赤峰县有两个点，一个是水地，一个是四分地，我被分配到四分地的那个点，属于夏家店下层文化的小型聚落遗址。这个点共有4人，旗县的除了我还有喀喇沁旗的郑瑞丰、辽宁省博物馆的郭大顺，主持的是昭乌达盟文物工作站的李恭笃。郑瑞丰给李恭笃打下手，我给郭大顺老师打下手。从这次发掘起，我便跟着郭老师学考古，朝夕相处有10余年的光景。

1974年6月初，为了配合铁路建设，考古队转移到敖汉旗段。敖汉旗也定了两个点，东面的一个点由赤峰文物工作站的项春松主持，郑瑞丰等五六个旗县的文物干部参加，地点为渗金吐，属于夏家店下层文化小城址。西面的是小河沿公社（现改为四道湾子镇）白斯朗营子遗址，这个点主要是发现了小河沿文化的遗址点，由于此地的发掘，"小河沿文化"才得以确立。省博物馆的人员换成了文物工作队队长李庆发，还有和我同龄的王晶辰、李宇峰。李恭笃负责小河沿文化聚落，由李宇峰配合，王晶辰发掘夏家店下层文化聚落，我和李庆发发掘一群战国土坑竖穴墓。

当我们清理约第20座墓时，由于墓地处在湿洼地段，清理的墓轰然坍塌，我和李庆发被迫停止发掘。

我们计划沿着秦长城漫步，未曾料到，在距离村庄几公里的四棱山，我们停下了脚步。在四棱山西北侧的缓坡地带，我们发现了一处红山文化遗址，地表上散布着大量的陶片和石块。

第二天，李庆发和我带领几个民工上山试掘这处红山文化遗址。没揭开不知道，一揭开不得了，我们发掘的恰恰是遗址的窑区，位于遗址西北区较高处的迎风坡面上。

我们清理了一个多星期，共清理出6座窑，其中有两个火膛口的连体窑，有双窑床和单窑床的小型窑，每座窑设计得十分合理，从下向上分别是操作场、火膛、火道、窑室、烟道以及堆积不合格产品的弃物坑。其中窑室属于地上建筑，窑壁砌出多条对称道，难怪红山文化陶器火候高、陶色匀，与这种窑室的设计有关。

我比较感兴趣的是弃物坑，那里出土了大量的陶钵、陶罐残次品。看来，红山人对产品的要求很高，很可能有质量检测人员，将不合格的打碎，不准其出场。

我们后来整理时，从这些"残次品"中修复出 30 余件陶器，其中有陶鼓，当时未能确认，直至 2009 年才有学者将其分析出来，表明这种带"革丁"的陶鼓在本地小河西文化中就已经出现，而且普遍出现在红山文化的一些聚落中。

这种陶窑不仅在东北地区新石器时代诸考古学文化中仍属最先发现的孤例，而且具有先进性，因此被收录在一些大学考古学基础的教材中。

1981 年春去朝阳学习文物普查经验

我第一次去牛河梁是 1981 年 4 月下旬，那时我和郭大顺均在承德避暑山庄编写大甸子夏家店下层文化遗址和墓地考古发掘报告，中国社会科学院考古研究所的刘观民、刘晋祥、杨虎同在避暑山庄。与刘观民商定后，我们四人抽出一周的时间到朝阳考察，观看他们在第二次全国文物普查中的考古新发现。

第二次全国文物普查文件于 1980 年由国务院发文，而辽宁是 1979 年就提前在朝阳搞试点。那时赤峰市也刚刚划回内蒙古自治区，赤峰市文物工作站及各旗县文化馆多次派人员参加朝阳试点工作，敖汉旗文化馆派出王化参加。他们搞得很热闹，不定期印发普查简报并寄给我。但如果不到现场参观，还真学不到他们的"真经"。

我们到朝阳后，先到大庙看了李庆发整理的朱碌科镇夏家店下层文化考古发掘报告，再后来分别到朝阳、喀左、建平等县的文物部门看标本、遗址、调查记录。标本是每个遗址一包，均打开包看陶片，郭大顺还不断地讲解。后来还看了东山咀祭坛遗址及出土的资料。当年牛河梁还没有被发掘，我们看的第二地点是耕地，农民春耕时恰好挖出一个骷髅骨，上面有结石晶斑，就应该是红山文化的遗存，郭大顺把骷髅骨捧起来就装在汽车的后备厢里。

后来郭大顺跟我说，发现后两年没有挖，就是考虑这种石头建筑怎样挖，一考虑就是两年，足见他们的谨慎。

第二次文物普查中敖汉旗红山文化遗址重要发现

敖汉旗第二次文物普查始于 1981 年 10 月 4 日，基本做法是参考辽宁朝阳经验，有些要求是以中国社会科学院考古研究所制定的调查表的项目进行的。原来以为有 3 年的时间总应该完成了，实际调查起来却远不是那么一回事。我们组织了一支 12 个人的队伍，分为 4 组，每个乡半个月，但实际上都不够用，总会剩下一个村完成不了，主要原因是遗址太多，超出预期。

第一期原规划 6 个乡，实际只完成了 3 个。这就告诉我们，原定的 3 年完成普查任务，在敖汉旗是不行的，结果用了 8 年。当年的统计是 3800 余处，国家文物局的李季写文章说"居全国之冠"。后来任内蒙古文化和旅游厅文物处长的苏俊又给了几千元钱，我又陆续做了补查，总数超过了 4000 处。2000 年在北京开会，国家文物局文物司司长孟宪民问我，你们的遗址怎么又增到 4000 处了？我跟他解释说，补查又新发现了一些遗址，他才认可。其实，我在每次介绍敖汉旗普查时都会加一句"普查数字仅占实际遗址的 70% 左右"，更何况敖汉北部科尔沁沙地掩埋了多少处遗址还无法获知。

敖汉旗结束普查时宣布 3800 处遗址中有红山文化遗址 521 处，后来补查有多少处未做统计。1993 年，在赤峰召开的第一届中国北方史前文化国际学术研讨会上，我提交了一篇文章题为《概述敖汉旗红山文化遗址分布》。时过 30 年，郭大顺先生还说，这是到今天为止唯一一篇分析红山文化遗址分布的文章。其实，这篇文章就是对普查中红山文化遗址分布规律的简单归纳。

敖汉旗第二次文物普查对红山文化的贡献，不仅是摸清了家底，也是对聚落分布规律的认识，更主要是将原本夹杂在红山文化遗址中的小河西、兴隆洼、赵宝沟等文化的遗存辨析出来，另立门户，完善了辽西地区史前考古学文化的谱系，这无疑是辽西地区新石器时代考古学文化认识上的一次大的飞跃。

还有一个重要的发现是，以前所见到的聚落环壕都是椭圆形的，但到了红山文化，有些大型遗址的围壕呈十分规矩的方形或长方形，第一例便是西台红山文化遗址，第二例是大甸子乡新地遗址。西台遗址经过杨虎先生局部揭露，一个"凸"字遗址展现出来，这分明是"古城"，而且还出土了数套铸造青铜饰品的陶范。这就为当时中国文明起源大讨论提供了有力证据，即文明的三大要素在这儿出现两个：城市和青铜冶炼。

敖汉旗发现的红山文化祭坛和积石冢

1985 年春，我又一次应郭大顺之邀专门去了牛河梁。那天一早我坐班车到了叶百寿，再打车到牛河梁工作站。方殿春在工作站，把我安排到一间东厢房，还将一套行李搬来，中午陪我吃完饭就等待着郭大顺副厅长的到来。

下午快 4 点，郭大顺和辛占山从小火车站下车后步行到工作站，晚饭时建平、喀左两个县的文物局都来了人，拿了一些凉肉摆了一办公桌，王晶辰也随他们到来。

第二天吃完早饭，郭大顺领着我到已经发掘的第二地点和没有发掘的几个点转了转，地表散落着无底筒形器的陶片。我采集了几片，跟郭大顺说，我要带回去和我们那个地方的陶片对比一下，看是否有同样的陶片。郭大顺说，你随便带。

快中午了，我们正要往回走，在北山挖树坑的农民冲我们喊，你们快来这儿，挖到彩陶窝子了。我俩应着喊声走过去，确实，看到新挖的树坑里出现了成堆的彩陶片。后来经过发掘才知道，这便是女神庙相关的遗址。

我回到敖汉详细地将四家子调查遗址的陶片与牛河梁的比较，对上三四处，主要是草帽山、芦家地、椴木梁，这 3 处均采集到无底筒形器的陶片。对比之后，我们又去草帽山和芦家地两处遗址现场调查，尤其是草帽山遗迹特别清晰，我便写了一篇通讯，在《中国文物报》上发表。

发掘草帽山

又过了近20年，2001年5月，中国社会科学院考古研究所李新伟和我们博物馆一起调查蚌河和老虎山河（凌河水系）的古遗址，在原有两个积石冢的基础上又发现了牛夕河、小古力吐等祭祀群。到了草帽山时，发现1号冢被当地农民破坏，随即到盗掘人家追问，让他交出方形玉璧等标本，并请示内蒙古自治区文化和旅游厅对第一地址进行抢救清理。

首次清理积石冢时，我心里没有底，就给郭大顺先生打电话请他到现场指导，他当即就答应我。他来后，每天和我们一起到工地指挥，这样不仅提速了，而且很准确地清理了坛、墓等遗迹，揭示出层层叠起的地上建筑。后来兴隆沟遗址开始发掘，需要人员协助，草帽山发掘工作就停止了。

郭大顺离开的前一天晚上，我按照当时的规定将田野补助给先生，先生不肯收，说，你们很困难，哪有经费呀！我有国家文物局专家考察经费，可以去国家文物局报销。

这年9月，时任旗长的于建设召开了一个敖汉旗考古新发现学术座谈会，严文明、张忠培、赵辉、郭素新、杨晶、高居瀚、曹星原等国内外知名专家齐聚敖汉旗热水汤，共议草帽山下一步考古发掘事宜。为此，旗政府还专门发布一个文件，协商的结果是，由北京大学牵头，与敖汉博物馆共同进行发掘。国家文物局给予10万元发掘补助经费，可惜，随着人员的变动和于旗长的调离，发掘未果。

兴隆沟遗址第二地点的发现

兴隆沟遗址第二地点是在敖汉旗第二次文物普查中第二期发现的。1982年春，内蒙古自治区文物工作队队长李逸友在此举办文物普查短训班时，将范杖子夏家店下层文化墓地当作短训班学员实训基地。我去工地看他，他让我调查周围的遗址，就发现了兴隆沟第二地点的红山文化聚落遗址。这年冬天，我再调查，就在遗址上采集到陶塑的人上肢，并征集了两件带提梁短流壶，这是我第一次见到这类红山文化陶器。

2011年发掘局部房址，出土了一件红山陶人像，被誉为"中华祖神像"，成了红山文化的典型代表。

对八旗元宝山积石冢的调查

如果说哪处红山文化遗址考古最具影响力，那一定是敖汉旗元宝山红山文化积石冢的考古发掘，有三点最吸引人。一是出土了3件玉龙，其中一件玉龙的尺寸最大；二是出土的玉器最多，有100余件，且藏玉于墙；三是出土了一件玉冠，与凌家滩相类似。抓住这三个特点，就抓住了舆论的焦点，这一发现被30余家媒体宣传报道。再加上发布会现场请红山文化第一人郭大顺点评，更助推了这一考古发现的宣传力度。

其实，这次考古发现也与郭大顺有些关系。2013年，赤峰学院就聘请我作为他们学院博物馆的馆长，此时的郭先生早已被聘为赤峰学院红山文化学院的专家，他几次指教我，还每年带领学生去乡下调查。在一次他给历史学院学生讲公开课时，我也在台下听课，他讲敖汉旗第二次文物普查，苏秉琦先生对敖汉旗的评价，总结出文物普查中的敖汉模式。

带学生调查到 2016 年春天才落实，由马海玉老师带队，学生是研究生，其中一个叫张帅的原是山西考古队的，业务熟练。选择敖汉旗的一个点，即下洼镇八旗村，这个村是我在第二次文物普查中第三期，即 1983 年 4 月初开始负责的一个组的普查范围，当年只记得上元宝山顶部看到堆砌的 8 个石头堆，山之南很小一块属于八旗。我也想通过这次复查看一看以往发现的那些遗址有何变化。而那个巨大的积石冢在第二次文物普查中被漏掉，在第三次文物普查中也依然被漏掉。

我除了拍照外，还画了这处遗址的速写图。当地知情者说，这个地方已被盗掘十多年了，都是外地人，有一年还砸死一个人。他们认为这是一座汉墓，凸起的部分是封土。我们带的学生中有个姓白的，个子小，给他拴上绳子，在高台地北部的一个盗洞向下探视，下到深 7 米处仍见有红山文化无底筒形器陶片。

在这次实地调查中，发现二普、三普不止漏掉这一处，同一个坡还遗漏掉一处赵宝沟文化遗址，张帅在两处红山文化遗址测量时还捡到 3 件非常完整的典型赵宝沟文化的石斧。

也就是在测绘这处赵宝沟文化遗址时，旋耕机轰鸣驶过，将地表散布的陶片打得粉碎，我跟旋耕机走了几个来回，知道这就是使遗址灭失的主要原因。

我们还在距积石冢之北不远处的六合城村西发现了一个从未调查过的红山文化遗址。因为是林地，所以免受旋耕机的破坏。

敖汉旗第二次文物普查的意义，还体现在将当年发现了 500 余处的遗址标在了文物地图上，每处遗址并有一个词条性的简要说明，客观记录了遗址分布的规律。因为据官方公布的数字，从二普到三普的20年间就"灭失"了1000余处遗址。三普到四普又过了20年，肯定还会有不知道多少处遗址灭失。

我记得一直在赤峰工作的考古学家刘观民说过，要想搞清楚这个地区的古代考古学文化，需要经过几代人的努力才能完成。当时听了不以为然，现在回想起来确实有道理。回望以前，至少有两代人成绩斐然，打造出中国考古学的黄金时代。愿后辈继续努力，超越前贤，谱写考古中国的新篇章。

口述者简介

邵国田，1947年生，内蒙古赤峰敖汉人。敖汉博物馆创建人，考古专家和辽史专家。1968年毕业于新惠师范学校。曾任旗总工会干事、旗文化馆馆长、旗文管所所长、旗博物馆馆长等职，副研究馆员，旗政协第二、三届委员，赤峰市政协第三届委员、文史委员会委员，赤峰市首届考古学会副理事长，内蒙古博物馆学会理事，自治区文物专家委员会委员，内蒙古红山文化研究会理事，中国辽金史研究会理事，中国收藏家协会玉器委员会顾问。2008年至2018年于上海城建学院任教，2013年任赤峰学院博物馆馆长。

执手红山　共赴鸿蒙

塔拉⊙口述　　白满达⊙整理

我生于 1955 年，蒙古族。1974 年参加工作，后于 1982 年从吉林大学考古学系毕业，先后担任内蒙古自治区文物考古研究所所长，内蒙古博物院党委书记、院长，内蒙古自治区文化厅党组成员、内蒙古自治区文物局副局长，二级研究馆员，享受国务院政府特殊津贴。

我满怀热忱地投身于内蒙古自治区的文化遗产保护事业，在内蒙古自治区的环境考古、聚落考古、航空考古、沙漠考古等领域的研究与发展中贡献了自己的力量，取得了一定成果。我主持编写过多部考古学报告，发表了不少学术论文，也曾多次前往美国、英国、日本、韩国及蒙古国进行学术交流。

文明初绽，古韵红山

红山文化得名于赤峰红山后遗址的发掘，是中国北方重要的新石器时代考古学文化之一，在中华文明起源和社会发展进程中占重要地位，主要分布在内蒙古东南部和辽宁西部地区，年代距今约 6500 至 5000 年，可分为早、中、晚三期。以"筒形罐""彩陶""之字纹""双孔石刀""细石器""玉礼器""祭坛""女神庙""积石冢""超大型聚落"为代表符号。突出的建筑技术与玉雕工艺，成熟的等级制度与玉礼器系统，完善的祭祀礼仪模式，发达的旱作农业体系和渔猎经济传统，诸多要素孕育出的红山文化，是多元一体的中华文化在燕山南北长城地带绽放的文明曙光。

红山文化早期距今 6500 至 6000 年，为红山文化萌芽期，其文化面貌更多体现在西辽河流域新石器时代考古学文化的延续发展。但其中出现的中原文化因素的彩陶，标志着红山文化初步形成独具特色的考古学文化类型。

红山文化中期距今 6000 至 5500 年，为红山文化发展成型期。生产工具出现双孔石刀、石耜，农业在生业中的比重增大；陶器的种类和数量骤增，彩陶纹饰日渐丰富，手工业生产技术提高；用于渔猎的三角形平底、凹底石镞，代表着西辽河流域史前时期细石器制作的最高水平；祖先崇拜与崇龙礼俗盛行，社会组织结构发生变化，阶级划分明显。

红山文化晚期距今 5500 至 5000 年，为红山文化鼎盛变革期，社会内部出现重大变革，出现特权阶层和一人独尊的王者式人物。超大型聚落出现，祭坛、女神庙、积石冢等标志性建筑也成组出现。制陶业高度发达，出现大量专门用于祭祀的陶器。积石冢内的墓葬也有等级划分。玉器成为最主要的随葬品，多为墓主人生前使用，死后用来随葬，成为墓主人生前社会等级、地位和身份的象征。祖先崇拜、天地崇拜、以崇龙为主线的动物崇拜成为红山文化先民的共同信仰。

赤峰地区红山文化的研究可追溯至 1908 年日本人鸟居龙藏于赤峰英金河流域的田野调查，他采集到属于红山文化的陶片与石器标本；1922 年至 1924 年，法国人桑志华、德日进在田野调查中发现红山遗址群；1935 年，东亚考古学会对红山后遗址第一、第二地点进行了发掘。这一时期红山文化的研究被外国势力所控制。

中华人民共和国成立后，1954 年尹达先生为红山文化命名，对红山文化的系统研究正式拉开帷幕。从 20 世纪 50 年代蜘蛛山、西水泉、四棱山、三道湾子、赛沁塔拉起，到 20 世纪 80 年代东山咀、牛河梁、西台、那斯台、二道梁、南台子、白音长汗，再到 21 世纪兴隆沟第二地点、魏家窝铺、上机房营子、朝阳小东山、草帽山、田家沟、杖房川、二道窝铺、老牛槽沟、哈拉海沟、乌兰图嘎等遗址，七十载波澜历程，几代人的筚路蓝缕，使得红山"古国"初露端倪。

步入新时代的今天，2023 年彩陶坡遗址房址中发现的"龙"形蚌饰组合，为目前红山文化考古发现中出土的唯一一件舒展开的"龙"的形象，通过同一层位出土的陶器类型学研究，认定其为红山文化最早的"龙"形象；2024 年元宝山遗址祭石冢内所出的近百件玉器，对探讨红山文化"藏玉于墙"的习俗意义深远，其中与安徽凌家滩遗址玉冠饰相仿的玉器为探讨文化间的交流交往提供了新的材料，而其独特的南方坛、北圆冢的布局更是为红山文化"坛庙冢系统"提供了新的研究思路。红山文化的学术交流也非常活跃，红山文化研讨会、红山文化高峰论坛、"中华文明的璀璨星辰——红山文化命名 70 周年研讨会"等成功举办，每一篇文章、每一次发掘、每一场会议都是重现红山文化辉煌的印记，也是几代人筚路蓝缕却从不停止的脚步。

考古普查，红山铸魂

文物普查工作贯穿了我的考古生涯，成为其中极为重要的组成部分。我有幸参与了二普、三普和四普工作，在内蒙古，能有这样完整经历的人寥寥无几。

参加二普时，我刚踏入考古行业不久，主要是跟着前辈们学习，做一些辅助性的工作。那时候，我就像一块干涸的海绵，拼命汲取着考古知识。我认真观察前辈们如何辨别遗址的年代、分析不同文化层的特征，每一个新的发现都像一束光照进我心里，让我对考古的热爱愈发炽热。

距二普多年后，我成了三普工作的领导小组成员和专家组组长。这期间，我对内蒙古地区早期文化，尤其是红山文化，有了更为深刻的认识。在三普的过程中，我们的足迹遍布内蒙古的各个角落。有的地方交通极为不便，只能徒步前行，顶着烈日、冒着风雪，一步步丈量着这片土地。不过我们的队员都毫无怨言，因为大家心里清楚，每一次新的发现，都可能是改写红山文化的契机。通过这次普查，我们不仅发现了更多的红山文化遗址，还对这些遗址的分布规律、文化内涵有了全新的认识。这些成果，为内蒙古东部地区，特别是赤峰地区红山文化的长期考古发掘和调查规划，提供了重要的参考依据。

第三次全国文物普查，在我国文化遗产保护领域堪称具有里程碑意义的重大事件。其核心目标是对不可移动文物展开地毯式清查，全面掌握它们的分布格局、精确数量、保存状况以及周边环境详情。在我眼中，此次普查意义深远，涉及多个关键维度。就新遗址的发现与确认而言，内蒙古东南部为红山文化的核心区域,在普查过程中,我们惊喜地发现了大量此前未知的遗址,其中包括聚落、祭祀坑以及墓葬等。这些发现,不仅进一步明确了红山文化的分布范围,还为深入探究当时的社会结构、古人的居住模式以及宗教活动提供了珍贵的一手资料。而且,通过普查所收集到的陶器、玉器、石器等各类遗物,有助于我们更加精准地划分红山文化的发展阶段,完善其年代序列,让这段古老文化的发展脉络愈发清晰。系统记录和科学评估在文物保护中起着至关重要的作用。在普查过程中,我们针对已知的红山文化遗址进行了全方位的测量工作,利用先进的设备和技术手段,对每一处细节都进行了精准的记录。同时,专业的摄影师团队对遗址进行了全面的拍照,确保每一个角落、每一件文物都留下了翔实的影像资料。这些数据被精心制作成数字化资料,保存在安全的数据库中,为未来的保护工作和深入研究奠定了坚实的基础。通过对遗址的详细调查,我们还摸清了自然破坏和人为破坏的具体情况。自然破坏包括水土流失、风化等自然力量对遗址的侵蚀,而人为破坏则涵盖了农业生产活动、盗墓行为等对遗址造成的损害。我们对这些破坏的严重程度进行了科学的评估和分析,从而能够制订出更具针对性和有效性的保护计划。例如:针对种地引起的破坏,我们可以与当地政府合作,调整土地利用规划,尽可能避开遗址区域;针对盗墓行为,则可以加强安保措施,加大执法力度,确保遗址的安全。这些系统记录和科学评估工作,不仅有助于我们更好地了解红山文化遗址的现状,也为制定长期的保护策略提供了重要的依据。通过持续的努力和科学的保护方法,我们希望能够让这些珍贵的文化遗产得以永久保存,传承给未来的世代。

此外,普查成果有力地推动了文物保护与管理工作的升级。部分遗址,凭借普查所揭示的重要价值,被提升为更高等级的文物保护单位。政府依据普查数据，更为科学精准地划定了遗址保护区与建设控制区域，有效降低了城市发展进程中文物遭受破坏的风险。普查还促进了学术研究和跨学科合作。我们在普查中，把考古学、环境科学、遥感技术等多种学科、多种方法结合起来，研究红山文化遗址的分布和周边环境，这让我们对古代人与自然的关系有了更深的理解。新发现也引发了大家对红山文化的宗教和原始信仰，以及早期国家形态的讨论，让红山文化在中华文明起源研究中的地位更加稳固。最后，第三次文物普查在红山文化的传播与利用层面产生了显著成效。经由媒体报道、展览展示等多元途径，红山文化的研究成果得以广泛宣传，有效提升了公众对该文化的认知程度与认同水平。

与此同时，普查所获成果为红山文化主题旅游线路的规划开发提供了丰富资源，有力推动了文化遗产的合理利用，使其在文化传承与经济发展进程中发挥了更为关键的作用。以赤峰市为例，该市现有 725 处红山文化时期遗址，在红山文化分布区内，其遗址密度最高且最为集中，完整呈现了红山文化从起源、发展、兴盛至衰落的全过程。通过科学管理与广泛宣传，红山文化在学术研究、保护实践以及社会教育领域发挥的作用日益凸显，也进一步明确了辽西地区作为中华文明重要起源地之一的地位。

如今第四次全国文物普查正在开展，尽管已双鬓白发，但我依然选择站在普查工作一线，贡献自己的力量。然而普查工作也并非总那么一帆风顺。有时候，我们会因为缺乏足够的线索而陷入困境；有时候，恶劣的天气条件也会给我们的工作带来诸多不便。但每一位参与普查的工作人员都没有抱怨，大家相互鼓励、相互支持。年轻的队员们充满活力和热情，他们积极学习文物普查的相关知识和技能，不怕吃苦，勇于担当。看到他们，我仿佛看到了当年的自己，也看到了文物事业的未来和希望。

第四次全国文物普查，对我来说是一次难忘的经历。它让我更加深刻地认识到文物保护工作的重要性和紧迫性，也让我感受到了文物工作者的责任与使命。我相信，通过我们的共同努力，这些珍贵的文化遗产一定能够得到更好的保护和传承，让后人也能领略到它们的独特魅力。

中美十年，红山启新

赤峰地区区域性 10 年考古调查，是我考古生涯中浓墨重彩的一笔，让我至今难以忘怀。这次调查意义非凡，是中国首次与美国相关机构合作开展的区域性考古调查，由张忠培先生担任中方负责人。

1995 年至 1996 年，在匹兹堡大学的一次学术讨论会上，张忠培教授首次提出了关于赤峰国际联合考古研究项目的设想。张忠培教授师从苏秉

◎ 苏秉琦、俞伟超、张忠培在内蒙古考察（后排左二为塔拉）

琦先生，对现今中国北方地区的区域性社会复杂化进程非常感兴趣。在张忠培先生的推动下，成立了一个国际合作项目，鼓励国际学者来到中国，和中国的考古学家合作进行联合研究，在中国境内实施考古调查和发掘，进行区域性的考古学研究。

我们主要是进行区域性的聚落研究。几个季度的田野工作（1999年至2001年、2003年、2006年和2007年），为我们提供了从公元前6000年至公元前1100年的考古学资料和数据。在田野工作中，我们采集了大量的信息，同时也整合了之前的考古学研究成果，最后将它们运用于区域性的社会、政治、文化和经济模式的复原。

与赤峰国际联合考古研究项目密切相关的是1995年吉迪·谢拉赫-拉维（Gideon Shelach-Lavi）实施的覆盖210平方千米的系统性聚落调查，他力求将中国古代的文化序列纳入复杂社会的起源和发展的比较研究中。赤峰国际联合考古研究项目的工作成果是，对1234平方千米的范围进行了系统的区域性田野考古调查，这对于把握年代序列，获取有确切层位关系的人工遗物，以及获取与环境生态有关的标本等都十分重要。

通过对赤峰地区进行的一系列区域聚落分析，我们补充了数十年来发掘的遗址信息，更全面地总结了区域社会发展。这些总结为涉及相关问题的比较研究提供了重要帮助。这种区域性研究密切关注早期定居人群如何安定下来，以及如何开发资源的过程。我们已经明确了区域性人口兴衰的时间段以及人口分布变化的规律，并利用从遗址发掘中获取的详细资料，进一步深入理解古代人群的活动和组织方式。

虽然与广阔肥沃的中原地区相比，赤峰地区农业生产的潜能稍低。但是，几乎在同一时间，两个地区都出现了最初的定居式农业社群，在新石器时代早期，赤峰地区的区域人口密度非常低，并且大多数人口居住在非常小的地方性社群里。兴隆洼时期和赵宝沟时期的陶片分布地点十分广泛，为我们提供了明确的证据，即这些居住人群与他们的邻居之间存在网络式的交流，并覆盖范围广阔。但从聚落分布中，我们看不到真正意义上的超地方性规模的社会或者政治的一体化。这种超地方性的政体或者社区首次出现是在红山时期，这一时期遗址的发掘提供了大量关于社会不平等、一定程度的专业化生产以及建造公共或祭祀建筑的证据，红山时期区域人口数量大幅度增长，但是无论当时的人们采用何种生业体系，人口密度依然远低于整个区域的承载能力。一些目前尚保留着仪式建筑、遗迹的村落可能在当时的超地方性社群中扮演着重要的角色，很可能包含一些小型的酋邦政体。

在张忠培先生的带领下，我们采用了全新的方法进行考古调查。这10年里，我们靠着双脚，一步一步地丈量着赤峰地区的每一寸土地。这次调查成果丰硕，我们系统地了解了赤峰地区早期文化，尤其是红山文化的分布特征，解决了许多长期以来困扰学界的学术问题，为红山文化考古学文化谱系的建立奠定了坚实的基础。

基于这次区域性调查的成果，我们组织了大山前考古发掘。这次发掘十分成功，顺利推动大山前成为全国重点文物保护单位，让更多的人了解到了这片土地上曾经的辉煌。

师恩传承，筑梦红山

张忠培先生是我的恩师，我们初次见面是在1979年或1980年，那时他在学校授课，我有幸聆听其教诲。在白燕实习期间，他亲自指导我们编写田野实习报告，先生严谨的治学态度让我深受触动。工作之后，我也常常向先生请教。先生在学术上的要求近乎苛刻，记得有一次我对一个遗址的分析出现了偏差，他毫不留情地指出了我的错误，要求我重新查阅资料、深入研究。但在生活中，他又是一位和蔼可亲的长者，会和我们分享他对世界局势的看法，给我们讲他年轻时的趣事，和我们这些后辈没有距离感。

在赤峰地区，我还主持了巴林左旗二道梁红山文化遗址的发掘以及元宝山区哈拉海沟红山文化墓葬的发掘工作。巴林左旗二道梁的发掘是配合集通铁路建设进行的，当时条件十分艰苦，发掘地点就在村里，生活设施简陋，但我们考古队的队员们没有一个人退缩，大家齐心协力，克服了重重困难，最终顺利完成了发掘任务。哈拉海沟墓葬的发掘则有着特殊的意义，那是我第一次带内蒙古大学文博班的学生实习。在发掘过程中，我把自己多年积累的经验倾囊尽教，看着学生们从最初的懵懂无知，到逐渐掌

◎ 陪同徐萍方（右二）、张忠培（右一）先生在遗址考察

握考古发掘的技巧，能够独立完成一些工作，我感到无比欣慰，就像看到了当年的自己。

除了这些，我现在还参与着赤峰地区的一些课题活动，比如西拉木伦河流域红山文化社会文明化进程研究，针对巴林左旗、巴林右旗、林西县、克什克腾旗、翁牛特旗等地开展考古学调查。同时，我也积极参与赤峰地区红山文化申遗工作，包括文本论证和学术会议等，希望能尽自己的一份力量，让红山文化走出国门，走向世界。

在我的考古生涯中，许多人给予了我宝贵的支持与帮助。特别要感谢赤峰市政协原副主席苏赫老师和辽宁省文物考古研究所原所长郭大顺先生。他们在红山文化的发现、发掘及研究过程中，给予了我许多指导与支持，对此我深表感激！

对年轻的考古工作者们，我想说，考古是一项伟大而又充满意义的事业，它承载着我们对历史的敬畏和对未来的责任。希望你们能珍惜每一次学习和实践的机会，在这条充满挑战的道路上坚定地走下去，用自己的双手去揭开历史的神秘面纱，为传承和弘扬我们的历史文化贡献自己的力量。

口述者简介

塔拉，1955 年生，蒙古族，中共党员。先后任内蒙古自治区文物考古研究所所长，内蒙古博物院党委书记、院长，内蒙古自治区文化厅党组成员，内蒙古自治区文物局副局长。二级研究馆员，享受国务院政府特殊津贴。系内蒙古自治区政治协商会议第十届、第十一届委员，内蒙古政协文史委员会副主任，内蒙古师范大学博士研究生导师，内蒙古师范大学历史文化学院考古文博系主任，中国考古学会理事，中国博物馆协会常务理事，内蒙古考古学会理事长，内蒙古博物馆学会理事长，中国航空遥感考古联合实验室研究员、中国航空遥感考古联合实验室内蒙古遥感考古工作站站长，内蒙古自治区文史馆特聘研究员，赤峰学院特聘教授。2011 年，被聘为联合国教科文组织国际自然与文化遗产空间技术中心第一届科学委员会委员。

我对红山文化研究的记忆与思考

田广林⊙口述　　李玉君　田野⊙整理

红山文化是东北地区较为著名的一支新石器时代晚期考古学文化遗存。从 20 世纪初发现红山文化遗存开始算起，国内外对这一文化的研究历程已逾百年。

三位考古人的文明追寻

百余年的研究历程，我个人觉得有三个人在深掘红山文化内涵以及以此探索中华文明起源等工作中发挥了重要作用。

苏秉琦先生

1980 年仲春，内蒙古自治区考古学会在塞外名城赤峰市举行成立大会，一大批来自北方诸省区的专家学者云集赤峰。其中，有一位身躯伟岸、气度娴雅的学者特别引人注目，后经会议介绍，得知他就是誉满宇内的学术大师苏秉琦先生。

在那次会议上，苏先生作了《现阶段内蒙古文物考古工作问题》的重要报告，指出考古工作者的任务就是要通过考古资料复原我国历史的本来面貌。为实现这一任务，必须抓住四个重点课题：其一，中国文化起源问题；其二，"中华民族"形成问题；其三，中国社会发展史问题；其四，我国统一多民族国家形成和发展问题。同时，苏先生还指出赤峰地区的新石器文化和青铜文化已经确认各有两种类型互相交错。一种往东北方向延伸，一种往燕山山脉以南扩展。就全国范围说，这一历史阶段是探索中华民族形成问题的关键，而考古文化的区、系、类型问题，原是打开关键的钥匙。现在回想起来，苏先生一系列重要论述，已经成为考古学界和历史学界重建中国古史框架的理论依据和出发点。

1985 年 10 月 13 日，苏先生在兴城考古座谈会上，作了《辽西古文化古城古国》的重要讲话。在这个讲话中，苏先生指出，古文化主要是指原始文化；古城主要指城乡最初分化意义上的城和镇；古国指高于部落的、稳定的、独立的政治实体。辽西地区的古文化、古城、古国，可以概括为三种文化，属于三个时期。其中第一个时期，即新石器时代，以红山诸文化为代表，距今 7000 到 4000 年，发展过程与中原仰韶文化几乎同步，头尾相当，阶段性也相似。

1989 年，昭乌达蒙族师专（现赤峰学院）计划筹建北方民族文化研究所，我奉命赴京咨访学界有关专家。在征询了陈述、刘观民、刘晋祥等著名学者的意见后，由刘晋祥先生陪同，我到苏先生寓所当面求教先生筹建这个研究所的可行性、课题建设等一系列问题。听罢有关情况汇报后，苏先生很高兴地说："内蒙古东三盟，赤峰是个龙头，东北地区，赤峰也是个龙头，在赤峰搞个专门研究北方文化的机构，设想可行。建在师专，结合教学、促进教学，也有生命力。"当问及他能否给这个未来的研究所当个顾问时，先生慨然允诺。1990年10月10日，昭乌达蒙族师范专科学校北方民族文化研究所成立，苏先生被聘为首席学术顾问。

1990年，因为拍摄《赤峰访古》纪录片，我多次到北京苏先生和陈述先生的寓所汇报编撰思路及主要学术观点，并请两位学术大师对初稿进行审阅。其中，苏先生在12月10日接受节目组采访。在谈话中，苏先生指出，赤峰所在的辽西，也可以说是燕北，自古就具有不同于其他地区的文化特色。特别是在古代，从历史文化和文明起源问题上说，有着特殊的含义，不同于整个东方。其特点有三：

其一，西拉木伦河流域的古文化存在着时间上和空间上的交错。在万年前，当自然经济向生产经济转变的时候，西拉木伦河流域发生了农业革命，给人类带来了巨大变化。多民族交叉、多经济类型交叉，在当时、在今天，这一带都具有典型意义。

其二，赤峰地区北部是西拉木伦河，其南是大凌河，这里是文明发展较早的地区。一万年以前，在大凌河以北的西拉木伦河一带产生了农业，接着是土地深翻。《尚书·禹贡》冀州"厥土惟白壤"地带最先引起了生态环境的变化。土地开垦，既是一大进步，也是一害。七八千年前，大凌河流域也发生了土地大面积开垦，深翻土地。地表土一翻，沙土上来了，河水下来后，水土流失比黄土地还要厉害。大凌河的支流牤牛河，是一个很形象的名词。黄河地区是黄土，大凌河地区是近白沙土，比黄土松软得多。黄河之水天上来，大凌河水则像野牛出栏一样。深翻土地导致生态平衡破坏，农业革命使人类登上了文明发展的台阶，同时也导致灾害，使人类遭了报应。风沙扬起后，人类遭了难，人类活动中心曾一度转到河套地区。但是这里又搞深翻，结果是再次遭难，表现就是桑干河流域的水土流失。最后一次的报应是辽代之后的无定河水土流失。

其三，如果说整个中国文明发展史是一部交响曲，辽西的古文明就是它的序曲，比中原要早约 1000 年。传说中的五帝早期的活动大约就在这里。这部交响乐高潮时，文明的重心转到晋南黄河边上来了，这便是尧、舜、禹时代（洪水时代）。总之，特点就在于，这里的古文化，土地大开垦时期走在前头，文明曙光时期也走在前头。最近几年，国内外植物考古以及其他学科学者的研究与发现，均印证了当年苏先生对辽西一带生态与人文变迁的判断。有时我就想，先生当年说的古人群由西拉木伦河－大凌河流域转向黄河流域的迁徙，其深层原因大体即是农业的发展，其时间应在六七千年至五六千年前。

《赤峰访古》纪录片一共编了 8 集，每集 20 分钟，以赤峰地区出现的红山诸文化、夏家店下层文化、夏家店上层文化和契丹—辽文化这四次文化发展高潮为基本线索，探讨了近万年以来，中国古代北方文化在中华民族的形成和发展中的地位与作用问题。虽然编撰者水平有限，片子最终还存在诸多遗憾，但真实地记录了苏秉琦和其他先生的音容笑貌，这部片子也就有了特殊的价值。

1992 年，赤峰学院（原赤峰师专）北方民族文化研究所举行第三届国际研讨会，会议期间讨论了当时赤峰市委书记关于为了进一步深入开发地方人文资源，弘扬中华文化，应该成立一个红山文化专门学会的提议。经会上论证，引起广泛响应，于是会上成立了红山文化学会筹备组，由著名学者苏赫先生牵头筹建。

在这样的背景下，为了推动红山文化研究的实质性开展，赤峰师专校长兼北方民族文化研究所所长韩永年老师起草了一个长远课题规划，题名为"关于中国北方文化研究课题的构想"，经所内业务人员讨论定稿后，分别寄给苏秉琦、王承礼、林干、刘观民、李逸友等学术顾问审议修

红山文化之谜
——考古挖掘"三亲"者口述

改。3月下旬，我赴京专程向苏先生讨教，正赶上先生染疾住院，只好写了一封信连同课题规划书托刘观民先生转呈苏先生。4月中旬，苏先生回信，总体来说就是内蒙古东三盟与辽、吉、黑三省邻境划一个弧线，北从贝加尔湖起，南至渤海湾，是东亚考古一大课题。6月，我到昌运宫公寓拜见苏先生，请他为赤峰红山文化学会成立大会题词，先生欣然允诺。之后，先生与我开始就北方民族文化研究所和赤峰红山文化学会的有关研究课题阐述意见。苏先生说，苏赫同志最近发现一件属于万年以前的泥质小老鼠，这是一件旧石器时代晚期的艺术品。

赤峰师专北方民族文化研究所的课题规划，从时间上说，应该就从这个时候开始，下到青铜时代，具体说就是1万到2000年以前这段时间。这期间，赤峰一带的文化包括前红山文化、红山（前、后期）文化、后红山文化、夏家店下层文化、先燕文化。从地域范围上说，就是燕山南北地带，包括内蒙古东部、辽宁西部、京津、河北北部、山西北部等地。红山文化主要分布在赤峰，但略超过赤峰范围。红山文化的突出文明特征是龙纹图案。《史记·五帝本纪》中所记黄帝时代的活动中心，只有红山文化时空框架可以与之相应。此外便是以山西陶寺遗址为代表的晋文化的老根。"五帝"前期活动的中心是燕山南北。燕国的老根就在燕山。这一带古代属《尚书·禹贡》九州中的冀州。夏、商、周的中心是在河南（雍、豫）。红山文化时期是古国的开始，夏家店下层文化则是方国的开始。4000年前，赤峰英金河北岸的夏家店下层文化城堡带，即长城雏形。这是大国出现的标志，这里是《尚书·禹贡》九州之首。

1992年7月，赤峰红山文化学会成立并同时举行第一次学术讨论会，北京、辽宁、吉林、内蒙古等地的一批名流学者纷纷赴会。苏秉琦先生被聘为赤峰红山文化学会顾问，刘观民先生转达了苏先生向大会的祝贺，并代表他就赤峰红山文化学会的研究方向问题发表了意见。

1993 年 4 月底，赤峰红山文化学会副理事长王燉、张义三、市文化局副局长于雅舟、《松州学刊》副主编赵向阳以及我专程赴京与有关部门磋商会务，并就会议的中心议题求教于苏秉琦先生。4 月 26 日上午，我去见苏先生，预约见面事宜，一进门，先生正在同殷玮璋先生谈论陶寺文化问题，见到我后，热情地打招呼："嗬！红山人来了，坐下，坐下。"当讲清来意后，苏先生非常高兴，说："赤峰开的国际会议，专门研究北方文化问题，非常必要。会议抓住了红山诸文化和契丹—辽文化这样两个中心议题，也就抓住了赤峰古代文化的特点。"

苏先生指出，赤峰是个非常重要的地方，这里有自己的文化特色，要认真研究赤峰文化，找出特色。红山文化和契丹—辽文化都是以赤峰为中心发展起来的，波及范围又都远远超出赤峰，这两种文化又都不等同于赤峰文化，要认真加以区别。什么是赤峰文化？阿旗出土的红山文化彩陶罐，上面分别绘有来自西亚大陆的方格纹、华山脚下的玫瑰花纹和中国北方的龙纹，这种文化现象仅在赤峰发现，别处不见，这就是赤峰文化。赤峰的特点就在于文化交错。再就是敖汉大甸子出的夏家店下层文化彩绘陶，别的地方也不见。这种彩绘陶器，代表着礼仪重器，与其他地区的青铜礼器同等重要，这也是赤峰文化。

这次谈话后不久，在杨虎先生的陪同下，我们又一次到苏先生寓所，就 1993 年赤峰中国古代北方文化国际学术研讨会的中心议题征求苏先生意见。先生讲道，赤峰地处交通要冲，自古以来是个文化交错地带。红山文化本身就是个多种文化交汇的产物，它最早出现在赤峰，影响波及燕山南北，燕山是它的老根。近年来，沿太行山东麓向北，到整个燕山南麓，都发现了大量的、密集的古文化遗址。在燕山以北的辽西一带古文化遗址就更密集。红山文化、夏家店下层文化和西周分封以前的先燕文化，有一脉承传的渊源关系。夏商时期的夏家店下层文化是燕文化的老根，红山文化则是燕的老祖宗。燕山是燕人之山。红山文化人、夏家店下层文化人都围绕燕山而居。其发展系列是红山文化——夏家店下层文化——燕文化。红山文化的显著特征是龙，燕文化的特征也是龙。早期的龙有多种，如鹿龙、猪龙和熊龙。多年来，内蒙队的工作得出一个结论，冀州即北方。燕山南北的辽西、内蒙古东部、山西、河北一带便是古代冀州。过去说《禹贡》九州是战国以后的事情，现在看，大部分都属商以前……

上述这些谈话的要点，后经我整理成文，于开会前夕，请先生校审后作为会议正式材料，题名为《苏秉琦先生论西辽河古文化》，在《北方民族文化》上刊出，后来收录于《华人·龙的传人·中国人——考古寻根记》一书之中。

事实上，苏先生很早就注意到了赤峰与朝阳地区所见的红山文化诸多遗存中反映出的有关中华文明的迹象，后来，他多是根据红山等文化遗存探讨文明问题、国家问题和民族问题，用他自己的话来说，这是20世纪90年代的话题。著名的中国国家形成和发展的三种形态、三个阶段理论，便是在这一期间发展成熟的。

苏先生在60余年的学术生涯中，从器物类型学到区系类型理论，再到解析中国文化、中华文明起源之谜，用文化区系的观点看中国、看世界、看区系的世界中的中国。中国有句古话，讲的是"经师易求，人师难得"。苏先生既是一位博大精深的明师，又是一位难得的人师。他的理论武装了几代学人，不断地推动着学科的进步和发展。

苏赫

苏赫先生自幼生长于喀喇沁王府西跨院，因此有条件在早年接受良好的教育。中华人民共和国成立前夕，先生自"建国大学"肄业，投身于中国共产党领导的解放运动。国共两党在东北进行拉锯战时，他曾经与全国人大常委会原副委员长布赫一起打过游击。由于环境险恶，曾长时间与家人失去联系，以至于家乡风传他已经战死在沙场上了。中华人民共和国成立初，苏赫先生由于曾经有过从戎的经历，被选拔到热河省公安局任刑侦科长（处级）。然而，时间不长，由于他的家庭出身问题，被调离了公安系统，回到赤峰从事文物工作。

先生天生执着率真，豁达大度，对于仕途上的坎坷和事业上的挫折，他不以为意，很快又把全部兴趣和热情转移到文物事业上来。不久，他所领导的昭乌达盟文物工作站便成了全国文物系统的先进典型。1987年8月，中国辽金契丹女真史学会在赤峰举行第四届学术年会，苏赫先生作为东道主，以副会长的身份主持了会议。会上，经会长陈述先生提议，成立了中国辽金契丹女真史学会赤峰分会，由苏赫先生担任会长，挂靠在赤峰师专，秘书处设在历史系。在先生的直接领导下，分会的工作开展得有声有色，分会成为名副其实的联结赤峰各界学术人物的纽带，以及沟通国内外学界的桥梁。

1988年，学校要我牵头组织人力编写一本有关红山文化的小册子，作为全校文科学生的辅助教材。我把这个情况告诉了先生，他建议我首先考察、走访有关红山诸文化的重要遗址和主要学术人物，先有个感性认识，然后再考虑编写纲要。几天后，我便和助手惠德老师一起高高兴兴地踏上了考察西辽河地区历史文化遗迹的征途。经过40余天的努力，我们行程数千里，遍访了朝阳、赤峰地区的名胜古迹、馆藏文物和学术人物。对于西辽河地区的文物考古，我们都属一张白纸状态，因此看啥都激动，听啥都新奇。一在野外遇到石器，便尽数采集，因此经常背着数十斤重的石头徒步跋涉，最惨的时候是每走 50 步或 20 步就要躺下歇气，但从来也没想过把这些石头扔掉。通过这个过程，我们才对西辽河地区近万年以来的历史文化发展脉络有了一个较为清晰的把握。1989 年，这本小册子经天津人民出版社出版，书名为"辽海奇观——西辽河流域的早期文明"。

1989 年，学校酝酿成立北方民族文化研究所，我们多次到先生家中问计，请他出主意、拿章程，并请他担任名誉所长。研究所延聘的几位学术顾问，都是由他提出名单并打好招呼，由我跑腿担任传达的。1990 年 10 月 10 日，研究所正式举行成立仪式，应邀到会的有来自北京的张忠培、高广仁、刘观民、杨虎，来自长春的林沄、何明，来自沈阳的徐秉琨，来自哈尔滨的郝思德，来自呼和浩特的林干、李逸友、田广金、郭素新、魏坚、塔拉等先生以及赤峰市各文博馆站的学术同人。会议开得十分成功，原故宫博物院院长张忠培教授、中国社科院考古研究所副所长高广仁教授、吉林大学林沄教授等都在会上就研究所的课题规划及当前学界面临的主要问题，发表了精彩的演讲。

1997 年底，红山文化学会、辽金元史学会、赤峰市北方文化国际研究中心、赤峰师专北方民族文化研究所在本校联合举行学术座谈会，为先生庆贺 73 岁华诞。会上正式确定举办第二届中国古代北方文化国际学术会议。会期定在 1998 年 8 月中旬。经过半年多的紧锣密鼓的筹备，研究所于会议召开前夕的 7 月 15 日举行了一次学术座谈会议，目的是总结过去的工作，进一步认清当前面临的问题和局面，明确工作目标，确保第二届国际会议圆满成功。当时先生已经抱病，他不顾身体的虚弱，坚持参加了会议并且作了重要讲话。其中，先生指出中国的冶铜技术是由北方传播到南方的。红山文化的遗存中发现了铜及其冶炼工具坩埚和范。在赤峰北部的阿鲁科尔沁旗、克什克腾旗和林西县都发现了春秋以前的古铜矿，其中林西大井子古铜矿具有代表性。这些铜矿及其冶炼设备在当时很先进，比如用了"鼓风管"技术等。赤峰地区也发现了一批时代较早的大型青铜器，属于夏家店下层文化，其共同特色是原始的合范铸铜方式，这种方式在南渐的过程中得到完善。从克旗天宝同的范到北京琉璃河的范，可以证明这种进步。商朝青铜工艺水平达到了更高水平，发展很快，特别是马具的铸造工艺，代表了北方青铜冶炼铸造业的水平。例如"马嚼子"的铸造，器形很小，但结构复杂铸造难度很大。

1998年8月12日，第二届中国古代北方文化国际学术会议如期在赤峰宾馆举行。先生作为赤峰辽金元史学会和红山文化学会会长是大会主持人，但由于病体虚弱，刚强了一辈子的老人，直到大会报到那一天，还仍然躺在床上。8月11日晚，当我陪同张忠培先生去看望他，并向他汇报会议筹备情况时，他用一种异常坚定的、深切的眼光盯着我说："广林，我明天一定要亲自在大会上致开幕词，你明天8点以前准备到家来背我。"此情此景，至今仍然清晰难忘。我当时十分激动，脑子里马上想到了曹操的千古名句："老骥伏枥，志在千里。烈士暮年，壮心不已。"第二天清晨，苏宅的电话打到会务组，说先生因哮喘发烧，一夜未能合眼，实在无法参加会议。

1999年1月25日，先生逝于医院。人们的心情都十分沉重，共同意识到老人走后，赤峰地区的学术高峰时代已经成为过去，在相当长的一段时间内，将会出现一种无可奈何的空白。

刘观民

印象中的刘观民先生是一位标准的书生。这里所说的书生是指那种无金钱之梦、无庙堂之想，老老实实做人、认认真真治学的学者。

1987 年夏，我们去北京就成立北方民族文化研究所问题咨访刘观民先生。关于研究课题，刘先生说，就师专的现状和当前学界发展势头来说，你们应当特别留意近万年以来西辽河地区的环境变迁与人文历史发展的关系问题，不要搞大路课题，不要追求正规化，要搞那种非驴非马的课题。所谓非驴非马，指的是那种交叉学科。1990 年 10 月，刘先生来到师专出席了研究所成立大会，会后，与林干教授特意留了两天，就研究所的课题建设、发展方向等事宜，筹谋策划，知无不言，详尽地发表了他的看法。这些对研究所日后工作的顺利开展，奠定了重要基础。

1992 年，赤峰红山文化学会成立，在成立大会上，刘先生专程从北京赶来，代表中国考古学会理事长苏秉琦先生和社会科学院考古所内蒙古工作队向红山文化学会的成立表示祝贺，并就课题建设问题发表了深刻见解。1993 年的赤峰中国古代北方文化国际学术研讨会，从会前的筹备到会后的诸多善后事宜，刘先生始终亲自参与其中，起到了十分重要的主心骨作用。

1996 年 8 月，中国北方辽金史研究协作区第三次学术会议在赤峰举行，刘先生应邀赴会做了关于考古学文化与族属对应方面的学术报告。会后，刘先生特意留下三天，给研究所的几位年轻教师系统地讲授了内蒙古东部地区考古的有关知识和学术问题。在授课过程中，刘先生不断地咳嗽，时常发烧，但他执意坚持不住院。义务授课结束后，不顾我们的苦苦挽留，刘先生发着高烧上了火车——他是不愿意给别人添麻烦，也怕学校为此多花钱。一个月后的 9 月 9 日，刘先生给我写信提到："我回京以后在家又养了半月的病，才算完全好了。这次是内脏积热甚久所致。我这个暑假过得不吉利，唯有在赤峰和你们在一起聊天、谈史的时间，是今年有兴趣的记忆。"

1998 年赤峰举行了第二届中国古代北方文化国际学术会议。其时，苏秉琦、陈述、王承礼等先生都已不在世间，苏赫先生病重卧床，刘先生便成了会议的主心骨，会上会下的许多问题，都问计于刘先生。会后人们评价，说第二次会议比第一次会议开得更成功，刘先生的"幕后操纵"，功不可没。

应该说，刘观民先生是内蒙古东部地区考古的开创者和奠基人。1938年，日本出版了《赤峰红山后》这部重要的学术著作，通过这部著作，人们才知道长城塞外的广大北方地区，在远古时代就存在着一种灿烂的文明。可是，日本学者当初的工作是十分有限的，结论也是极为笼统的。当初的认识只是把西辽河地区的古文化遗存简单概括为"赤峰第一期文化"和"赤峰第二期文化"。自 20 世纪 50 年代末开始，刘观民先生率领中国社会科学院考古所内蒙古工作队进驻赤峰，内蒙古东部地区的考古文化研究从而以地面调查为主转移到以揭露地下古文化堆积为主的阶段。从 20世纪 50 年代末到 60 年代中期，刘观民先生带领的内蒙古工作队有计划地对赤峰地区的古文化遗存进行了系统的发掘，工作迅速取得了突破性进展，很快在红山文化基础上区分出 4 种考古学文化，即红山文化、富河文化两种新石器时代文化，以及夏家店下层文化、夏家店上层文化两种青铜文化，从而使赤峰的历史文化发展面貌，有了一个清晰的时空框架。

20 世纪 80 年代以来，在刘先生的领导下，内蒙古工作队又识别出兴隆洼文化和赵宝沟文化。此外，20 世纪 60 年代初，刘观民先生还主持挖掘了巴林左旗南杨家营子遗址，找到了鲜卑在赤峰活动的遗迹，并且挖掘了双井沟等地辽墓，为研究辽代丧葬习俗提供了重要依据。这样，在刘观民先生的领导下，赤峰地区近万年以来的历史文化编年得到了确立，即兴隆洼文化—赵宝沟文化—富河文化—红山文化—小河沿文化—夏家店下层文化—夏家店上层文化—乌桓文化—鲜卑文化—辽文化，赤峰地区成了国内发现考古学文化最为集中的地区，个中原因，除了本区异乎寻常厚重的历史文化内涵这一因素外，与刘先生的辛勤工作也密切相关。

刘先生之所以能够取得如此重大的学术成就，我想，一丝不苟、严肃认真的治学态度，是他成功的基本原因。多做实际工作，少发空头议论，是刘先生的一贯作风。与刘先生接触的年头可谓不短，但无论是在会议上、考察中，还是在闲谈中，从来没有听见刘先生什么惊人之语，他也从来不以大家的身份指手画脚、高谈阔论。当别人就某一个具体学术问题发表见解时，我总是看见刘先生半眯着眼睛，边听边沉思，很少听见他发表议论。20世纪70年代他主持发掘大甸子遗址，直到20世纪90年代末，报告方才出版，一个报告的编写，用去了刘先生20余年的心血，几乎每次去内蒙古工作队，都能看到刘先生在做与这个报告有关的事情。《大甸子——夏家店下层文化遗址与墓地发掘报告》公开出版后，学界公认这是中华人民共和国成立以来最好的考古报告之一。

多年来，刘观民先生不图虚名、不慕荣华，脚踏实地地走自己认定的路，他终于走在了整个东北亚地区考古的前列，他所建立的西辽河地区考古系列编年，为国内其他地区的考古工作树立了一个重要的理论与实践标杆。他总是那样优雅谦和、无怨无悔、不骄不躁、专心致志、不出妄言、不打虚语，为晚生后学树立了一个光辉的榜样。常言说，榜样的力量是无穷的。我想，作为一个普通人，为人、为学如刘观民先生，则可矣。

这三位先生或直接或间接地参与到红山文化与中华文明的探索工作之中，他们的成果对今天研究红山文化具有极大的推动作用。我出生于赤峰，年轻时知道红山文化举世瞩目，在诸位先生的启发和教导下，我对红山诸文化的理解日益加深。2001年，我调动到辽宁师范大学工作，虽然离开了赤峰，但依旧跟随诸位先生研究红山文化。

从"礼学"视角看牛河梁遗址第五地点
红山文化遗存

从我 1980 年接触苏秉琦先生，逐渐了解到红山文化开始，到今天差不多有 45 年的时间。资料了解得越多，研究越深入，就越感觉看不懂红山，但有一条，我始终坚信，红山文化与中华礼制文明密不可分。可以说中国国家文明的核心就是"敬天"、"法祖"与"尊王"，也就是"礼之三本"。从这个角度来说，光靠考古学的理论与方法去研究、解读红山，只会让红山浮在天上，永远接不了地气。比如牛河梁遗址第五地点。

2012 年发表的《牛河梁：红山文化遗址发掘报告》（以下简称《报告》），其中揭露出来的红山文化遗存分区为下层（N$_5$XC）、中层（N$_5$ZC）和上层（N$_5$SC）三层堆积。其中下层遗存的遗迹形式为灰坑（共 29 座），中层和上层均为积石冢。分别代表第五地点红山文化遗存发展的三个阶段。第五地点下层遗存发现的遗迹均为灰坑，共有 29 座，未见房址和其他遗迹。报告编写者认为：虽然未见房址，但发现排列较为密集的灰坑及大量生活用陶、石器以及兽骨等，说明建冢之前，这里曾为居住区。有人根据这一说法，认为牛河梁遗址的前身是聚落，后来逐渐发展成祭祀场所，但这样的看法，似有进一步讨论的余地。

《报告》中把这 29 座灰坑的具体分布区分为西南、中部、东部和东北部 4 个区域。但从整体布局情况观察：第一，这批灰坑本来的布局规划与后来出现的下层积石冢、上层积石冢一样，都是呈东北 – 西南向两元并列分布态势，而不是四区排列。第二，两大建构单元所代表的社会共同体或文化共同体之间，客观上存在着地位有尊有卑、分量有轻有重的某种主次关系或等级差别，即出土遗迹和遗物数量偏多、位置居东的单元为主体单元，而出土遗迹和遗物数量偏少、位置居西的单元为从属单元。第三，第五地点下层遗存呈东西两元相对分布态势的灰坑，与后来呈两冢并列分布格局的下层积石冢和上层积石冢的建造目的与功能用途应该相同，本质上都属于宗教礼仪生活的产物，而非日常生活遗迹。

《报告》根据灰坑形状、大小和出土遗物的不同，区分为平底的 A 型和锅底形的 B 型两种类型。认为 A 型坑属于废弃的窖穴，B 型坑为生活垃圾坑。但在我看来，应该主要都是祭祀遗存。之所以这样认为，主要理由有两点：其一，该地点下层遗存遗迹仅见灰坑，不见房址和其他日常生活居处遗迹。说这批灰坑的性质属于生活垃圾坑或窖穴，明显缺乏制造垃圾的日常生活来源和仓储需求。其二，下层遗存出土的陶器中，泥质陶的数量明显多于夹砂陶，而目前经过发掘的西水泉、白音长汗、兴隆沟第二地点、哈拉海沟和魏家窝铺等聚落遗址出土的红山文化陶器，无一例外，均以夹砂陶器所占比例明显偏多。原因是制作成本较低的夹砂陶是最为普通的日常生活用品，而制作较精、成本较高的泥质陶和彩陶，则通常都是上流社会的专属用品，乃至宗教用器。所以，牛河梁第五地点打从下层遗存时期，就是一处单纯的宗教祭祀圣地。从当时的祭祀遗迹仅见祭祀坑而不见祭坛分析，坎祭是下层遗存时期的基本祭祀形式。

第五地点的中层遗存（N₅ZC）代表的是该地点的下层积石冢发展阶段。揭露出来的主要遗迹为积石冢和祭祀坑。其中，积石冢两座，在冢内发现墓葬 4 座、祭祀坑 9 座。此外还有 1 座灰坑。

两座积石冢分别位于第五地点的东北、西南两端的高点上。位于东北部的一号冢出土的遗迹数量比西南部的二号冢要多，这一分布特点贯穿于该地点三个发展阶段的始终。其建造形制、结构与后来的上层积石冢有着很大的不同，只是在地表平铺一层约 10 厘米见方的碎石，形成厚度 10～15 厘米的冢上封石。

下层积石冢阶段的祭祀坑共发现 9 座，其中属于一号冢的 7 座，属于二号冢的 2 座，均位于冢内墓葬南侧，除了最东端的 9 号坑位置稍有偏南以外，其余 8 座几乎呈一条直线分布。

冢内墓葬与祭祀坑并存的现象明显地透露出红山文化积石冢是为冢内墓葬主人设祀的历史信息。祭坑建在墓葬南侧，则是被祀者南面受飨的实证。而冢上所铺碎石及坑内小石粒则可视为红山文化特有的祭祀文化符号。

中层遗存的 9 座祭祀坑，应该就是由第五地点下层遗存祭祀坑发展而来的。如果这样的判断无误，则有理由认为，牛河梁第五地点自从下层遗存以来，就始终是红山先民举行宗教礼仪活动、奉祀神灵的神圣之地。

第五地点上层遗存（N_5SC），代表的是该地点的第三发展阶段，即上层积石冢阶段。主要遗迹有 4 个单元。

最东侧是一号冢（Z_1），叠压在下层积石冢一号冢之上。西端为二号冢（Z_2），叠压在下层积石冢二号冢之上。两冢之间是编号为三号冢（Z_3）的方形祭坛。祭坛之下叠压着一处堆石遗迹。

与下层积石冢相比，上层积石冢的规模更大、规格更高，结构也更为复杂。其中，保存较好的一号冢由外侧环壕、圆形冢体和冢内墓葬构成。

冢体为采用土石混筑而成的三重环圆形神坛建筑。在冢体偏西位置，建有一座大型土坑砌石墓葬，编号为 $N_5Z_1M_1$，即一号大墓。该墓规格甚高，规模宏大。在一号大墓东侧的冢体中心位置，分布有一圆形堆石，直径约 3 米，高约 0.8 米。发掘者推测应与一号大墓有关。

《国语·鲁语》载展禽语曰："夫圣王之制祀也，法施于民则祀之，以死勤事则祀之，以劳定国则祀之，能御大灾则祀之，能捍大患则祀之。"

迹象表明，这种建在宗教礼仪圣地的红山文化积石冢，应该是为神灵设祀的产物，其性质应为神坛，与一般性的墓葬有着根本区别。就是说，这种建在山顶上的墓葬，并非普通的氏族墓地，墓主人应是生前为本族的生存和发展事业作出重要贡献，死后被奉为族群保护之神的社会上层具有特殊身份的人物，其神格具有祖神性质。在古人的思想观念中，山顶是最接近于天的地方，因此往往选择在山头之上来作为设坛祭天的场所。这种被奉祀山顶神坛之上的祖神，也就同时被赋予了天神的神格。

位于两冢之间的祭坛遗址保存较好，整个坛体由单层石块铺砌而成，平面呈长方形。在祭坛中心位置石块之下，发现 4 具人骨，呈南北向一字摆放，头骨与肢骨距离较近，明显有异于直肢或屈肢体态，应是二次捡骨迁移的结果。尽管报告中统一编号为 $N_5Z_3M_1$，但其性质明显不属于墓葬，应与设祀的宗教活动有关。

由此来说，牛河梁红山文化遗址第五地点早在下层遗存时期，就是一处独立于居住区之外的祭祀场所，属于奉祀神灵的神圣之地。当时流行的祭祀形式是坎地而祭。到了下层积石冢阶段，出现了神坛与坎祭共生并存的现象。下层冢阶段的祭祀坑明显是由该地点下层遗存的祭祀坑发展演变而来。当历史发展进入上层积石冢阶段，神坛的规模明显扩大，规格也显著提升。相形之下，坎祭遗存——祭祀坑的数量明显消减。这种现象意味着此间盛行的祭祀形式是坛祭，而不再是坎祭。

分析第五地点的材料，可以清楚地看到红山文化时期的祭祀形式，有一个由坎祭到坛祭的发展演进轨迹。而坛墠祀天祭祖之礼的流行，正是国家文明形成的基本历史信息。

红山文化保护与研究展望

多年来，我们党非常重视对古代优秀文化遗存的保护。综观中华5000多年文明发展全程，一脉传承的礼制传统是为中华文明的基本精神特质，中华古国是为礼制型国家文明，而红山文化则从区域文明演进角度为由祀到礼、化家为国的中国文明起源和形成路径，提供了可靠的实物见证。

1992年，第一次北方民族学术会议时，会后组织老专家、老学者们参观红山后遗址。到了遗址所在的山岗下，一些老先生迫不及待地下车，对着红山就拜。我当时年轻，对这个举动不解，有的老先生就说："广林，我们不是拜山，我们是在拜祖先……"但因为遗址保护不当，仅在所在地放了一块碑，与会的学者们均未能尽兴。每每想到这个事情，我都觉得遗址或者文化的保护是我们当代人的义务与责任。"展现中华文明的悠久历史和人文底蕴，助力世界读懂中国文化、读懂中华民族"，已经成为国家重大需求。从辽宁省的角度考虑，深入开展红山文化研究，对红山文化在见证中华五千年文明形成的路径和特征问题上做出权威性的研究与论证，进一步强化中华文明起源、形成与发展的对外话语表达体系，坚定走中国式发展道路的决心，增强国家文化软实力，无疑具有重大文化战略意义。对于深入阐释中华民族共同体发展路向、增强民族凝聚力具有重要现实意义。

红山文化集中分布的燕北辽西一带，地处中国北方长城地带。在史前，这里是中国南部农业区与北部渔猎区的过渡地带；夏商周三代以来，随着北方牧业文明的出现，又继而成为中原农耕文明与北方牧业文明的交壤地区。对这一带史前文明因素和文明发展成就在中华文明初创之际的作用和地位的考察，可以使人们更加清楚地观察到历史上长城地带南北各部、各族人民之间共同具有的那种源远流长、同根同源的文化传统。这对于从完整意义上正确地认识历史上长城地带南北的中国，对于进一步深入研究阐释中华文明起源所昭示的中华民族共同体发展路向和中华民族多元一体演进格局，深化理解中国传统文化特有的超常凝聚功能，以及对于当前新的历史发展形势下进一步促进国家的统一、增强国内各族人民的团结具有重大现实意义。

我之前说过，红山文化的研究有百余年的历史，但至今依旧有一系列问题亟待解决。

一是中华文明本质上是一种礼制型国家文明。有关5000多年一脉传承的礼文化传统是中华文明的根本特质、礼制的起源与形成是中华文明起源与形成的根本标准的理论建构，亟待通过深入研究论证以形成学术界的共识。

二是考古学研究揭示出的红山文化祭坛、神庙、积石冢、祭祀坑等遗迹现象，急需通过与传世文献和出土文献互证的方法，做出合理的历史学解读，借以深化中华文明探源研究，还原由祭祀到礼制的中华文明起源与形成的历史真相。

三是蕴含在红山系列文化中的崇龙尚玉礼俗在中国龙文化传统和玉文化传统起源与发展过程中的地位与作用问题，发源或蕴含于红山系列文化中的中国传统崇龙、尚玉、祀天、崇祖礼俗之于中国传统礼制起源与形成的内在机制等根本问题，亟须进一步系统论证，借以深化对中华5000多年礼制文明特质的认识，"讲清楚中国是什么样的文明和什么样的国家"。

四是蕴含在红山系列文化石构祭坛、集群式积石冢、石质礼仪容器和石雕神像中的大量史前中外人群互动和文化交流信息，亟待系统整理、深入论证，借以还原距今 8000 至 5000 年，人类命运共同体早期构建这一重大历史真相。

这些话说来简单，但做起来难度很大。我们这一代人已经退居幕后了，以后的工作就交给你们年轻人去做吧。

---------- **口述者简介** ----------

田广林，1955 年生，内蒙古赤峰人。博士，国家二级教授，曾宪梓教育基金会高师优秀教师三等奖获得者，享受国务院政府特殊津贴。主要研究方向为辽海文明史、中国古代岩画和中国古代玉器。辽宁师范大学原博士研究生导师，曾任红山文化与中华文明协同创新中心主任。

我记忆中的考古
那些人、那些事

王瑞昌⊙口述　　　白满达⊙整理

参加考古工作

我出生于内蒙古自治区赤峰市宁城县头道营子村，高中毕业于宁城县八里罕中学，没有进过高等学校受过专门教育，机缘巧合让我从偏远的小山村走了出来。

1980年，我有幸踏进神圣的考古殿堂——中国社会科学院考古研究所内蒙古第一工作队。在这里，我得到了队里各位老师的言传身教。当年内蒙古第一工作队驻地在河北承德避暑山庄内，俗称避暑沟，实际是避暑山庄内通往西北门的一条沟，铺有石砌御道。考古队就住在沟里最上端的一处建筑较完善的别墅里。没有水电，水是考古队自己在沟里挖砌的水井（山泉水），用桶挑水吃；电是由山下承德市文物局提供方便自己拉电线解决的。那时条件有限，生活艰苦些，但是自然环境还是很好的，夏季很凉爽。

驻地里存放着敖汉大甸子墓地从1974年到1976年、1983年共3次发掘的出土遗物，这也是我第一次见到这么多盆盆罐罐的文物，很惊喜也很自豪。从懵懂无知的小青年，开始了我的考古工作——大甸子墓地报告出土遗物整理。

时任队长的刘观民先生（后来我们都称他老师），头顶几乎没有头发了，看上去很智慧博学，满脸络腮胡子，却很干净利落。跟刘老师工作生活时间长了，他也会讲一些生活上的小窍门。譬如经常用最老式的刮脸刀刮脸，刀片钝了，他会把刀片卸掉后按在瓷碗的内侧来回摩擦，这样刀片就会锋利些，可再多用几次。他身体力行，言传身教，说话总是和声细语、循循善诱，深入浅出地讲考古，从什么是考古、怎样考古，到什么是考古学文化。

1983 年，大甸子墓地出土遗物整理最后一次发掘结束，随后进行了全部的遗物整理工作。大甸子墓地总共发掘 804 座墓葬，共出土 1561 件陶器。器物类型有陶鼎、鬲、尊、鬶、爵、罐、壶等。整理工作有序进行着。有时也会在暑季邀请苏秉琦先生来考古队（承德避暑山庄）。随着先生的到来，我们也忙碌起来。这时也会聚了郭大顺、刘晋祥、徐光冀等多位老先生，聆听苏先生对整理工作的指导意见。苏先生看上去很魁梧，非常平易近人，对我们这些无名小辈都会主动打招呼，使我们备感亲切。

我们要做的工作就是帮助老先生搬运陶器（从文物架子上搬到案板上），以便先生们对各类陶器排队分型分式，以便进一步研究。随着整理工作的不断深入，我们学到了很多。目睹了苏先生在观察摩挲陶器时的神态，就像是手捧着一个刚出生的婴儿一样，时而细细端详，时而眯眼轻轻地摩挲，说出这件陶器的制作方法，是快轮拉坯还是泥圈套接或泥条盘筑（大甸子墓地出土陶器的制作大部分都是手制泥圈套接），陶器的制作是泥条盘筑或泥圈套接在观察摩挲时沿着陶器壁会有横向规律的凹凸棱。先生告诉我们，这些陶器都是随死者埋葬的，称明器、礼器。

遗址出土陶器与墓葬出土陶器在制作材料和使用功能上存在很大区别。墓葬出土陶器以泥质陶为主，还有大量彩绘陶（先烧制陶器素坯再用红白颜料彩绘图案）。至此我也知道了红山文化制作彩陶工艺流程——用氧化物做颜料把图案描画在陶器坯上，通过高温烧制陶器，使描画的图案氧化变色，更加醒目。

初识红山文化——巴林右旗那斯台遗址

那斯台遗址位于内蒙古自治区巴林右旗查干木伦河（西拉木伦河北支流）西岸的坡地上。1980 年，巴林右旗博物馆调查发现了该遗址。次年，昭乌达盟文物工作站派人和巴林右旗博物馆一起对该遗址进行了复查。之前当地文管所收集到那斯台附近牧民献交的很多红山文化遗物，包括彩陶、石耜、石刀、石雕人像和勾云形佩、三联璧、龙形玦、鸮形饰件等一批珍奇玉器。1982 年夏季，我有幸跟随杨虎先生到巴林右旗，同行的有刘海文与旗文管所的青格勒、巴图、王岩，在那斯台遗址及其周围展开调查，并试掘了那斯台遗址。遗址面积约 150 万平方米，大致分东、西两部分，地表暴露有房址、壕沟等遗迹，以红山文化遗存为主，同时包含少量兴隆洼文化和赵宝沟文化遗存。

试掘的地点选择在遗址中部偏下（当地牧民称乌兰沟）的一处遗迹，属于两座红山文化时期的小房址。遗址整体保存很差，因风蚀、沙埋故可见遗迹极少，能采集到的遗物或混在细沙里，或被风吹出裸露的文化层，遗迹遗物绝大部分都被细沙掩埋。牧民居住的房子大都建在遗址上，因风沙侵蚀掩埋，嘎查（村子）没剩几户牧民了，到处散落着因风沙而搬迁遗落的残垣断壁。我们的伙房就设在破落的嘎查队部里，给我们做饭的是一位蒙古族老乡，50多岁，个子挺高，长得很白净，每到做饭的时间，他就会到小卖部（在队部旁边）打上一提子（半斤）酒，倒在大碗里一饮而尽，不吃任何东西，脸上泛着红晕，乐呵呵地去做饭。我印象最深的一顿饭是风干羊肉和酸奶面条（用做奶豆腐的浆和面再用其浆煮面，没有青菜），第一次尝试吃那个酸、膻味很浓的面条真难咽下去，等到第二次、第三次那可就是美味了，闻到那酸膻的味就想吃。

　　试掘是按常规方法发掘，先去掉风沙积土，下面即遗迹了。试掘两座房址，比较完整些，但是房址的深度已经保存得很差了。幸运的是，房址居住面保存较好，更让人惊喜的是居住面是白灰的，比较光滑坚硬。我做了居住面解剖，其白灰厚度2～3毫米，并用铝制饭盒取了居住面标本。居住面上也出现了很多陶器，其中有两件最为特殊的小陶器：一件是非常小的斜口器，夹砂陶，素面没有纹饰；另一件是三足鼎式薰炉，侈口圆腹圜底，扁片状三足，腹壁和底部全镂空。

　　那斯台遗址是西拉木伦河以北发现的最大的红山文化遗址之一。地理位置可谓特殊，试掘出土遗物与当地博物馆收集的玉石器、陶器等，以及其他红山文化遗址出土的遗物相比也有其特殊性。

红山文化申遗之路

　　"中国境内名山很多，若说有哪座山承载了中华文明5000年历史，唯有内蒙古赤峰的红山。"红山文化有其特殊性——命名地与大型遗址发掘区不在同一行政区内。大家都知道的赤峰地区是红山文化的命名地，一直以来调查发掘的红山文化遗址，大多是以红山文化居住址为主，有一定规模的遗址不多，祭祀类型的遗址多有发现，但是规模和功能上都不及辽宁朝阳的牛河梁遗址。因此内蒙古赤峰与辽宁朝阳两地要进行合作才能完成申遗文本。

红山文化牛河梁祭祀遗址的申遗材料比较齐全，共有遗址点43处，距今约5500至5000年，为迄今发现的最大的红山文化晚期祭祀与墓葬中心。该遗址由女神庙、祭坛和积石冢三类遗址构成，其分布、形态特征与出土遗物具有极强的规划性与等级性，反映出红山文化晚期空前的社会组织能力。但也有不足，其缺少居住生活类遗址，不是红山文化命名地是其更大的缺憾，使之不能完全符合申遗要求，如果加上命名地赤峰的话，申遗成功的概率就会更大些。

2012年，红山文化申遗走出了艰难的一步——红山文化遗址成功列入《中国世界文化遗产预备名单》。2014年，赤峰市与朝阳市共同签署了《红山文化遗址联合申报世界文化遗产工作备忘录》，宣布将对赤峰红山后、魏家窝铺遗址群、辽宁朝阳牛河梁遗址进行联合申遗。刘国祥研究员担任专家组组长，负责赤峰红山文化申遗文本的起草工作。他贡献了自己多年的红山文化研究成果，首次提出红山文化申遗点——辽宁省朝阳市牛河梁遗址、内蒙古自治区赤峰市红山后和魏家窝铺遗址群的理念，突破了两地联合申遗的瓶颈。

红山文化申遗还在路上，现有成果是诸多同人砥砺前行的奋斗成果，希望其能够早日申遗成功！

口述者简介

　　王瑞昌，1956 年生，内蒙古赤峰人。1980 年开始参加考古工作，参与小河西文化、兴隆洼文化、赵宝沟文化、红山文化、夏家店下层文化等几处重要的考古学文化命名的遗址发掘，参与考古调查或发掘的遗址资料整理、文物修复、画图等工作。

我把半生献给了
牛河梁遗址

朱达⊙口述　　张帅⊙整理

离开沈阳　来到朝阳

我叫朱达，1956年出生，退休前在辽宁省文物考古研究所工作，就是现在的辽宁省文物考古研究院。父母都是江西人，新中国成立后被东北人民政府从南方招聘过来，父亲研究历史，在东北博物馆工作，后来改名为辽宁省博物馆。母亲是医生。但我是在沈阳出生、长大的。

我上小学的时候，也就是1970年左右，我们一家被下放到农村去了，来到朝阳的北票县（现北票市），我就在农村接着读了小学，后来又到公社读了几年中学，再后来随着政策落实，我们家从北票农村搬到朝阳市，那时叫朝阳县，继续读高中。1975年毕业后，我响应上山下乡号召，就去了朝阳县下洼公社，现在叫乌兰河硕蒙古族乡。下乡的时候，因为我表现还行，第一年当炊事员，第二年当管理员，第三年当青年点的点长，第四年就搬回城里了，是1979年末回到的朝阳市。

因为当时已经恢复了高考，加上我还有点学习的基础，原计划要考大学，但没有考上。因为当时找工作有招工考试，我就先来到了朝阳博物馆，做临时工。大约一年以后，我参加了招工考试，工作按招工考试成绩的等级分配，其中一等最高，我考的就是一等，就被分到了当时的中国人民银行工作。我到银行培训了三个月，天天点钞、记账，培训后的考试，我还得了第一，当时准备将我分配到网点正式上岗。但因为我之前在朝阳博物馆工作了一年，喜欢上了研究历史。受父亲的影响，加之在自己的坚持和努力下，半年以后，我终于回到了博物馆工作。

参加普查　从此立志

1981 年，省里组织开展第二次文物普查工作，主要目的是摸清省内遗址有多少、分布情况、所属类型等信息。在此之前，得先办个培训班，因为那时候省里的文物人才处于青黄不接的状态，老同志基本干不动了，像我这样的年轻人又对这套业务不熟，就想先培训一下再开展工作。

培训班组织全省考古人员去三个县做考古调查，对应成立了三个队——朝阳队、喀左队、凌源队，我是凌源队的。当时是一个队分成好几个小组分开调查，那时也没有手机，只有公社有一部手摇电话，我便成了联络员，负责联系各组。没什么事的时候，就跟着队长那组；有事的时候，比如队长让我去看看其他组的进展，有没有什么新发现，这些事情都需要我去及时了解，然后回来汇报。

联络的时候，没有交通工具，就是靠走，走到其他小组所在的公社。因为公社太大了，还得打听具体在哪个生产队，问老百姓看没看见一些考古的人，当时老百姓不知道啥是考古，考古是干啥的。后来就和他们说，见没见到在地里捡瓦片子、包起来拿走的人。这一说，老百姓就明白了，他们就告诉我这些人昨天来的，今天往哪儿去了。当时找一个组特别费劲，也给我累够呛。

调查结束以后组织发掘，这也是培训的一项任务，因为只调查不行，还得有发掘，把理论与实践相结合。我在的凌源队就选择了安杖子城子山就是现在的牛河梁遗址第十六地点作为发掘对象。当时不知道第十六地点是积石冢，经过调查发现有两种文化的东西，有红山文化的红陶片，还有夏家店下层文化的陶片，为了搞清楚到底是红山文化的还是夏家店下层文化的，以及它们之间的早晚关系，就试掘了几个探方。

培训结束以后，文物普查工作全面铺开，我们朝阳博物馆就负责整个朝阳市的文物考古调查，我们当时来到建平县集合。调查前，郭大顺先生又给讲了一课。当时建平县文化馆的文物组组长李殿福老同志说，牛河梁这一带出土过玉器。参加培训的时候，就把各个公社的文化站站长都叫上来了。富山公社文化站站长赵文彦提供消息，说在张福店大队马家沟北队，那时候的队长马龙图他家，有一个笔筒。郭大顺先生一听，特别感兴趣，就到马龙图家看了玉斜口筒形器，问马龙图在哪儿捡的。他说在牛河梁梁顶的西梁地，也就是现在的牛河梁遗址第二地点。郭先生到那儿一看，满地都是石头和红陶片，就这样发现了牛河梁遗址。

分组普查以后，我带着建平的刘亚彬，后来他当了建平博物馆的馆长，当时他刚高中毕业，很喜欢爬山，提议去山多山大的地方找，于是我俩选择了建平北部。来到哈拉道口公社时，发现了很多红山文化遗存，在河边二级台地上，红山文化陶片特别多。

当时，我们调查都是在冬天，夏天地里长庄稼，看不着东西，还损害庄稼。调查的时候，穿一双黄胶鞋，带个皮尺、记录表格，还带了一堆包装纸，那时候也没有塑料袋一类的东西，到遗址调查发现陶片了，就采集标本，记录器型、颜色、质地，包括花纹纹饰都得描述出来，还得画上图，填好记录表格，再画一张遗址的分布范围图。而且遗址在哪儿必须记得明白，最好找个参照物，实在找不到，电线杆子也行，记下电线杆子编号，遗址在电线杆什么方向、距离多少米等。为什么这样记呢？因为当时的风沙特别大，河道边上刮的都是黄沙，就像沙漠一样。很容易头天晚上调查完，第二天就找不着了。不同方向的风，昨天把地表的陶片吹得露出来了，都能看到一圈一圈的小圆灰坑和房址，晚上刮大风，又被黄沙埋上了。所以记录信息非常重要，采集标本也非常重要。

我开始对红山文化更感兴趣。因为考古学都是分段研究的，比如秦汉、魏晋南北朝、辽金等，我就立志研究红山文化。大家都认为我父亲是研究辽金史的，家里的所有书籍都是辽金史方面的，按道理我应该继承研究辽金史，但我还是对红山文化更感兴趣，觉得它没有文字记录，像一张白纸，很神秘。

女神头像　破土而出

普查结束以后，我们就都回到各自的单位了。再后来省里需要做一个项目，编写省文物地图志，把全省这次普查出来的所有成果，编成一本书。要从全省各地借调人员配合，其中朝阳博物馆有一个名额。朝阳博物馆的邓宝学馆长，考虑到我家是沈阳的，就把我临时借调过去了。

我去了以后，就跟着孙守道工作，孙守道先生是辽宁考古的大专家，学识渊博，待人也特别随和。我跟着他负责写文物地图志的遗址部分，光写不行，还要实地考察，做到心中有数，所以他就带着我，从辽南跑到辽西。到辽西，我们听说朝阳建平、凌源有红山文化遗址，省考古队的方殿春先生，那时候也是年轻人，正在负责组织试掘，孙先生对红山文化特别关注，就领着我到牛河梁遗址去了。

到牛河梁后的第二天，孙守道先生便带我上山，要在附近开展调查，看一看有没有其他发现，他说不可能就这一个遗址，肯定还有，而且会是不同类型的。

因为对当地的路不熟悉，怕找不到回来的路，方殿春就让当时的富山乡文化站站长赵文彦陪着我俩，我们从租住的马家沟村出来，顺着小路就上山了。就来到现在女神庙附近的台地调查，也发现有红山文化陶片。大约一个小时，我感觉调查得差不多了，提议去别的地方。孙守道先生说不对，这地方有戏，让我和赵文彦去沟边，看看剖面，看看地层信息，没走出多远，我寻思方便一下再走，我就看地下有个陶片，弯腰仔细一看上面有土，是一个彩陶片，我就捡回来了。

◎ 1983 年，女神庙遗址发掘前

孙守道先生看到我刚才弯腰了，见我往回走，还乐呵呵的。孙先生说，往往是不经意间，撒泡尿的工夫，就会有重大发现，问我捡到的是什么，给他看看。他一看，感觉这个彩陶片很好，很清晰，让我继续找。我刚走几步，就听到赵文彦在那边喊我，还挺急，我当时在想，能有啥发现呢？我就跑过去了，孙先生看见我跑，也快步跟上来了。我到那儿一看，沟里头是泥塑的残块，有些是泥人身上的残块。

我就问赵文彦，这以前有庙吗？他说没有。孙先生过来以后也有点发蒙。因为需要确定这些泥块属于什么时期的，我们就在附近来回地找，也没找到其他时代的东西。那时候就有 50% 的把握是红山文化时期的。然后孙先生看到附近有个 20 世纪 70 年代治山治水修建的土坝，走近一看，坝都是这种红烧土堆积起来的。孙先生就告诉我俩，挖一挖这个土坝，他继续在周边转一转。

我和赵文彦就用随身携带的手铲挖了起来，一开始发现一大块红烧土块，很有形，但不知道是什么，就放在旁边继续挖。又发现一个泥球，圆溜溜的。然后又挖出一个鼻子，是泥塑的。确定是鼻子后，我又仔细看了看最开始的红土块，才发现是耳朵的下半部分，推测圆球是眼球。这时候孙先生就回来了。孙先生看我乐呵呵的，他也乐了，问我又发现了什么？我就逗他，说没有。他说："赶紧拿出来给我看看。"我就按发掘出来的顺序先拿出耳朵，孙先生仔细端详，好像没看出来。我便故意问孙先生这是什么东西。他非常聪明，回问我，让我说。我说觉得是耳朵。孙先生说，看着像。他继续问我还有什么，赶紧拿出来。我就把泥球拿出来，他问我这是什么，我说是眼睛。他看我很肯定地说眼睛，问我是不是还有别的东西。我就把鼻子拿出来。他一看就乐了，边拍大腿边乐。实际上那个圆球不是眼睛，具体是什么现在也不知道。

红山文化之谜

——考古挖掘"三亲"者口述

　　下山后，方殿春先生看我们都乐呵呵地回来了，便问道：有啥发现？孙守道先生也像我那样按顺序拿给方先生看，方先生看完，问我这是红山文化的吗？因为知道这个很关键，我说没有发现其他时代的东西，就得靠发掘确定。我们吃过午饭后，又在发现鼻子的地方附近转了一下午，还是没有其他时代的东西，就觉得发现泥塑残件这个事情非常重要，于是打电报给郭大顺先生，郭先生当时是省文化厅副厅长。他听说以后，连夜坐火车赶了过来。第二天早上就去山上调查，郭先生发现出土泥塑残块的土坝旁边有一个坑，有取过土的痕迹，就决定先发掘这块。在这之前，郭先生让我们先把土坝扒掉，但是里面没有什么重要的标本。

　　我们就开始找范围，布探方，清理表土，快要结束清理工作的时候，就发现女神头像了。女神头像都清理干净后，考虑是泥塑像，如果下雨就损坏了，我们经过绘图、照相等一系列工作，就把女神头像取回来了。取回来的时候也很小心翼翼，头像都在地里埋了那么长时间了，而且头像上

◎ 1983 年，女神头像出土状态

还有裂纹，有些毛细树根都扎在里头了，很脆弱。我们就找了一个女同志魏凡，当时也是省考古队的，由她负责抱着头像。因为下山的坡非常陡，让她走在中间，前头一个男的、后头一个男的保护着她，小心翼翼地拿到了我们的驻地。因为没有鼻子，我们就把先前发现的鼻子试着对了对，断面和比例正好，一点问题没有。我们后来推测，是取土叠坝的时候，有人一铁锹就把鼻子给铲掉了，但是没有再往下面挖，要不然女神头像可就真毁掉了。

中途深造　在干中学

重返校园

在我工作的期间，郭大顺先生觉得还得继续培养全省的文物工作者，就跟辽宁大学合作，委托辽大办了一个文博班，两年制，请一些老师讲课，培养一些文物骨干。也是全省招生，通过考试，择优录取。我这回考得不好，因为我老在工地，没有顾及，知道消息也太晚了。第一轮准备招20名学员，结果有很大一部分人分数都不够，招生的时候就决定分数从高到低排，于是我也很幸运地进入了这个培训班。当时有18人入选，和预计招录的20人差两名，是因为分数太低了，实在没办法。9月份开学，我就去辽大上学了。

学成归来

1986年我毕业回来，郭大顺先生他们知道我毕业了，考虑牛河梁遗址这边发掘任务太紧，人手不够，让我赶紧回来工作。这时候，郭大顺先生和孙守道先生两人商量，觉得我一个人在朝阳，也没有什么负担，干脆把我调到省里来工作。这样，我便调入了辽宁省博物馆，后来辽宁省考古研究所从辽宁省博物馆独立出去时，博物馆领导想让我留在馆里的陈列部，因为我父亲就在博物馆的陈列部工作，领导想让我接替我父亲的工作，继续干。我说自己愿意去野外干考古，喜欢干这个工作，于是我又回到了牛河梁遗址的发掘工地。

边干边学

第二地点 1983 年试掘，1984 年正式发掘。1986 年我回来的时候，第二地点大部分已经揭露出来，表土已经去掉，开始露出石头了。这时候就得慢慢用手铲一点一点剔土，把石头全部露出来，清理干净，才能考虑画图、拍照。发掘工作也不是从上挖到下、一蹴而就的。因为当时没有发掘过这类墓葬，发掘工作面临着很多问题，遇见问题就得思考，怕不研究明白就动工，挖错就麻烦了。比如哪块石头应该动，哪块石头不能动，是结构上的问题。哪块石头是散落下来的，是可以搬走的，但搬走之前还得考虑到对旁边的影响，还得照样画图，给石头编号，害怕万一挖错了，按号还能复原。所以说，积石冢大面积揭露是非常困难的，而且绘图也慢，就得边干边学。

日积月累

方殿春先生负责第二地点的发掘，第三地点就交给了魏凡老师，魏凡老师是个女同志，也是非常厉害的一位女考古学家。这两个工地同时开工了。一个墓葬发掘遇见问题，就停下来，先发掘别的墓葬，看能不能相互借鉴经验。比如说，第二地点四号冢，分早期和晚期，上层积石冢和下层积石冢。当时哪知道啊！就得一点点思考，慢慢地尝试，慢慢才把这些事捋顺了。第二地点四号冢发掘挺难，南边是筒形器圈墓，还有叠压关系。早期墓葬是南北向的，晚期墓葬是东西向的。墓室结构也不同，早期的就挖个土坑，坑壁上有的斜立石板，底部一般不铺设石板，到晚期基本上都有石板了。这些事都得综合考虑。

震撼场景　记忆犹新

发掘"8484"墓

第二地点一号冢四号墓，是 1984 年 8 月 4 日发掘的，我们管它叫"8484"墓。清理浮土和上面石头的时候，都是我们年轻人上去干的，等上面这些东西都清理完，照完相，画完图了，把石板揭下来放在一边，墓室就露出来了。墓室里都有填土，或者还有些散乱的石块。这就到了比较

◎ "8484 墓"——牛河梁遗址第二地点一号冢四号墓

重要的时候，考虑到怕有东西被挖坏了，就得像方殿春等这些比较有经验的老师上手了。等见玉器了，就得用小刷子、小铲、筷子一点点地挖。刚出来的玉器，在土里埋藏很久，又潮湿，很润，很好看，等完全干了以后，它上面那些土沁结痂了，就不如刚出土时那么好看了。这个墓出土了一青一白一对玉猪龙。

二十一号墓

第二地点一号冢二十一号墓也很有意思。1989 年国庆节之前，孙守道先生从沈阳过来了，带着李新全，当时李新全刚研究生毕业，从吉林大学回来，分配到我们院工作。因为孙先生岁数比较大，得给他找个助手，以前是我跟着孙先生，后来正式给我调过来发掘牛河梁遗址，就不能继续给他当助手了，所以让李新全给孙先生当助理。晚上吃饭时，孙先生说国庆节要到了，咱们尽量找个大墓，挖掘一个重要的墓，向国庆节献礼。第二天，我们就上山找墓，当时找到一块露出的石板，推测下面可能有墓葬，就开始揭露石板，看有没有墓圹，结果当时发现没有，又找探铲一探，有 1 米多深，已经触碰到了基岩，感觉没有东西，大家就比较泄气。过了一宿，孙守道先生生病，而且比较严重，就回沈阳了。过完"十一"，我总觉得这个墓葬上面有盖板，底下还不见石头，有点不对劲，我就带着俩民工又上去了，接着找，后来就探出了墓圹，又挖出石棺的一侧石头，就确定下来这肯定是个墓葬，开始发掘。

等我们把墓葬里的土都取完，快要出玉器了，我就拿筷子扎一扎，筷子头滑了一下。墓挖多了，碰到玉器就能感觉出来它很滑，用筷子越扎，感觉玉器越多。真如孙守道先生所说，发掘这个墓向国庆节献大礼真合适！因为考古发掘玉器，必须一天挖完，才能确保玉器的安全。但我一个人挖不行。我就向所里汇报,后来所里派来了一个人,就是孙守道先生的小儿子孙勇,他也是所里的,主要负责摄影,在发掘保护方面也都行。他来了以后,我们就开始一起发掘,结果这个墓一共出土20件玉器,最后编为二十一号墓。这是一个我觉得比较重要的墓葬。

第十六地点中心大墓

还有印象比较深刻的,就是第十六地点中心大墓的发掘。当时我虽然是领队,但是不能经常上工地,我委托王来柱作为执行领队,但我每天都上去一趟,随时掌握工作进度,同时负责工地的安全。有一天发掘过半的时候,王来柱下来跟我说,可能找到个大墓,我就去了,把墓圹的土都清理出来了,一点一点清理,越来越深。后来碰到石棺时,也已经是下午快收工了,我说别动盖板了,动了盖板以后露出玉器,还拿不走,就麻烦了,得时刻考虑安全问题,等明天再挖。因为王来柱白天在工地,不能再让他值夜班了,我就让司机开着车,带着当时工作站里的几

1. 墓圹(北—南)

2. 石盖板(西—东)　　3. 墓室(西—东)

◎ 牛河梁遗址第十六地点

个技工上山了，当时山上还有两个看工地的值守人员。到了以后，我特意让司机把车头冲着工地，紧急时候，他打开车灯能照明。中心大墓四周都分配好人员，保证东西南北各个方向都有人，我拿个行军床，就在大墓边坐着。我记得那天正好是 2002 年的中秋节，我当时买点月饼，带着点水，还带了一点酒，户外太冷，还不敢多喝。我怕躺着睡着了，就坐在那儿赏月，就这么赏了整整一宿。第二天，王来柱上来了，我也不能回去，因为要开始挖玉器了。这时候，方殿春老师也从建昌过来了。结果这个墓就出了玉人、玉凤等重要的玉器，还被评为 2003 年全国考古十大新发现。

神秘的第十三地点

第十三地点性质一直确定不下来，为啥确定不下来？因为以前我们没见过，从来没有。它的结构是石头包着土，说是积石冢吧，还没有发现墓葬，中心也没有墓葬。还有就是，它的顶部被其他时代扰动得厉害，有红山文化的东西，还有战国、汉代的东西。解放战争时期，那儿是国民党的一个重要据点，据说顶上曾经有地堡，就把遗址破坏得挺厉害的。

我们发掘是从上往下挖，一开始就发现了国民党的地堡、战壕，战壕不宽，一个人能走过去，保存得也不深。战壕里清理出了破军大衣，都已经成碎片了，子弹夹、手榴弹、子弹头都有。

继续向下挖，就是战国、汉代的东西，已经和红山文化的东西混在一起了，主要是陶片，还有些坩埚片。都混在一起，就没法确定是不是红山文化的坩埚片。后来请北京科技大学古代冶金教研室的韩汝玢教授和柯俊教授到现场，又取了一部分坩埚片标本，带回去进行检测。检测结果是坩埚标本比较晚，是红山文化以后，比战国、汉时期还早，相当于夏家店下层文化时期，但是夏家店下层文化时期的东西这里几乎没有。而且遗址上虽然发现了坩埚片，但这里还不是炼铜的地方，炼铜应该有火烧的痕迹，有烧土块、木头渣，或者木炭渣子，这些都没有。

后来猜想，不管这些坩埚片是什么时候的，这里肯定都不是炼铜的地方，很可能是在这搞一些祭祀活动，祭祀完把坩埚砸碎了。搞冶金的专家说，这种是坩埚内热法，最后炼出的粗铜，必须把坩埚打碎以后才能取出来。因为不像现在技术先进，那时候沙子特别多，得晾凉，砸碎了，才能把炼的粗铜拿出来。

当时一看这种情况很复杂，我们就挖下来一块大约 1.2 米长度的土，整体取土装箱，用石膏封好固定住，这样就可以保留住地层堆积情况。想着当时解决不了，那以后还解决不了吗？所以选择尽量保持原生地层。

后来继续发掘时，在石墙外面发现了一具人骨，如果是红山文化时期的，应该在石墙里面。因为第十三地点挨着老路，听当地老百姓讲，当时土匪特别多，给人打死以后，找个地方一埋，就完事了。包括第二地点也是这种情况，也发现在石头表面有些人体骨架。我估计不是红山文化时期的人，应该和第十三地点的情况一样。

关于第十三地点的性质，我倒希望祭坛的可能性大一点，这样又多了一个红山文化的新类型遗迹。它的地理位置是非常重要的，它南面是猪首山，北边是女神庙，还有第十二地点，东面是第十四、第十五地点，西面是第十六地点，它类似于中心点，在主轴上，有明显的布局，有非常重要的意义。

而且第十三地点不只是现在围起来的这一圈，据当时我们发掘调查和积累下来的这些经验来看，这个遗址一直到铁路南边还有遗迹。当年铁路埋光缆沟就挖出来一道石墙，我们想清理，但铁路怕影响运行安全，没有同意，所以没能清理成功。最起码，往南那边，遗迹延长估计能有四五百米的距离，很可能它的附属结构还得向更南一些。而且在第十三地点土丘和铁路之间有块比较平坦的地方，我记得地上当时有好几块大石头，看起来都是人为搬运的，像石灰岩。当时孙守道先生就跟我说，第十三地点现在挖的是中心，周边肯定还有遗迹。

再一个就是，第十三地点周围那一圈环壕是什么时候的，我倾向于是1949年以前发掘的，围着这个第十三地点上面的地堡。但是，有没有可能是在红山文化时期壕沟的基础上挖的，那就谁也不敢说了。我认为完全有这种可能。我在第十三地点发掘的论证会上说，发掘第十三地点，要做好长期的准备，它的南面那么长，我告诉要发掘的那个女孩儿——于怀石，我说你要做好挖10年、8年的准备。

环境艰苦　时光难忘

飞虫入耳，疼坏先生

我们刚开始工作的时候，都住在马家沟村租的房子里，我一开始是住在马家沟村的饲养处队部里，我跟方殿春两人住一个屋。因为当时供电不稳定，经常停电，所以我们就得常年背着电池、蜡烛、煤油、煤油灯，后来才是那种可以防风的马灯。当时，白天在现场有些记录就做了，有些记录就得晚上回来做。因为煤油灯离远了看不见，离近了太熏人，鼻子里都是黑灰，就点了蜡烛。方殿春先生工作的时候，一只小飞虫扑着亮光，就飞进方先生的耳朵里了，他越抠，虫子越往里钻，把他疼得直叫喊，别人还帮不上忙。后来找魏凡来帮忙，因为光线不行，她也抠不出来。最后找到了赤脚医生马玉林，灌了一点水，慢慢地就把这虫子给淹死，不动弹了。这期间经历了好几个小时，我们睡觉的时候都已经凌晨4点多，马上天亮了。

选址建站，扎根遗址

牛河梁遗址发掘以后，我们租住在马家沟村民的房子里，后来感觉这是一项长期工作，就决定在附近选择一个好地方，建个工作站，方便日后的工作。当时，方殿春我们几人，从第三地点往第五地点的方向走，走到第四地点和第五地点之间的时候，往下一看，就看到了现在牛河梁工作站所在的那片地。我们几人感觉那片地很好，在山沟里，既避风又向阳，而且离遗址也比较近，便于开展工作。于是，就选择这片地建工作站，做长期发掘的准备。当时是1983年，等我1986年从辽宁大学毕业回来工作的时候，院墙和工作站主体的建筑已经建好了。房子是仿着凌源挨着河北平泉那边的样子建的，灰瓦青砖，看着有点古朴，因为是考古工作站，也不能太洋气了。

筚路蓝缕，创业艰难

当时，吃住都非常简单，那时候没有商店，是供销社，就是柴米油盐这些东西，青菜就是萝卜、土豆，吃肉的时候也很少。建了工作站以后，住宿条件就好了很多，可以一人一屋。但是，还是不能保证供电，经常停电。因为没有自来水，吃水用的是压力井压出来的水，天天往伙房挑水，伙房有两口大缸装水。自己屋里的用水，就得自己拿水桶去洋井压水，那时候塑料桶都没有，是铁皮水桶。现在再看，这一段算是艰苦的岁月了，肯定是不如现在条件好。所以说创业难，但守业更难，守好业也难。

相机难得，自学洗片

考古发掘的时候，需要照相，那个时候没钱，不给买新相机，条件不像现在这么好。我干了十多年以后，才得到个二手相机，那时候方殿春有个相机，是日本尼康的FM_2，一个纯机械的老相机，后来他换了个尼康FM_3，就把这个FM_2给我了，我这才有了相机。而且一开始没有彩色胶卷，都是黑白胶卷，我们自己学着冲卷、洗照片。洗照片需在暗房里，在暗袋里把胶卷壳打开以后，放显影罐里头，完了再把底片放药水里头。显影剂都得我们自己配，温度还得控制好，温度高了不行，低了也不行。当时工作站洗相片的这套设备都有，虽说我们的设备不行，但最基础的东西都得会。如果需要高清照片发表材料，我们的相机就不行了，就得找专业人员用好相机拍摄。

牛河梁，我日思夜想的地方

如果从 1983 年开始算起，到 2016 年退休，是 33 年，退休以后又返聘了 3 年，这应该是将近 40 年了。退休回沈阳以后，因为当时牛河梁工作站的站长在野外发掘，工作很忙，经常不在站里，考古所就决定把我返聘回去，让我帮忙看管工作站，或者做一些日常的补充工作。主要是因为我在这里也习惯了，很熟悉，毕竟在这里生活工作了 30 多年。后来因为赶上新冠疫情，我就又回沈阳了。等疫情结束，我也想来，但是不敢来，怕啥呢？怕触景生情，怕回忆起在工作站的几十年风风雨雨太过于激动。心情就总是在回来还是不回来之间矛盾着。

再一个，这里有很多我熟悉的同事和朋友。就像这次牛河梁遗址第十三地点发掘论证会邀请我的时候，我还是挺犹豫的，但是听说王轩龙馆长可能有工作变动，我才决定来的，也想看一看这些老朋友，怕以后见一面很难了。来了以后，我看了一下山台遗址的发掘现场，没进去，就在外边看了看。又去了女神庙看了看展览，发现很多原始资料我都没见过，在一张大约30人的集体合照里，我看见了刚参加工作的自己。那时候的我很赶时髦，披肩长发，穿着喇叭裤，出门扛着录音机，是当时的潮流打扮。出来以后，我顺着女神庙的小道继续往下走，看到了当年我曾经住过的马家沟村的房子，看见房子外墙都翻新了，还刷上了乡村建设的标语，感觉和从前大不一样了。之前我曾找到过马龙图的儿子马瑞财，想退休以后和他一起居住在他父亲的老房子里，继续在牛河梁生活。

今天早上，我吃完饭，又出去转了一圈，到门口对面的小广场，又走到西北沟去，到沟里头转了一圈。从昨天早上开始，我感觉呼吸到的空气都是甜的，一听鸟叫，也感觉特别亲切。还有野鸡突然间扑棱扑棱飞出来的声音，我感叹，这都多少年没听见这样亲切的声音了。你说，我能不想念牛河梁吗？

口述者简介

朱达，1956年生，毕业于辽宁大学历史系，曾任辽宁省文物考古研究所牛河梁工作站站长、研究员、考古领队。研究主要集中在牛河梁红山文化遗址，致力于遗址的发掘、保护和深入研究。著有《重现女神：牛河梁遗址》等著作。

推动红山文化研究
走向辉煌

雷广臻⊙口述　　董婕　胡丽华⊙整理

我出生于 1957 年，内蒙古自治区赤峰市翁牛特旗人，祖籍河北省玉田县。毕业于中国人民大学，取得历史学硕士学位。我于 1977 年参加工作，曾在内蒙古乌丹一中、内蒙古师范大学任教。1990 年，我来到辽宁省朝阳市，先后在市委讲师团、市社科联、市委政研室、市委宣传部等部门工作。2003 年 9 月，到朝阳师范高等专科学校（简称"朝阳师专"，2024 年更名为朝阳师范学院）任校长、党委书记。2012 年，辽宁省社科联批准朝阳师专成立辽宁省红山文化研究基地（后来更名为辽宁省历史文化研究基地，以红山文化为主要研究方向），我先后担任基地主任、首席专家。

从工作领域跨界到红山文化研究

1987 年 7 月，我到内蒙古师范大学工作时就关注到了红山文化。当时学校有老师写文史方面的资料，让我分写红山文化的内容。

20 世纪 90 年代，我到朝阳工作后更加关注红山文化。朝阳是一座历史文化名城，当地的文化资源极其丰富厚重，特别是红山文化、化石文化蜚声海内外。

2001 年 1 月，我在朝阳市委宣传部担任副部长，为了迎接辽宁省委、省政府领导来朝阳视察，我撰写了《朝阳历史文化概要》，提出朝阳是世界上独一无二的古生物化石宝库，朝阳是人类产生以来我国北方地区的一个重要历史文化区，朝阳是吸引历代不同经济类型、不同文化传统的辽宁省历史文化名城。从此我和红山文化结下了不解之缘。

2003 年，我到朝阳师专工作后，建立了红山文化研究所，兼任所长，把红山文化等地方历史文化研究作为学校的特色之一。当时省内的高校还没有专门从事红山文化研究的科研机构，我校红山文化研究所是第一家。当时确实有不同的声音，有人认为专科学校没有必要专门设立研究所，但是我们顶住压力坚持下来了，而且坚持了近 20 年。

红山文化研究所成立之后，为了让全校师生了解红山文化、了解牛河梁遗址，我坚持在工作之余面向师生开展红山文化学术讲座，讲女神庙、讲积石冢、讲祭坛、讲玉器、讲陶器、讲红山人生活的环境……总之，一个专题一个专题地讲，逐渐吸引了不同专业领域的教师参与到红山文化的研究中来，研究队伍不断扩大，宣传方式不断创新，研究成果不断涌现，也产生了对外影响。

2007 年，辽宁省委宣传部将朝阳师专确定为红山文化重点建设学科承办单位。2012 年，辽宁省社科联批准朝阳师专成立辽宁省红山文化研究基地。这也是当时省内唯一一家设立于专科学校的省级经济社会发展研究基地。后来基地更名为辽宁省历史文化研究基地，依然以红山文化为主要研究方向。现在朝阳师专已经升级为朝阳师范学院，红山文化研究也成为学校的办学特色之一。

探寻"牛河梁红山文化"概念的源起

在很长一段时间,对牛河梁遗址的阐释是纳入在因赤峰市红山后遗址而得名的红山文化范畴中的。这当然是正确的,但是没有很好地突出牛河梁遗址石破天惊的重大发现和"将中华民族文明史提前了1000多年"的鲜明特点。

从2007年起,朝阳市人民政府领导牵头做文化产业,在朝阳各界的努力下,把朝阳区域文化概括为"四大文化","牛河梁红山文化"位列第一。同年12月19日,中共朝阳市委八届六次全会通过了"四大文化""牛河梁红山文化"的定位。2008年初"牛河梁红山文化"明确写在朝阳市人民政府工作报告之中。自此,"牛河梁红山文化"为牛河梁遗址准确定位,而且上升为市委、市政府的决策层面,成为全市干部群众的共识。以后朝阳的"四大文化"虽屡有变动,但"牛河梁红山文化"从未被替代过。自此以后"牛河梁红山文化"概念也被国内外研究者所通用。

"牛河梁红山文化"表述的意思是牛河梁遗址属于红山文化,但是它凸显了牛河梁遗址的特点。红山文化是中国北方新石器时代的考古学文化,距今约6500至5000年。遗址分布区域20多万平方千米,地理范围位于大兴安岭南端与燕山北麓之间,西跨滦河,东到辽河,南至渤海,北达西拉木伦河及其支流以北区域。

红山文化遗址很早就被发现了,1954年中国考古学家尹达命名红山文化。但是很长一段时间,红山文化作为与其他新石器时代的考古学文化同等地位的一个考古学文化,并没有被重视。

自 20 世纪 70 年代起，位于辽宁西部的朝阳市不断发现红山文化的新的重要遗址，披露出红山文化与中华文化起源、中国文化传统起源的重大关联和学术价值。尤其是东山咀遗址和牛河梁遗址的重大发现，使红山文化真正"红"了起来。著名考古学家苏秉琦先生说过："20 世纪 80 年代初，我们获悉辽宁喀左东山咀发现红山文化后期祭坛遗址时，感到吃惊。"能让苏秉琦先生感到"吃惊"，一定是有重大的考古新发现。后来这里又发现了牛河梁遗址。

东山咀遗址和牛河梁遗址发现了以往中原地区考古学遗址所没有过的、更有价值的遗迹、遗物，同时这些遗迹、遗物在以往的红山文化遗址中也未被发现，具有石破天惊的重大意义。牛河梁遗址等从诸多红山文化遗址中突出出来，研究进程也要与之相适应，从诸多红山文化中突出牛河梁红山文化的特点，因此牛河梁红山文化命题就适应客观和主观的需要脱颖而出了。

主要的活动有两项：

其一，2007 年 7 月，由朝阳市人民政府和中国文物学会玉器研究委员会联合主办，由朝阳市牛河梁红山文化研究院（当时设在朝阳师专，我是院长）承办的"2007 中国·朝阳牛河梁红山玉文化国际论坛"在朝阳举行。论坛聘我为学术委员会主席，负责学术方面的事宜。来自各地的 112 名专家学者到会，美国和韩国学者提交了论文。由古玉学家、考古学家、历史学家和其他学科的专家学者联合对牛河梁遗址玉器进行研讨，这在国内外是第一次。这次会议向世界叫响了"牛河梁红山文化"品牌。

其二，2009 年 10 月，国家文物局、中国考古学会、中国社会科学院考古研究所、北京大学考古文博学院、辽宁省文化厅联合在辽宁省朝阳市主办了"苏秉琦百年诞辰暨牛河梁遗址发现 30 周年纪念大会"，会议由朝阳市人民政府承办，主会场设在牛河梁遗址。大会学术方面的具体事宜同样由我任院长的牛河梁红山文化研究院具体承办。这次会议以前所未有的高度和力度向外界进一步推介了"牛河梁红山文化"。

两次重要的学术会议，我都是组织者之一。后来有专家学者提出"牛河梁文化""牛河梁初级文明""牛河梁文明"等概念，但没有被广泛认可和使用。"牛河梁红山文化"直接连接了"牛河梁古国"这一定位。

红山文化天文考古的探索与发现

2009年8月17日至19日，国家自然科学基金、中国科学院知识创新工程重要方向性项目组的孙小淳、何努、徐凤先、高江涛、黎耕到朝阳考察。我代表朝阳师专接待项目组并进行了学术交流。项目组"对史前文明中心遗址"牛河梁遗址群和东山咀遗址的"天文意义"进行实地测量，从"天文环境"角度建立起"观测日出方位"（牛河梁遗址群和东山咀遗址）与"圭表测影"（陶寺遗址）之间的关联。在考察和实地测量后，项目组撰写了《中国古代遗址的天文考古调查报告——蒙辽黑鲁豫部分》。在调查报告的摘要部分写道："这是在中国境内第一次大范围的考古天文调查。"

2013年9月，我应邀参加在山西襄汾由陶寺遗址考古工作队召开的考古与天文——纪念陶寺观象台考古发现10周年学术研讨会。我在会上作"牛河梁红山文化天文历法初探"学术报告。我在报告中系统地阐释了以往关于红山文化天文历法方面的观点：传说在黄帝时代就已经有了较成熟的历法。《史记·黄帝本纪》记载黄帝"治五气""时播百谷草木，淳化鸟兽虫蛾，旁罗日月星辰"。我认为，与黄帝文化密切相关的牛河梁红山文化不仅有天文，而且有历法，上述两个方面均有实证。

第一，红山文化遗址留下了古人观测天象的记录。古人为什么要观测天象？主要是生产生活的需要，尤其是确定方向、确定时间和季节的需要；古人观察太阳、月亮和星球，直观确定它们的位置，不断试图找出它们变化的内在关系，于是古人依据观察天象所获得的知识创造了早期"历法"，即根据天象变化计量时间、判断气候、预知季节，创立了长时间的计时办法、周期更迭的四季和循环的气候系统。

第二，古人观天象的记录留在了大地上。今天的人们能够去识读的天象记录大部分在考古遗址。牛河梁红山文化（考古遗址）第二地点的中心部位，有一个由立置石块排成的正圆形的同心的三重圆，其第二层的圆立置石块内侧排列一周彩陶筒形器。这三层圆的内圆直径 11 米，中圆直径 15.6 米，外圆直径 22 米，由外圆向中心逐渐增高。这就是古人直观地用立置石块和筒形陶器圈成的太阳，直观地看也是太阳。牛河梁红山文化遗址第三地点和田家沟红山文化遗址第一地点的墓葬呈太阳圆形分布，这不仅反映了红山文化下人们的太阳崇拜，而且直接表现了红山文化下人们的观天实象。田家沟红山文化遗址第二、三、四地点都有圆形祭坛，尤其是第三地点由两条平行的白石墙（代表地）、圆形积石冢（代表太阳——天）和墓葬（人）组成了天地人的立体宇宙景观。

第三，红山文化创造的历法是山头历、地平历。《山海经》最早记载了山头历。《山海经·大荒东经》记太阳所出（太阳所升起之山）之山六座，均在东方；《山海经·大荒西经》记日入之山（太阳所落之山）也是六座，均在西方。山头历就是利用山头与太阳的关系，以山头来为太阳运动定时位。站在一个观测点观察对面山头某个点的日出，并由此点的日出制定一个太阳年，可称为"地平历"或定点历。山头历或地平历同样有物证。红山文化遗址由遗址本身、周围的天际和绵延的山头组成。牛河梁遗址和东山咀遗址东南侧都有一座绵延起伏的山，其他红山文化重要遗址（如赤峰市魏家窝铺遗址）其同一方向均有这样一座山。这样的山形成了比较理想的观测日出定季节的山体轮廓参照点体系，人们在这样的山峰轮廓上能够在观念上标志出春秋分到冬至之间的日出位置。牛河梁红山文化遗址第二地点4号冢二号墓出土了绿松石坠。无独有偶，田家沟红山文化遗址第一地点五号墓也出土了这样的绿松石坠。细观察绿松石坠如初升的太阳，一半隐在地平线下，一半在地平线上，底部两端长过太阳，正是地平线。

第四，天象是古人读的第一本书。不仅以农耕为生计的古人需要观察天象，以渔猎为生计的古人也需要观察天象，一是为了知时节，二是为了知时间，三是为了确定方向。古人在白天观察太阳知时节、定时间、明方向，夜晚人们眼睛的"趋光性"使人们仰望星空，以探求未知。古书也这样记载。《周易·系辞上》说，古人"仰以观于天文，俯以察于地理，是故知幽明之故"。《周易·系辞下》说："古者包牺氏之王天下也，仰则观象于天，俯则观法于地，观鸟兽之文与地之宜，近取诸身，远取诸物，于是始作八卦，以通神明。"包牺氏，即伏羲氏，传说为黄帝之前的上古人文始祖。"仰以观于天文""仰则观象于天"，说明古人重要的求知行为是观察天象，并尽当时可能通过观测来收集天体的各种信息加以利用，于是有了古人的观测天象学问——天文或天文学。

牛河梁红山文化有天文历法，表明5000多年前的红山人十分注重人生，由解决人生问题出发不懈地观测天象，提升了思维能力和利用自然的能力，从而提升了古代意义的科学技术水平，在天文历法方面完成了伟大的发明创造；还表明中国是世界上天文学发展最早的国家之一，早在5000多年前就形成了内容丰富且具有独特风格的天文历法体系，为中国古代天文学在许多领域长期在世界上处于领先地位打下了坚实基础。

巧合的是，作完学术报告的第二天正好是"秋分"。我与来自中国科学院自然科学史研究所、中国科学院国家天文台等科研院所的30余位专家学者一起在陶寺观象台实地观测了秋分日出。

解读牛河梁遗址礼仪建筑群

牛河梁是红山文化遗址中最具代表性的祭祀礼仪中心，是我们的重点研究对象。由于地缘优势，我校多次组织团队实地考察朝阳、赤峰、阜新等地的红山文化遗址，形成了一些独特的认识。

2012年，我主持了辽宁省教育厅重大人文社会科学研究专项项目"牛河梁红山文化巨型礼仪建筑群的综合研究"，开创了市属专科学校承担省教育厅重大基础、重大人文社会科学项目研究的先河。当年辽宁省教育厅哲学社会科学重大基础理论研究课题共5项，其余4项课题分别由省内本科院校承担，朝阳师专是唯一一所首次获得此项课题的专科学校。为完成重大基础课题研究任务，学校迅速成立了课题组。

2013年1月，在朝阳师专举行"牛河梁红山文化巨型礼仪建筑群综合研究"开题会。《辽宁日报》对此开题会进行了报道。之后的两年时间，课题组成员分别从女神庙、积石冢、祭坛、建筑、美术、传承、出土文物等各个角度开展研究，形成了一批成果。2014年12月，课题组共同编写的《牛河梁红山文化遗址巨型礼仪建筑群综合研究》（科学出版社出版）

作为辽宁省教育厅重大人文社会科学项目成果，获得朝阳市第十四次哲学社会科学著作类成果一等奖。

在这个项目的研究过程中，红山文化团队的协作性和凝聚力更强了，成员也得到了锻炼，每个人都确定了自己的研究方向，并坚持下来。截至2024年8月，红山文化团队共发表相关论文100余篇，出版著作9部。

遗址实地考察记忆

我一直关注红山文化与炎帝、黄帝文化之间的关系，在之前的研究中就注意到红山文化玉器中的熊、龙、龟、云、鸟等与黄帝文化有对应关系。

2012年，在凌源市田家沟红山文化墓地群发掘中，首次出土了戴在墓

◎ 雷广臻陪同郭大顺先生考察田家沟红山文化遗址

主人右耳的蛇形耳坠。这枚蛇形耳坠的大小约为成年人食指中指并在一起的样子，体呈灰白色，蛇头部嘴巴、眼睛清晰可见而且非常光滑，底部略粗糙于头部。我认为，红山文化墓地遗址出土的蛇形耳坠与《山海经》中"珥双蛇"记载相吻合，为玉器与黄帝文化的关系在考古与文献两方面有相同的对应提供了非常珍贵的佐证。

考古队员在对田家沟第三地点进行清理时，还发现了雕刻有黄帝文化符号的石板。在一块长约50厘米、最宽处约40厘米的石板上面，雕刻着由点组合而成的头部、圆形的龟背和做伸出状的前腿与后腿。我有幸到现场考察，后经研究考证认为，这个雕刻图形可能是黄帝图腾神龟——天鼋。这些考古发现再一次证明了红山文化区与炎帝、黄帝文化的关联。

中华文明探源工程第二阶段的深刻记忆

2008年8月，由科技部立项的中华文明探源工程第二阶段正式启动，"红山玉器工艺"课题组随之成立。10月下旬，由中国社会科学院考古研究所刘国祥、香港中文大学中国考古艺术研究中心主任邓聪牵头，来到陈列牛河梁红山文化玉器的辽宁省博物馆进一步研究，出土玉龟（鳖）分公母就是在此次工作中被重新认识的。

10月30日，当我们在观察牛河梁第五地点出土的两件玉龟（鳖）时发现，两件玉龟大小、头部、尾部有明显差别，一玉龟（鳖）的腹部有一明显的凹陷，有手指肚大小。这一奇特现象引起大家的兴趣。众人便议论起几年前有人提出的"红山文化玉器分公母"的旧话题。后来我打电话请教生物学教授，得到了"腹部有凹陷的当为公龟（鳖）"的肯定回答。至此，牛河梁红山文化玉龟（鳖）分公母有了确切物证。后来经反复实验又发现公母玉龟（鳖）是摞起来使用的。当把母玉龟（鳖）置于公玉龟（鳖）之上时，母玉龟（鳖）就会滑落下来；当把公玉龟（鳖）置于母玉龟（鳖）之上时，公玉龟（鳖）腹部的凹陷稳稳地卡在母玉龟（鳖）背上，就不会滑落。反复试验都是如此。邓聪等人认真观察玉龟（鳖）的腹部和背部，发现了公母玉龟（鳖）摞起来使用的微痕，放大数倍拍照后，微痕清晰地显现出来。

其实龟在中国传统文化中的地位很重要，《礼记》说："麟凤龟龙，谓之四灵。"《庄子》提到，龟是"天下之宝"。红山文化和凌家滩文化等新石器时代考古文化中都发现了数量较多的玉龟，这说明在5000多年前，中国人就认识了龟的重要，并区分了公母。更有意义的是，古人通过雕琢玉龟表现了他们对雌雄的认知。这也是中国传统文化中阴阳文化的重要发端。

红山古国是一个，还是多个？

牛河梁遗址代表了古国时代的第一阶段。这标志着红山文化孕育出了古国文明。自此，从"古国"的角度研究红山文化成为一个全新的课题，这一全新课题包括牛河梁古国文明如何累积而成，牛河梁古国概念怎样准确定位了红山文化，重建中国古史的任务怎样被提出，牛河梁古国如何表明中华大家庭同种、同根、同祖、文化同源等内容，意义重大而深远。

2023年，国家文物局称牛河梁遗址代表了古国时代的第一阶段，遂把苏秉琦先生等关于红山古国的概念由学术性定位提升为国家化、历史化定位。由此也产生了争论：红山古国是一个，还是多个？

如果红山古国是一个，那么牛河梁就是古国的中心部分（或可称"都"），这样称牛河梁古国也未尝不可。牛河梁时代，有牛河梁古国，这在逻辑上是说得通的。读苏秉琦先生文集，苏先生认为古国是一个，红山文化是古国的开始。在这个意义上，红山古国与牛河梁古国所涵盖的东西差不多，红山古国与牛河梁古国只是名称不同而已。

如果红山古国是多个，古国中包括牛河梁古国，牛河梁就是其中一个了。元宝山、半拉山、田家沟、胡头沟、草帽山、那斯台、东山咀等都可能有一个小古国存在。牛河梁古国只是诸多古国中的一个较大的古国。

红山古国"一与多"的关系需要实物和理论的支撑。红山文化研究进入"深水区"，不是说说就成事了。可能要用较长的时间、较多的物证才能研究清楚。但是这并不排除去做好阶段性的工作。1938 年日本人依据"红山后遗址"写了书，进入"赤峰红山后"阶段；依据梁思永的考察和建议，1954 年尹达命名红山文化，进入"红山文化"阶段；依据 20世纪 80 年代牛河梁遗址的考古发现，遂有"牛河梁红山文化"；现在依据贾笑冰等在牛河梁遗址对山台与女神庙关系等新发现（中华文明探源工程第五阶段成果之一），遂有"牛河梁遗址代表古国时代第一阶段"的判断。前面的成果为后面的新认识打下基础，后面的判断并不否定前面的成果。

对于红山古国，我认为是多个，但多中有一，牛河梁古国通过传统的会盟手段把各古国凝聚在一起，成为中心。牛河梁古国是多个红山古国的联合体，是其中之一，是联合起来的。我在"2007 中国·朝阳牛河梁红山文化玉文化国际论坛"上发言说："牛河梁红山文化遗址是由一个社会联合体（共同体）创造的，而这个社会共同体起初是多元的。"这个说法今天有了更多的证据。东山咀、半拉山、田家沟、胡头沟、元宝山、草帽山、那斯台等红山文化遗址所在的小古国，共同创造了牛河梁古国，也可以说上述各单元是牛河梁古国的基层组织。红山文化由多元图腾融合为统一图腾（如龙、凤）的过程，就是这个社会共同体（联合体）从多元走向统一古国的过程。

怎样理解古人所说的"国"？老子和孟子都有"小国寡民"的说法，他们所说的国与今天人们所说的国是不同的。我认为红山文化的居民已按地区划分，如《史记·五帝本纪》记载："监于万国。"这里所说的万国，当是各个地区的小邦国或次一级的社会联合体。今天可称为"红山古国群"。

目前，回答牛河梁古国是否是多中之一，是不是联合起来的这一问题，还可以研究三个问题：一是怎样看待元宝山遗址、半拉山遗址和田家沟遗址的权力代表物——权杖？是否表明各遗址各自行使了独立的权力？回答是肯定的。在关于辽宁朝阳市半拉山红山文化墓地的考古报告中很有见地地写道："我们初步推测，在红山文化晚期阶段大凌河流域的红山文化分布区域内，已形成了以牛河梁遗址为最高等级的行政和权力中心，同时存在着诸如半拉山、胡头沟、田家沟等所代表的不同区域内稍低一级的行政和权力中心。"我赞成这个观点。

第二个问题是牛河梁遗址女神庙与山台同体的地方，为什么营建了9个台基？挖掘者从社会组织和社会动员能力方面做出了较好的回答。但还是要问：9个台基是多个单元（群体）的人营建的，还是一个单元的人营建的？如果是一个社会群体营建的，那么建9个干什么？虽然不能做出一个台基由一个社会单元所营建的推论，但可以做出不是一个社会群体营建的推论。这个问题可由第三个问题辅助回答。牛河梁红山文化遗址经过正式发掘的有 4 个遗址，这 4 个遗址是一个社会单元（群体）营建的，还是不同的社会群体所营建的？牛河梁遗址考古报告说："从遗址分期看诸遗址形成过程……N$_2$、N$_3$、N$_5$、N$_{16}$ 地点都有下、上层积石冢和 A 型 B 型陶筒形器，应是大约同时形成，同时结束。"一个群体要搞这么多的大体性质相同的建筑吗？而且同时"施工"，同时结束。考古报告在提示牛河梁遗址的建筑不是由一个社会群体营建的。我认为牛河梁遗址是由红山文化区各基层古国，在大致时期分别营建的。这个问题可参考五帝后期的"四岳"文化。基层古国的元老们，不论生前和死后，都享有"高级别待遇"。

牛河梁古国怎样把基层古国凝聚到一起？2012 年 12 月 3 日，我在《光明日报》发文提到，"牛河梁红山文化遗址进行的高级会盟与在初级的祭祀场所进行的会盟是什么关系呢？那就是初级社会管理与高级社会管理的关系。以祭祀形式进行的社会管理或会盟，实际是协商解决社会矛盾的管理办法，不是用强权、强力解决社会矛盾的办法。当然要由各方面实力比较强的一个部落或部落联盟召集其他的部落或部落联盟参加，共同来协商解决社会所面临的问题"。初级社会管理，今天可称之为基层古国；高级社会管理，今天可称之为牛河梁古国。这样整个红山社会就统一起来了。

红山文化著作《红山古国　文明曙光》

2022 年 6 月，辽宁省社科联党组书记、主席石坚，省社科联一级巡视员金虎等一行考察朝阳文化和朝阳师专红山文化研究基地。当时省社科联

红山文化之谜
——考古挖掘"三亲"者口述

为深入学习贯彻习近平总书记的重要讲话精神，贯彻落实好省委关于实施中华文明探源工程的具体要求，研究决定组织编写一系列相关题材的普及读物。基于我校在红山文化方面取得的成绩，所以委托我校基地就牛河梁红山文化遗址已取得的考古学成果，进行系统梳理，编辑出版集知识性、普及性、趣味性于一体，通俗易懂的红山文化普及读物。省社科联领导在辽宁省走了一圈，把这样一项任务交给我们，是相信我们有能力完成。

我校接到这个任务后，迅速成立了以我为主编、董婕和周阳阳为副主编的编写组，确定了用通俗易懂、图文并茂的方式编写该书的基本思路。

2024年3月，《红山古国 文明曙光》正式出版。不同于传统的学术著作或科普性学术著作的写法，此书以发现、评介、推广红山文化为主线，以苏秉琦等当代考古学家发现和研究红山文化、引领社会认知为灵魂，全面展示了红山文化的基本内容，力求故事性、科普性、学术性兼备。我校美术系教师手绘了全书的插图。图文并茂是为了使没有到过红山文化遗址的读者也能有身临其境的感觉。

这本书出版后受到社会各界的关注和好评。辽宁省社科联党组书记、主席关蓉晖高度概括说："这本书我认真读了，结构、内容、阐释是目前红山类学术科普书籍最好的！"《光明日报》发文说："全书一气呵成，有主线，有'情节'，故事性、科普性、大众性、学术性兼备，且有结构新、内容新、思路新等特点，为近年所见的红山文化研究的新力作。"《辽宁日报》发文说，本书"主题突出，重点明确，又照顾了各个方面，呈现在读者面前的是一个整体的红山文化……是一部全面阐释红山古国的学术性、通俗性兼备的新力作"。今日头条、《人民日报·人民视点》也发文高度评价这本著作，认为该书是"目前全面研究和了解红山文化的最新著作"。

更可贵的是还有读者在《朝阳日报》以《〈红山古国 文明曙光〉：一部能懂能信能用的好书》为题撰写来信。这样的反馈让我更加坚定，研究和宣传红山文化是值得我做一生的事业。

2024 年 7 月 3 日，朝阳师范学院举行揭牌仪式。主办方将《红山古国文明曙光》和以红山文化元素（玉龙、玉凤、玉人）为主题的纪念邮票作为伴手礼，赠送给与会嘉宾。

2024 年 8 月 14 日，郭大顺先生在辽宁省社科联召开的一次红山文化会议上说："朝阳市一直在做红山文化研究，师专他们坚持了二十年，也出了一些书，也有一些新观点。"这是对我们多年工作的肯定和鼓励。

牛河梁遗址入历史教科书

2024 年 10 月 19 日，我应朝阳博物馆王元馆长的邀请，在该馆作了一个"红山文化为什么要进入中学历史教科书"的公益讲座。原来以为这个讲座面对的是"小众"，不会有多少人来听。结果现场见到了年近 80 岁的文博工作者、退休的教师，以及若干初中生、小学六年级学生，更多的是青年和中年人，还包括多位初高中的历史老师。可见红山文化写入历史教科书这件事在社会上备受关注。

其实早在 2007 年朝阳市就开始了"将牛河梁红山文化融入历史教科书"的建议工作。这一举措旨在让中学乃至大学的中国历史教材中，都能不同程度地展现出红山文化的独特魅力与深远影响。尤为关键的是，其核心目标是将牛河梁红山文化的辉煌篇章正式纳入中学历史教科书之中，使之成为青少年学生了解中华文明起源不可或缺的一部分。在这一历史性的进程中，首个具有显著影响力的倡议来自时任全国政协委员、辽宁省朝阳市原副市长高炜先生。当时高炜说，老雷给我写个稿，让红山文化进入中学历史教材。在我写的文稿基础上，高炜向全国政协郑重提交了"关于将牛河梁红山文化纳入历史教科书"的提案。此举迅速引起了社会各界的广泛关注，新华社等权威媒体纷纷对此进行了深入报道。从全国政协委员高炜的提案提交，到牛河梁红山文化最终成功写入中学历史教科书，这一历程跨越了整整 17 年的光阴。值得一提的是，这一重要时刻恰与国家文物局对牛河梁遗址作出的重大判断不谋而合——将牛河梁遗址认定为古国时代第一阶段的代表性遗址。这一判断不仅为牛河梁红山文化的历史地位提供了有力的学术支撑，也为其能够顺利进入中学历史教科书奠定了坚实的基础。

此次将牛河梁红山文化正式纳入中学历史教科书，不仅是对红山文化区域普及工作的一次重要推动，更是对中华传统文化教育的一次深刻强化。同时，这也向学术界提出了更为艰巨的研究任务：如何进一步将考古学文化红山文化历史化，如何清晰概括牛河梁古国文明的丰富内涵，以及如何在此基础上重建中国上古史的宏伟篇章。这些挑战与机遇并存的任务，无疑将激励着我们不断前行，在探索历史的长河中不断追寻真理的光芒。

──────────── **口述者简介** ────────────

雷广臻，1957 年生。二级教授，历史学硕士。2003 年至
2018 年先后任朝阳师范高等专科学校校长、党委书记。2012 年

起任辽宁省红山文化研究基地负责人、首席专家。担任辽宁师范大学、渤海大学、营口理工学院硕士生导师、客座教授。连续两届任辽宁省哲学社会科学成果奖学科评审组专家。曾参与中华文明探源工程（第二阶段）红山文化玉器工艺子课题研究项目；承担辽宁省教育厅重大人文社会科学研究专项项目"牛河梁红山文化遗址巨型礼仪建筑群综合研究"等。出版学术著作10部，在《光明日报》《大公报》等发表有重大影响的论文数十篇。

上下求索　追问红山

于建设⊙口述　　马海玉⊙整理

与红山文化相遇

1982年8月，我大学毕业后留在昭乌达盟教育局人事科工作，主要负责大中专学生的调配工作。毕业后一年内便跑遍了辽宁省的各个高校，也包括我的母校辽宁师范大学。主要任务是到各个高校摸底，动员昭乌达盟籍的学生回到赤峰工作。当时已经听说了辽宁发现胡头沟和东山咀的消息。红山文化有了重要发现，我为之心动。

1984年1月，我调到了赤峰市委宣传部宣传科工作，视野更加开阔了，接触的人员更加多元了。首先看到了一本老画册《昭乌达》，画册的第一幅大照片就是现在人们耳熟能详的红山文化C形碧玉龙，图片下面的说明显赫写着：早商玉器。

关于先商我是知道一些说法的，上学时吉林大学教授金景芳先生在1981年的《史学集刊》上就发表了《殷文化起源于北方说》一文。文中认为，殷文化起源于内蒙古自治区昭乌达盟，燕亳、砥石是殷人的重要文化发源地。他还详细阐述了砥石的具体位置。为了这一论述我曾经兴奋了

126

好久，因为我就成长和工作在昭乌达盟这片土地上，还因为金先生是我十分仰慕的学术大师，读书期间我曾经在辽师的大礼堂里聆听过金先生关于"风雅颂"的学术报告。当时怀着无比崇敬的心情。

又过了两年，赤峰的红旗广场南侧工人文化俱乐部的楼下出现了一群雕塑，主体造型十分奇特，过往的行人都说那是一把自行车锁。由于雕塑的工艺有些粗放，又没有雕塑说明，人们确实不知道它是什么，远远看去说它是一把老式的自行车锁并不为过。我一眼就看出了那个造型就是画册里描述的"早商玉器"。

1983年牛河梁遗址已经开始发掘，出土现象已经得到苏秉琦先生的密切关注。1984年，赤峰翁牛特旗博物馆负责人带着那件"早商玉器"请苏秉琦先生鉴定，苏先生一锤定音：红山文化玉龙，可谓"中华第一龙"。于是，赤峰人敢于在当时的城市中心广场上塑造了这个好像"自行车锁"的东西。

于是我马上想到了金景芳先生所说的先商起源，将其和苏秉琦先生所鉴定的红山文化的C形碧玉龙自然地联系到了一起，这是一种朴素的联想与推测，红山文化就是一种先商文化。这就是我最初遇见的红山文化。

大学毕业后的数年里，我凭着自己的一腔热情与好奇，利用工作外出或者下乡之便参观了多地的文物馆藏，千方百计搜索有关红山文化的蛛丝马迹，那时发表的红山文化资料还是十分稀少的，只是听说在辽宁的东山咀、胡头沟、牛河梁已经有了重要发现，可是考古资料并没公布，我眼前的赤峰红山文化遗址多是灰土圈或者是一些常见的石器。赤峰本土的文化人大多对红山文化语焉不详。

1992年上半年我们的筹备工作到了废寝忘食的地步。多次派人到北京请教苏秉琦先生，苏先生欣然为学会的学刊题词："《禹贡》九州之首。"

他还为成立大会发来了贺信，写了500多字，为赤峰的史前文化研究和学会的工作定了调子，并欣然同意担任赤峰红山文化学会的名誉会长。他还说，以地方、以考古学文化命名的学会，赤峰还是全国首家。

1992年7月16日成立大会如期召开，苏赫先生出任会长，我和几个人出任副会长。赤峰师专的田广林老师出任学会的秘书长。

会议召开了一天半，开幕式后进行了学术研讨，正是在那次成立大会上，我认识了刘观民、王承礼、郭大顺、孙守道、李亚泉、李逸友等诸位先生。那时郭大顺先生正在牛河梁主持发掘，他在会上并没有透露发掘的信息，便匆匆赶回去了。刘观民先生是中国社科院考古研究所内蒙古工作队的队长，第一个作了学术发言。吉林社科院的王承礼、内蒙古自治区的李逸友、赤峰的苏赫等诸位先生也都作了学术发言。可惜由于办会的经验不足，会后并没有整理学术论文集。但大家对这个学会的成立和学会的成功召开，都给予了充分的肯定，使得我的信心倍增，感觉到红山文化事业前程万里、一片光明。

赤峰红山文化学会的成立是个良好的开端，从此赤峰的红山文化研究、传播工作正式提上了日程。红山文化学会成立大会召开后不久，我们以赤峰红山文化学会的名义正式宣布，1993年8月将正式在赤峰召开赤峰红山文化学会。从此开启了赤峰红山文化研究山长水远的艰难历程。

推动红山文化传播

有了苏秉琦先生的大力支持，我们工作的信心倍增。决定在1993年以赤峰红山文化学会和赤峰契丹辽文化学会的名义召开一次大型国际学术研讨会。会议的名称为"中国北方古代文化国际学术研讨会"。从1993年3月份开始就向各个国家的专家、学者发出了会议公告和会议邀请函。在不知道何为国际会议的条件下，我们以初生牛犊不怕虎的精神筹办了国际会议。发出会议函件，接收往来信函与电话传真。到了8月初，最终确定美国、德国、日本、韩国、中国香港和中国台湾等十多个国家和地区的近30位学者到会，国内的一批顶级学者几乎悉数到会。刘观民、张忠培、严文明、刘凤翥、郭大顺、孙守道、杨虎等专家均同意在会上作学术交流。

会议于8月12日在赤峰市红山宾馆召开，文化部、自治区文化厅领导，赤峰市委、市政府的主要领导参加了开幕式。会期12天，包括简短的开幕式、两天的学术研讨、10天的学术考察。主要考察的路线是宁城的辽中京博物馆、小黑石沟、黑城遗址，特别提出的是考察牛河梁遗址。时任辽宁省文化厅副厅长的郭大顺，专门把出土的红山玉器从沈阳调运到牛河梁工作站，专门布置了展陈，牛河梁前期出土的红山玉器终于得以展现。与会的各国学者极为震惊，感叹5000年前红山文化如此精深的文化价值，如此精湛的工艺技术。这成为此次会议的一大亮点。

与会人员还考察了巴林右旗博物馆和辽代庆陵遗址，巴林左旗的博物馆、召庙、辽代祖陵、临潢府古城遗址，以及松山区的尹家店山城。会议在松山区的双马宾馆结束。内蒙古大学的陈乃雄教授作了学术总结。国内外100多位学者参加了会议。

由于办会的经验不足，新建的红山宾馆贵宾楼仅有10多个现代意义上的标准间，还有一个面积不足200平方米的会议室。赤峰邮电局还发行了会议纪念封和明信片，在红山宾馆开通了国际长途电话间，简称IDD。要知道那个年代赤峰打北京的长途都是十分困难的，邮电局安排了专线，还千方百计实现了国际通信业务，尽可能展示了一个小城市的开放形象。

会议还是发生了意外情况，日本京都产业大学的池田泽郎教授报到后不进房间，原因是他从来没有和陌生人一起住宿的习惯。实际上他的房间里也是安排的一个日本人，叫原口善一郎。但是我们真的没有更多的房间可以调换，我也从来没有想过，国外的住宿习惯是不能和陌生人同住的，有名望的专家更不能和陌生人同住，我们是按照通常办会的惯例安排的，这实实在在出乎了我的意料。好说歹说，总算把他哄进了房间。池田教授对中国白酒很感兴趣，当天晚上我们便陪同他一通豪饮。感谢赤峰的白酒起了作用，池田教授再也不说需要单人住宿的事情了。但仅仅过了一夜，原口善一郎便找上门来，诉说池田先生昨晚喝高了，吐了一夜，折腾得他一宿没能睡觉，原口君又提出了调换房间的要求。真是一步一坎，按下葫芦起来瓢。会议的各种插曲数不胜数。

会议还是取得了圆满成功，会后，学者们发布了40多篇学术研究成果与会议的考察纪实。各级媒体对会议消息也进行了大量的报道。会后我们组织人力，用了一年多的时间组织出版了研讨会论文集。这本文集中的大量材料至今仍为学界不断引用。会后，市里同意专门增设研究机构，批准了4个人的专用编制，成立了赤峰北方文化研究中心。

第一次国际会议的成功举办，增强了我们的信心，也产生了一定的社会影响。后来我们陆续接待了一些国外学者的考察活动，参与了一些国际联合考古项目。时间到了1998年，我们策划举办第二届国际会议。

筹备工作最大的难题还是资金问题。为了找到启动经费，我们绞尽脑汁讨论各种可行方案。最后认为还是得到赤峰市政府的支持才是最可行的方案，于是我和田广林、薛志强三人，起草了一个报告，在一个阴雨绵绵的下午找到了时任赤峰市市长的云德奎，陈述了开会的重要性和紧迫性。

晚上我们三人在路边的小店里喝着酒，正为经费的事情一筹莫展。突然我那砖头式的摩托罗拉手机响了，云市长要我们尽快去他的办公室，他十分痛快地为我们批下了 5 万元钱，我们喜出望外，又回到了那个小店接着喝酒庆贺。

这次会议的规模超过了上届，发布了一批挺有影响力的学术文章，形成了一批挺有影响力的学术观点。会后也正式出版了会议论文集《北方民族文化新论》(哈尔滨出版社，2001 年)。会议历时 14 天，考察范围扩大到朝阳、阜新和锦州。会议还是按照红山文化和契丹辽文化两个分组召开，得到与会学者的好评。有的学者提议，应该把这个会议品牌坚持下去，每五年召开一次。

和 1993 年的会议相比，明显的变化就是赤峰的学术队伍增强了，学术水平提高了。以田广林为代表的本土学术发言明显得到与会学者的肯定。

第二届会议期间，我们还根据市委的指示组织编辑出版了《西辽河古文化丛书》，这部丛书共计八册。此书聘请了内蒙古大学林干教授为顾问，用了一年多的时间正式出版了，为赤峰的文化建设也写下了重要的一笔。

2003 年，我已经从敖汉旗旗长的岗位调任到赤峰市文化局工作。由于非典没有安排国际会议。2004 年 8 月，我们如期召开了第三届国际学术会议。会议明确分为两个主题：在赤峰学院组织的红山文化学术研讨会；北京大学历史系牵头，在内蒙古东部干部培训中心组织的以宋辽关系为主题的专题会议。会后，由赤峰学院牵头出版了《红山文化研究》、北京大学历史系牵头出版了《10—13 世纪中国文化的碰撞与融合》两部学术文集，取得了丰硕的学术成果。两个会议分别组织了小规模的学术考察，共计 6 天的时间完成了全部会议活动，体现出学术活动更加专业化、更加精细化。2005 年我出版了《中国北方古代文化国际学术研讨会备忘录》一书,比较系统地回顾了三届国际会议的筹办情况,算是对我曾经十五年亲力亲为的三届国际会议的一个记述。

2006 年,赤峰正式创办了红山文化节,我当时正在赤峰市文化局工作,主张在红山文化节里套开红山文化高峰论坛。于是从 2006 年开始,每年举办一次适度规模的论坛活动,活动中每年邀请一批学者参加。每次论坛都要出版一本学术文集。一直到 2018 年,又举办了 12 届红山文化高峰论坛。我调任到赤峰学院工作后,这个论坛一直没有间断地进行了 12 年的活动。2010 年开始在赤峰学院创办红山文化研究院。以论坛为主要阵地,开展系列活动。红山文化研究工作风生水起,我本人也开始从传播转向艰辛漫长的研究工作。

参与红山文化研究

正式介入红山文化研究工作,实际上是从 2002 年开始的,那时我从敖汉旗旗长岗位回到赤峰市文化局任局长,就暗暗下了决心,要把红山文化的研究工作当成自己今后工作的努力方向。开始从政界向学术界艰难转型,这是一个十分艰辛的过程,也是一个不断征服自我的过程。好在 2007年 10 月我有了一个机会到赤峰学院工作,有了这个平台,我的研究工作"名正言顺"了。站在这个风口上我有了加速转型的机会和动力。

于是我把主要精力聚焦在有关红山文化的阅读、参观、分析和思考上。看了近百年来有关红山文化的各类资料,考察了可以看到的红山文化考古遗址,上手观察了几乎所有的红山出土玉器和典型的陶器、石器。前边我说过，大学读书时我涉猎了文史哲领域里的相关问题。虽然我没有考古学的理论与实践，但各种各样的考古学报告和简报我还是能够读懂的。特别是读了苏秉琦先生的一系列著作后，大致找到了我要研究课题的边界和主要方向，那就是红山文化的价值与中华文明起源问题研究。对我来说这是一个老虎吃天般无比庞大的社会问题。

受到苏秉琦先生的启发，我们的考古见物不见人，一定要立足考古学，又要跳出考古学的思想影响，研究红山文化问题，光靠一两门传统的学科理论和研究方法是难以突破的，一定要有更加广阔的研究视野和更新的研究方法。

一是对红山文化的基本现象要烂熟于心，那就是前边说过的阅读、考察、观察与思考。做到熟知每一次考古新发现的材料，特别是要仔细阅读特色鲜明的考古材料；深入考察与红山文化同时期的重要考古遗址。退休后有了闲暇时间，借助旅行的机会，我又重点考察了尼罗河流域的古埃及文明和两河流域的苏美尔文明。有了对比才能进行比较和鉴别。

二是在哲学的终极问题上思考红山文化，那就是红山人的精神价值与生活方式。红山社会面临的主要矛盾是什么？要解决的最迫切的任务是什么？一句话就是红山人的"三观"是什么？他们为什么要营造出如此规模的祭祀性建筑，为什么制造了如此琳琅满目的玉器群，形成了制度化和规律性的用玉制度。

三是中国既然是一个 5000 年连续、从未中断的文明，那么它应该有着比 5000 年的历史更加悠久、更加深厚的文明根系，这个根系也是连续的、互相交织的。如果说中华文明是一棵枝繁叶茂的参天大树，这是有文字记载的可以看见的历史；与此相适应一定有着繁富发达的文明之根，这就是无文字记载的、当代考古学要解决的问题。我把它比喻为中华文化树，或者称为"根文化"。

在诸多考古学命名的根系中一定有一条与文明主干相联结的"直根系"（苏秉琦）。直根、侧根、支根与毛根组成了强大的文明根系统。从而形成了中华文明根系的"大模型"。我的基本判断如下：这个直根一定为中华文明的大树注入了灵魂与血脉；这个直根规定了中华文明的发展方向，奠定了中华文明的基本特质；这个直根的"干细胞"不断传递、不断表达，穿过历史的时空一直到了今天仍能找到它的表达方式。

四是红山文明是基于本土的原创文明。9000年前的小河西文化，8000年前的兴隆洼—查海文化，7000年前的赵宝沟文化，生生不息、一脉承传，为红山文化的诞生奠定了雄厚的物质与精神基础。文化的发展重在交流。红山文化晚期突然迸发出耀眼的光芒，是什么因素让它率先跨入了古国时代的门槛？红山文化的基本特质是什么？它又吸纳了哪些外来文化的影响？具体表现在红山社会中的现象又有哪些呢？

向后看，夏商周三代是中华国家的创建时期，三代应该与红山文化息息相关，三代的文化特质与红山时代相比较，产生了多大的异同，这需要在三代的考古资料中去寻找，特别是商周以后有了文献记载，应该到有关三代的历史文献中去寻找。

五是红山文化是一种典型的山地文明。地处大兴安岭南麓与燕山北麓交汇的辽西山地上。这片山地上同样也有两条大河，那就是西拉木伦河和老哈河，考古界统称为西辽河上游。高原、川谷、台地、沙地与众多河流构成的浅山丘岭是辽西山地的典型地貌。同时地处东北渔猎区、南方农耕区和西北游牧区的十字交汇点上，处在北纬40度的农牧交错地带。地理环境的多样性，影响着植物群落和动物群落的多样性。那么，红山人的生活模式与生存环境到底有哪些独特之处呢？山地环境又带给了红山人哪些生存方式与价值追求呢？

以上五个方面的问题正是我介入红山文化研究的思考突破点。

在理论方面，我也阅读了大量的相关材料。

一是研学先秦文献。先后细读了《尚书》《诗经》《礼记》等先秦文献，五经皆史，这些材料是中国社会的早期记忆。从中发现了大量的天地祭祀、祖先祭祀的材料，特别是关于顺应天道、恭行天命和代行天罚的思想使我看到了一束光芒，找到了文化主脉，受益匪浅。天是中华文明的逻辑起点。天帝与祖先正是红山人特别敬畏的两大现象。上古文献与红山时代的考古现象高度契合，与殷商的文化传统有着源流关系。

二是阅读了前沿的考古学理论。苏先生生前一直主张重建中国的史前史，打通考古学与历史学的边界，推动两门学科的有机融合。中国的历史本来就是一条生生不息的万古江河，虽然千折百回，最终还是百川归海。九派汇流早晚不同，但千古文脉是一以贯之的。把握住了文脉，就能提纲挈领、纲举目张，就能捕捉住灵魂。苏先生的著作与学术思想是指引我学术研究的行动指南，所以是我案头常备的思想武器。

张光直先生的几本小书也是常读常新的。《考古学六讲》《青铜挥麈》《美术、神话与祭祀》等书提出的东方文明的连续性与西方文明的断裂性，都是使我深受启发的学术思想。他的世界性学术眼光，精深的商周考古分析与考古认知，可谓是慧眼独到。立足考古而又能跳出考古，一定要有强大的认知能力。郭大顺先生曾经说过，十年之内出现一批考古学家是很容易的，百年内出现一个考古学家又是思想家的大师是可遇不可求的。苏先生就是这样的大师。丰富的联想与合理的判断是进入高等级考古的重要能力。这又回到百年前胡适先生的话题：大胆设想，小心求证。同时我也浏览了许倬云，以及有着民国教育背景的学者陈梦家和徐复观的著作，都是深受启发的。

近年来我重点关注了李泽厚先生的新论，大家都知道他是美学大师，其实他还是中国思想史和中国哲学史的大先生。他对中华文化的终极思考是当代中国人无法企及的高峰。对他近年的一系列文章、著述我也是逢遇必读的。近日阅读了他的封笔之作《由巫到礼 释礼归仁》，深深感觉我又打开了研究红山文化的一座宝山。正是站在一众巨人的肩膀上，我才对红山文化的研究有了充分的信心，那就是建立中国的红山文化学。于是2013年我响应郭大顺先生的倡导，发表了《创建红山文化学的构想》一文，得到了《新华文摘》的转载。

深化红山文化思考

有了对红山现象的基本了解，有了一批学术大师的研究成果，也建立了对华夏大地上的史前文化形势的观察，提出自己的认识观点已经是水到渠成的事了。

我的主要方法是：六经注我，而非我注六经。一切考古材料和前人的学术观点应该为我所用，构建起独立的研究方法、理论支撑与学术观点及其学术结论，才能够尽量贴近历史过程，回答中华文明起源的重大问题。第二个方法就是大胆设想，小心求证。面对大量的考古现象与考古材料，运用合理的想象与严密的逻辑推演相结合，才能找到相对合理又能自圆其说的学术体系。见盆说盆、见缸说缸，唯不见物、唯不见人的思想，是永远无法解读一种考古学文化的。

说起我对红山文化最初的认知，红山文化出土的高等级器物几乎没有日常生活的实用器。高等级的玉器、高等级的彩陶器更是彰显了这一理念。诸如玉猪龙、马蹄形玉箍、勾云形玉佩和筒形无底彩陶器，都和日常生活没有关系。他们为什么制造出如此丰富多彩的玉器和彩陶呢？表明红山人心中有着更为神圣、更为高远的存在。2011 年，我在第六届红山文化高峰论坛上提出了敬天法祖是红山文化的主要特色的观点。这一观点发表在《光明日报》2016 年 12 月理论版的史学专栏里。这一观点为国内红山文化研究界相继引用，成为我对红山文化初步定位性的思考。

实际上"敬天法祖"这四个字的概念，包含着两层内容。"敬天"是红山社会普遍的终极信仰，也是考察红山文化的逻辑起点。正是从敬天开始才形成了红山社会的原始基因。面对着浩瀚长天与茫茫大地间发生的风云雨雪、干旱少雨、寒冷与疾病等，与黄河流域的仰韶文化不同，人们对降雨有着更加强烈的渴求，与长江流域洪水成灾的良渚文化截然相反，红山社会更加依赖靠天吃饭。无论是采集、种植，还是渔猎和养殖，都离不开丰沛的降水。红山人对天的敬畏一定要高于其他文化区系的。人们首先想到的是有一个巨大而又神秘的力量支配这一切。皇天上帝的思想便自然生成了，敬天的事情就顺理成章了。

"法祖"则是指至高无上的天神是有人格的，或者说有天格的，是可以沟通的，也是可以求助的。对天的敬畏忠诚产生了祭祀。这种祭祀是把全部的身心都投放在皇天上帝面前，近乎狂迷的地步。于是人间便产生了巫师。

巫是中华文明产生的总源头，也是红山社会的总代表。李泽厚认为：巫师队伍的出现，主观目的是沟通天人，和合祖先，降福氏族；从客观效果上看则是凝聚了氏族，扩大了部落联盟，形成了复杂的社会形态，保持了正常的社会秩序，巩固了群体的内部统一，整合了社会的各类资源，推动了社会分工的更加细化，形成了更大的社会发动能力，使得红山社会的发展达到了前所未有的高度。

巫是人间沟通天人的代表，张光直说，巫的宇宙观在人类文化史上是相当常见的，但过去巫术与巫师在文明史上所起的重大作用，颇被忽视，这是因为研究文明史者多集中注意力于西方文明，而西方文明的发展经过和动力有它独特的特点，在它那里巫是不重要的。巫师和巫术起大作用的文明，如中国和玛雅，过去在文明起源的问题上并不受学者的注意。自20世纪90年代初开始，中国文明和玛雅文明在世界舞台上逐渐受到重视，巫师与巫术在文明演进史上的重要性，也引发研究文明演进一般问题的学者的严肃思考。

中华文明的早期时代是一个狂迷、蛮野、炽烈的信仰原始宗教的时代，这个时代是一个以神灵信仰和神灵祭祀为中心的非理性时代，这个时代与传说中的五帝的时空框架相对应。5000多年前的红山文化在这个时代中曾经先走一步，处在时代领跑者的位置。我们的文明正是植根于这样一个人神杂糅、血火交织、生死相通的时代。

巫生前就是半神半人，死后就是全神，成为氏族社会祭祀的对象。接下来对巫神的祭祀一度超过了对上帝的祭祀。因为上帝也不认识陌生人，巫神是祖宗，与族群有血缘关系，祖宗能够通天，祭祀祖宗更加可靠、更加直接，于是敬天法祖的思想便产生了。

龙的出现和上述思想也有联系。我们说红山文化是原生文化，而且一脉相传就要从龙说起。8000年前的兴隆洼—查海文化中就发现了大型石砌龙，7000年前的赵宝沟文化中出土了盘绕穿插、飞翔在天宇间的四灵尊，都是龙的前身，红山时代对龙的崇拜是有深厚文化渊源的。

第一，这里是半干旱地区，对降水极度渴望。每当紫电经天、金蛇狂舞的降雨时节，人们就会想象有一个见首不见尾的巨大神兽隆隆经过，才能为人间带来雨露甘霖。所以我的结论是：龙者隆也。正是在隆隆的雷声中人们认为：龙来了。所以人们塑造了龙进行祭祀。

第二，龙的第一属性是降雨。直到今天在中国民间的祭祀体系中龙王爷还是负责降雨和治水的神灵。

第三，龙是众人都能看得见的上天使者，来自天界。龙既然是上帝派来的使者，便成为人神之间天地交通的工具。古代还有黄帝驾龙升天的故事，那么龙就有了无比至上的神性。于是人们尊称帝王为真龙天子。真龙天子是上帝派往人间的管理者。于是龙便被赋予了强大的政治属性。龙也就成为历代帝王的专属符号。于是龙出红山就不难理解了。苏先生在40年前就说过"华山玫瑰燕山龙"，就是一锤定音。

关于玉器，玉器是红山文化绕不开的话题，丰富多彩、琳琅满目的玉器群是红山文化最鲜明的特点。

第一，玉器也是红山文化产生于本土的重要证据。从兴隆洼到赵宝沟都有治玉和用玉的传统。只不过到了红山时代更加丰富、更加耀眼，成为进入文明门槛的重要标志。

第二，红山文化分布区内并不出产玉料。地质学家告诉我，大兴安岭南麓根本没有玉矿的成矿条件。有人认为岫岩玉是红山玉器的原料。那里有9000年的玉器出土，业已出现成熟的玉器加工技术。小南山还不是中国玉器的起点，更早的玉器及加工技术可能来自更加遥远的外贝加尔地区。这就是民间据说的俄料与俄工。我们考察了通辽、白城、鸡西、饶河后，推测新石器时代全周期内有一条通往外贝加尔地区的玉石之路。

第三，玉矿和玉器加工技术虽然不在红山文化区内，可是一旦红山人掌握了这门技术，便赋予了这个材料高贵的神性，玉器的身份和功能发生

红山文化之谜
——考古挖掘"三亲"者口述

了质的飞跃。

彩陶进入红山的时代比起玉器要晚得多。多数人认为到了红山文化的中后期才引进了彩陶技术。因为红山本土的陶器传统，从小河西到兴隆洼再到赵宝沟一直是灰陶"之"字纹筒形罐。红山无疑是受了仰韶文化的影响。关于彩陶技术的传播，苏公早就有了定论。红山文化与仰韶文化的交流对话一直没有停止过，考古学者认为仰韶文化的庙底沟类型和后岗二期都产生过文化的双向交流。特别是近年来河北省张家口地区有了一系列的重要发现，进一步证实了苏公"Y"字形传播路线认识的科学性。我们十分期待河北省红山文化考古材料的公布。

彩陶的传入与红山玉器相遇，马上迸发出了文明的火光。彩陶在红山文化中大都是非实用器。如大量的彩陶无底筒形器、大型的彩陶缸和彩陶罍等，几乎都出土在祭祀遗址中，形成了玉器贴身体随葬，彩陶营造设界的文化景观。可见彩陶也是仅次于玉器的祭祀重器。由此形成了北玉南陶文化交流的格局。

综上分析，玉器和彩陶都不是源于红山本土，都是文化交流互鉴的产物。两种外来产物，到了西辽河流域的这片山地上马上就形成了新的文化价值。这就是红山文化的独特魅力。

红山文化本土的文化价值是什么呢？通过前边的分析我们可以得出结论，红山文化的核心价值就是祭祀。敬天与法祖都是通过祭祀表达的。红山人的器物和遗址无不弥漫着强烈的祭祀氛围。这是同时期文化现象中多不具备的文化特质。这种现象不是少数人对多数人灌输的结果，而是普遍的社会信仰，是全体红山先民普遍的社会意识形态。

这种意识形态在这里称为神本社会。这是我于十多年前在《红山文化十讲》中提出的一个概念。神本社会就是以普遍的神灵信仰和神灵祭祀为

140

核心的社会形态。正是这种信仰，有效整合了部落联盟，族群内部产生了强大的凝聚力量，统一高效配置了社会资源，形成了国家的初级形态，既源于氏族公社又高于氏族公社，以血缘为纽带的氏族公社还没有解体，以信仰为纽带的氏族联盟已经基本形成。从牛河梁红山文化遗址的十几个埋葬岗丘上，我们能清楚看见信仰的统一性，也能看见氏族公社的多元性。

神本社会与神权社会有什么异同呢？神权社会是指一种以宗教权威或宗教组织形成的社会组织形式。其政治权力和法律制度直接来源于宗教教义或神灵意志，在神权社会中宗教领袖或宗教机构通常掌握着最高的统治权，通常表现为政教合一。通俗概括，它的一切行动都是拿神来说事的。神本社会虽然有了统一的神灵信仰，但强大的王权还没有形成，人们还是以遵循习俗和约定共同行事的。巫师和氏族首领要为族群的生存和发展高度负责的，是一种服务型的职业。而神本社会只是一种早期阶段，它为神权社会的到来奠定了基础。

祭祀现象与礼仪制度有很多相似之处，但也有不同之处。祭祀的目的是调整人和神的关系，而礼仪制度是调整人与人的关系。红山时代人与人之间的矛盾并不突出，人在天地之间只是无足轻重的沙粒和尘埃，人们需要抱团取暖才能生存下去。并非人们没有私有观念，而是人间没有私有财产。当社会发展到一定的历史阶段，人与人之间的关系遇到空前挑战的时候，礼，这个措施才会提到议事日程。在红山文化中讨论礼的问题，恐怕为时尚早。

这就是我们通常讲的原始共产主义，也是孔子在《礼记·礼运》中描述的大同社会，更是苏先生提出的古国形态。

那么，红山人对祖先神是一种什么样的态度呢？前边说过，在神灵的信仰和祭祀过程中红山人一直存在着敬天和法祖两个系统。天神以玉龙、玉凤、神化动物、勾云形玉佩为代表，它们都是"通神助手"（张光直）。

祖神以神态各异的人物造像为代表。红山文化晚期，发生了一个重大的历史变化，由敬天神的主流文化开始向敬祖神的方向转变。重要的先祖先公有了更加突出的位置。

祖神对于族群有着深厚的感情，有着高度负责的精神，祖神生前有着成功的业绩和超凡的能力。同时，祖神与天神曾经有着密切的关系。先祖先王一旦升天后无论如何都会代为人间言事的。后人祭祀祖神比起祭祀天神更直接、更有效、更可靠。于是，后世更注重求助祖神的护佑。对祖神的祭祀和求助，成为中华传统文化的一个十分重要的特色。所以"神不钦非类，民不祀非族"，苏先生阐述的民族共祖，从这个意义上说是完全成立的。

中华文明的起源，从发展机制上看，是由巫师通神灵，由祖神通天神的机制。从结果上看是由神权诞生王权，由祭祀制度而发育成礼乐制度的成长道路。我曾经把这个过程概括成由巫而王，由祀而礼。

红山文化与同时代其他文化的主要区别是什么？现在我把上述说法概括为：两个世界，即神的世界和人的世界。红山时代的人们普遍生活在这两个世界中。在他们的精神价值里，对神界的崇拜高于对人界的尊崇。诸如彩陶与灰陶、玉器与石器、神庙与居落、坛庙冢与生活遗址，无不指向了红山人的一个高远神圣的世界。两个世界互相独立又互相依存。这也是红山文化区别仰韶文化和良渚文化及其他文化的关节点。

仰韶文化体量很大，但所有的文化现象都表明仰韶人生活在一个世界中，即生活在当下的世界里。诸如仰韶村、半坡村、庙底沟、大河村，大量的出土器物和设施是为人服务的，如同时下的中国人生活在一个世界里。他们对神灵的祭祀行为并不突出。我有一个比喻：仰韶人是从人道上来的。

　　良渚文明发育程度较高，年代要晚于红山文化，见不到龙神、祖先神这样代表大传统的祭祀现象，也见不到"通神助手"所形成的器物。玉器以玉琮和玉璧居多。大规模的水利工程、杆栏式高脚屋表明他们的社会发动能力是十分强大的。同时，我个人的感觉他们的文化是从水道上来的。而凌家滩文化无疑"抄了红山人的作业"。

　　而红山文化气氛神秘，鬼神气息弥漫，人们几乎是向死而生，处处都彰显着天界与神界的存在。所以我也有一个比喻，红山文化来自天道，或者说来自神道。从中国文化的大传统来观察，逐步脱魅的红山文化，为中华文化的大传统规定了方向，奠定了基座，植入了灵魂。这就是我对同期文化的一些粗浅的认识。两个世界是区分文明进程的重要尺度，是判断精神价值的重要依据，是红山文化研究中类型与分期的重要标尺。

　　红山文化究竟对后世中国产生了多大的影响？李泽厚认为："中国文明有两大征候特别重要，一是以血缘宗法家族为纽带的氏族体制，一是理性化了的巫史传统。两者紧密相连，结成一体，并长久以各种形态延续至今。"红山社会的这两大特征十分有代表性。特别是逐步理性化了的巫史传统，成为中国政治大传统的基本源头。这是研究所有中国文化的一把钥匙，也是研究中国从何处来、又向何处去的历史长镜头。这个理性化的过程十分漫长，也十分复杂，这里就不一一加以分析了。可以搞清楚的是，巫史既是沟通天人的中枢，又是人们敬畏、祭祀的先公先王。无疑也是中国王权产生的丰富土壤。难怪在马王堆帛书中记载了孔子的昭告："赞而不达于数，则其为之巫，数而不达于德，则其为之史……吾与史巫同途而殊归者也。"就连儒家也和巫史从一个道上走来的，只不过走着走着就分道扬镳了。

———————— **口述者简介** ————————

于建设，1957 年生，历史学教授和思政研究员。1978 年考入辽宁师范大学政史系，毕业后先后在赤峰市教育局、市委宣传部（文明办）任副部长（主任）。之后任敖汉旗政府旗长和赤峰市文化局局长。2007 年任赤峰学院党委副书记兼纪委书记至退休。主持了红山文化领域的国家课题和自治区的课题。退休后一直担任内蒙古自治区红山文化学会理事长和赤峰市景观环境专家委员会主任职务，先后为十几个省市的干部读书班和研学班举办红山文化的专题讲座。

因牛河梁结识的先生们

张星德⊙自述

华玉冰和幺乃亮二位老师先后通知我，让我写一篇参与牛河梁遗址发掘期间的回忆。牛河梁是我毕业后参与发掘的第一个考古遗址，很遥远的记忆里最深刻的还是那些因牛河梁结缘的先生们。

1984年7月，我从北京大学考古系本科毕业，分配到辽宁省博物馆工作。当时考古队是归属于博物馆的一个部门，而我并未进入考古队，而是进入了据说能够尽快熟悉博物馆馆藏的保管部。作为一个刚毕业的大学生，我觉得工作单位的一切都那么新鲜，每天在博物馆的各个部门间开心地游荡，尤其喜欢去技术部、修复室，看老师们拍文物照片、裱画、石膏翻模、修复文物，不亦乐乎。某一天突然被时任副馆长的杨仁恺先生找去谈话，领到的任务是帮他抄写书画鉴定的书稿，书画我从来没有学过，怎么也抄不出兴致来。偶尔也会跟着老师们陪客人去库房观赏古代名画，完全听不懂他们关于真品、赝品的判断标准，好像和我完全不搭界，这让我多少开始焦虑起自己的工作。

10月份的一天，郭大顺和孙守道两位先生从牛河梁遗址发掘现场回到了博物馆，我正在技术部跟着李宏伟老师摆弄石膏，二位先生问起我从哪里毕业、现在的工作等，然后就说"跟我们去牛河梁吧"。那是我第一次听说牛河梁遗址，正发愁抄不懂书稿的我，想着发掘好歹对我这个在学校经历过专业训练的学生来说，总会比书画可控吧，所以不久我就开心地跟着先生们踏上了沈阳北站晚上 6 点多发车去往叶柏寿的那辆拥挤的绿皮车。

那个时候牛河梁第二地点表层土刚刚被揭开，看着满目让人眼晕的石头，开始了我的积石冢发掘工作。那时候，考古对于我来说，一方面是没有生息的冰冷的石头、陶片、墓葬，没见过这样墓上墓下到处都是石头的墓地，不知道从哪儿下手，每决定一个动作都那么小心，生怕弄错，取一块石头就画一张图，寄希望一旦挖错还能按原样复原回去（后来发现这种方法是徒劳的）；另一方面是生动浪漫的野外生活，第二地点南侧那条铁路上两个车头拖曳着沉重的车厢，却依旧欢腾奔跑着的火车，让人心生无限的遐想。还有从未吃过的黄米面黏豆包，在饭堂里用胶片放映机放映

◎ 张星德在牛河梁考古工作站

的苏联电影《智擒眼镜蛇》。然而印象最深的还是因牛河梁结识的考古先生们。

与苏秉琦先生的近距离相处是其在兴城疗养期间，在一个雨夜郭先生、孙先生带着抱着装有陶塑女神头像箱子的我一起驱车去见老人家，并由此得到了在兴城陪伴先生一段时间的机会，让我这一生中有了与先生近距离相处的难忘的十余天。

我的任务非常简单，就是每天陪先生做理疗、散步。先生无奈地说理疗很枯燥，我就答应在他做理疗的时候唱歌给他听，他仿佛像个孩子，答应散步的时候给我讲故事。那时候，《我的中国心》《军港之夜》《迟到》《风雨兼程》《兰花草》《四季歌》等"校园歌曲"正流行，也不分什么时代流派、什么男女歌手，我反正是想起来什么歌就给他唱什么。有的时候我都觉得把他唱睡着了，可是偶尔在散步的时候他会哼出一些调子，让你相信他不光没睡着而且还学会了一些，并且我知道了先生喜欢轻缓、抒情的音乐。

先生给我讲的故事，从1949年前他去陕西宝鸡斗鸡台发掘讲到近年去河北的感受，从古老的工艺讲到时尚流行，从天上的星星讲到地上的人，没有固定的主题，似乎由兴而发。有一次，现在已经记不起是因为什么话题会让我们从关于上弦月和下弦月的谈话，说到感性认识的重要性，于是先生给我讲起了他早年整理斗鸡台材料的往事。

先生说那儿有上百座墓葬、数以千计的器物，他起初也像我们试图了解星空一样感到无从下手，只好蹲下来，从抚摸陶片开始。后来他发现竟可以从视觉和触觉的认识中，体会到包含在那些陶器中的信息，那就是每件器物实际上都或多或少地保留着其难以完全磨灭的原始痕迹，而通过对它的观察就可以推测出来古人原来所用的基本技术和必要步骤等，于是他发现了瓦鬲存在的差别。瓦鬲有锥足鬲、折足鬲和矮足鬲之分，其中锥足鬲是三个袋足和领部分别模制成型后再黏合而成的；折足鬲则根据它留有的拶捏痕迹知道是由一个筒形器型上端捏出器口，下端捏成三折后将顶端拶捏死形成鬲足而最终形成鬲形；而矮足鬲则因为没有拼接的痕迹应该是用模具一次制成的。这才有了他在《斗鸡台沟东区墓葬》中的瓦鬲 A、C、D，才有了他器物形态学分型分式的尝试。

后来我才逐渐揣摩到，说是讲故事，原来是先生在以特殊的形式给我讲考古，因为我分明觉得自己从他的话语中渐渐在理解分型分式的道理、区系类型的理论，甚至文明起源的意义。对我而言，原本那些冰冷无声的石头、陶片、玉器渐渐变得生动，朦胧的远古人类生活仿佛正像画卷一样徐徐展开。其中，全然没有枯燥的说教，有的只是娓娓道来的生活收获和用心的感受。

《辽西古文化古城古国——试论当前考古工作重点和大课题》，是苏先生那次在兴城作的一场报告，后来被收录到《华人·龙的传人·中国人——考古寻根记》这部论文集当中，这也是我在兴城唯一听到的在我听来最严肃、最专业化的苏先生的讲演。苏先生总结了辽西地区考古工作的重要成果，同时提出了亟待解决的重大课题。先生说："辽西地区的古文化古城古国可以概括为三种文化属于三个时期，这三个时期是一、三、五，二、四两个中间时期是两个转折点。"

第一个时期，即"红山诸文化"时期。发现了以喀左东山咀为代表的祭坛遗址和牛河梁的女神庙、积石冢，是我国早到5000多年前的、反映原始公社氏族部落制的发展达到"产生基于公社又凌驾于公社之上的高一级的组织形式"，在我国其他地区还没有发现过类似遗址。与它们相应的生活聚落，猜想也会有某种程度的分化，典型的此种聚落现在还没有发现，这应该是今后工作的一个重点。

第二个时期，是早期青铜时代。此时的夏家店下层文化村落密集分布在河谷地带，几乎都有防御设施、大小城堡遗址构成有机的组合群体，赤峰英金河两岸岗丘上发现东西排列的城堡带；而更大一些的聚落——或可能就是古城，还没有被发现，比大甸子墓群中那些随葬品象征特殊身份器物规格更大的墓还没有被发现，有些早于西周的燕山以北的"古国"还没有被发现，这是下一步工作的又一个重点。

第三个时期，是早期铁器时代。燕下都及北京所出的燕国文物包括瓦当，也发现于昭乌达盟和朝阳等地，其范围大致和历史地图中战国时期燕国国境相符；燕瓦当之外还有"燕式鬲"，后者又恰恰与夏家店下层文化晚期鬲似乎一脉相承。燕文化问题也是一个工作重点。而两个中间期，经济类型和文化传统的复杂性和更多的交错关系，为各自的下一个阶段的更高发展准备了条件，同样也是这个地区工作的重点。会后，所有与会者都说先生的报告深刻，在我看来却也还是用着那么一如既往的流畅、通俗的语言，话不多，但深入浅出的分析，已经足以使所有听众了解它的重要、它的紧迫。

今天，当我再回想起来的时候，才知道我陪苏先生在兴城做理疗的一段时间，正是他对中国考古学史的回顾和自己学术思想的反思过程。这个过程是他从1975年提出考古学文化区系类型学以来，10年后再次升华到"古文化、古城、古国"的短暂岁月。幸运的是，我是他早期忠实的听众。大家都知道，一篇优美的文章或精彩的讲话稿，酝酿、提炼的过程相当艰苦，脸上不动声色，眼里熟视无睹，心里头却在做着各种各样的设想。"胸有成竹"的人是值得敬佩的，成功的背后是有心人夜以继日的思考。他就像唐朝诗人白居易一样，源源不断地把自己的思想讲给妇女、老人、儿童听，而不是孤芳自赏，最后达到妇孺皆知的程度。这是他终生追求的考古学要"面向大众"的科普化的目标，正如他所说的"考古学是人民的事业"！

1988年，我准备硕士论文《红山文化分期》，去内蒙古、河北、河南等地调研，回程路过北京，我去苏先生位于紫竹院的家中探望先生。我说着这一路看到的东西、收获和困惑，先生还是一如既往用和缓的语调，给我讲后冈、讲庙底沟、讲张家口。他说张家口地区新石器文化中含有红山文化、庙底沟类型和以安阳后冈下层为代表的文化因素，多种文化特征交汇在这里，反映了南北文化在这里交错，这些都与红山文化阶段性的变化息息相关，要重视。先生的话让我受益匪浅，我终于顺利地完成了毕业论文，这也是我对石头、陶片、墓葬等考古学遗存由冰冷的陌生感转变为可以识读、可以交流的亲切感的头一步。

同样也是因着牛河梁，我结识了张忠培先生，并开启了我与先生一世

◎ 张星德（左二）与俞伟超（左四）、张忠培（右四）、严文明（右三）、郭大顺（左三）、魏凡（左一）等人在牛河梁合影

的师生情缘。正是在兴城召开的"辽西地区古文化古城古国讨论会"期间，我第一次见到张先生，在苏秉琦先生和郭大顺先生的推荐下，先生同意我报考他的硕士研究生。先生的严厉是业内公认的，然而我更多感受到的是先生的亲情。研二上学期期末，同班的田建文、陈文、孙祖初都拿出了毕业论文开题，我连写什么心里还没数。寒假前被张老师找去谈话，以为这次必定要挨骂了，进门就检讨，结果出乎意料，张老师一点没有生气的样子，他说："你挖过牛河梁，对红山文化有一定的了解，毕业论文就写红山文化吧。"最后给了我一张用信纸写的北到通辽、南达郑州的长长的调研名单，告诉我接下来的下学期要把这些地方的相关遗存都走到看过，然后去向他汇报。看着名单后面他标出来的包括郑州博物馆谢遂莲老师在内的联系人，我感受到了这个平时想起来都让人紧张的老师，内心里那暖暖的一面。

　　考察到夏末才结束，背着所有的红山文化卡片和考察笔记，我来到张老师在故宫博物院的那间略显阴暗的办公室。卡片铺了满满一桌，我汇报了一路调研获得的资料以及对发表的红山文化报告的整理，还有很多想不通的问题。张老师的身子几乎俯到宽大的办公桌上，一张一张地看卡片，给我讲每一个灰坑、房址都是一个层位，怎样运用层位学和类型学发现遗存间的关系或比对相对年代。他说："时空框架就像一个柜子，里面是可以存放物品的格子，你把各种物品有规律地放置进去，以后有相似的物品你就知道去哪儿找，所以掌握几个典型地区的文化序列，厘清遗存、时间和空间的关系，是你做红山文化研究必须先做好的柜子。"每当他觉得我理解有困难的地方，都会再三问我"明白不明白"。让我意想不到的是，这次去北京，张老师和马老师还抽空带我去了趟密云水库游玩儿，就像奖励自己的孩子。在张老师的指导和鼓励下，我完成了毕业论文，提出了红山文化可以划分为分别相当于后冈一期文化、西阴文化和半坡四期文化三期的观点。

1989 年研究生毕业后，我进入辽宁大学，刚开始学校还有文博干部进修班，有一些专业教学和实习。20 世纪 90 年代中期开始，考古学渐渐地在学校被边缘化到仅剩一门为历史学专业本科生教授的考古学通论课程，我和张老师之间的通话也越来越少了，因为我很惭愧自己可以向老师汇报的东西越来越少。

2005 年我和张老师在辽宁师范大学召开的会议上见面，听了我宣读的《小河沿文化陶器分群研究》，他很高兴，说："不错，丫头！你还在认认真真做事情。"之后他开始越来越多地提醒我读书做卡片，带我考察，给我讲他对考古学以及东北考古的最新想法。有一次说起同学们大都害怕他，怕被他骂，他说他从来没有骂过我，我说："是不是因为我不用功您放弃我了呀？"他说："丫头啊，你缺平台，我得关心你。"

在张老师的呵护和督促下，我更加系统地整理了东北及其周边地区新石器时代考古学文化材料，无论是新认识抑或困惑，都会打电话向他汇报和请教。2011 年 7 月我完成了阶段性的研究，写成了《西寨遗址再认识》初稿，正好田建文也完成了《肥足鬲研究》，张老师就提前为我们安排好了宾馆，让我们去交作业。卡片在张老师那张书桌上反反复复摆了好儿天，兴隆洼文化和磁山文化的相对年代，赵宝沟文化形成后兴隆洼文化是不是完全消亡了，白音长汗二期乙类应该怎样看，上宅文化和赵宝沟文化的关系，赵宝沟文化这个人群共同体的性质，等等，每一个问题都让我摆出卡片来讲，然后他提问题，并提出修改建议，紧张得我感觉像是论文答辩。在中国考古学会第十五次年会期间他还不断询问赵宾福等对我论文的评价，我能感受到他看到学生的学术成长时内心的愉悦。

2009 年至 2011 年，内蒙古自治区文物考古研究所和吉林大学合作发掘了赤峰魏家窝铺。2010 年 8 月的一天，我正在赤峰参加赤峰学院举办的红山文化论坛，张老师打来电话让我会后在赤峰等他，他要带我去考察魏家窝铺工地并去呼和浩特看存放在那里的该遗址前期出土的陶器。在现场，他认真看每一件陶器，告诉我观察陶器不能局限于陶质、陶色、纹饰、器型这些表面现象，还要观察陶器的制法，他手把手地教我怎样摸陶片，教我观察制陶工艺的方法。他发现魏家窝铺出土的红山文化筒形罐的平底是先以泥条盘筑法制成圜底筒形罐，然后在接近底部周沿贴上泥带，以扩大圜底上的外侧器沿，再在这圜底及其扩充的外侧器沿之下，贴上圆形泥饼，以成外底。他非常高兴，让我思考这个发现的意义。因为之前对兴隆洼文化和赵宝沟文化资料的整理，我对这两支考古学文化制陶技术有一定的了解，加之很多次听张老师说过要思考为什么早期红山文化没有传承本地兴隆洼文化这一谱系文化的玉器传统，所以我知道他在思考这一时期的辽西地区是不是辽西原居民的辽西地区这一问题了。"此红山非彼红山，制作工艺暴露了早期红山阶段的辽西地区确实存在着不同谱系的考古学文化。"他说，"我不说，这个课题你来做。"这就是我后来写《后冈期红山文化分期及其相关问题》以及《后冈期红山文化再考察》两篇论文的由来。写作期间，师生二人分别在电话的一端读同一本考古报告是常有的事，我寄过去的稿子，他从材料、结构、观点，甚至标点符号都会一一给予修改并提出意见。我们发现后冈期红山文化早段的属于后冈一期文化的陶器形制，均可以在早段的后冈一期文化中找到渊源；此类后冈期红山文化陶器又均与同段的后冈一期文化的陶器特征相似、演变同步。结合二者陶器制法的一致以及与当地传统的泥圈套接法的区别，提出了后冈期红山文化是后冈一期文化居民向北扩张移民，接受赵宝沟文化影响而产生的一种考古学文化的观点。后来当我问及张老师为什么他的讲话中提到这些新观点时总是只说我时，他说："老师就是要让学生站在自己的肩膀上，去做考古学研究的排头兵。"

张老师给我布置的下一个课题，是研究西阴期红山文化替代后冈期红山文化的模式，正像他在中国考古学会第十五次年会开幕词中说的那样："华北平原不是后冈一期文化吸收西阴文化因素实行文化的转化，而是西阴文化移民挤走了后冈一期文化居民，占据了华北平原，那么，西阴期红山文化'替代'后冈期红山文化实行的是否也是这样一种模式？还是如我指导张星德撰写的硕士论文所说的那样，是后冈期红山文化接受西来的西阴文化的影响而升华为西阴期红山文化？虽然我现在的观点仍然倾向于后者，但我认为要肯定这一认识仍需进一步求证。"为此，他给我选定的第一个研究对象正是我职业生涯中发掘的第一个遗址——牛河梁。

◎ 张星德与王羽先生在牛河梁

2017年6月18日我兴冲冲地打电话给张老师，向他汇报申请的国家社科基金项目"牛河梁遗址的补充整理与研究"已入选，他很高兴，因为受编写条件和出版时间限制，《牛河梁——红山文化遗址发掘报告（1983—2003年度）》对出土的红山文化陶器未能做全面整理和发表，而陶器资料的缺失，一定程度上造成了对红山文化进一步研究的瓶颈。他一再叮嘱我整理的原则，让我一定要记得报告整理要先求实事、后求是，不要把验证自己目前对牛河梁的想法和报告整理混为一谈，要把基本事实搞清楚，实事求是地写清楚材料。张老师撂了电话又很快打回来，还是叮咛，让我制订一个整理计划，报告要完整、真实、全面。我分明从电话里听出了他的放心不下。隔天他和田建文通话时还不断问："你那姐姐对我讲的整理和报告编写原则有什么感想啊？"没想到因着牛河梁与张先生结缘，与先生的最后一场通话，还是因着牛河梁。

还有严谨、细腻、善良的王予先生，工作时间登高下坑只为追求最好的质量，一丝不苟，闲暇时间带我去采野枣、踢足球、讲故事；儒雅的杨虎先生，对问到他的所有问题都是不厌其烦地给予讲解，我写硕士毕业论文期间，杨先生和林师母也不因为我年轻幼稚，不辞辛苦一起带我去周口店观摩放在那里的赵宝沟文化遗物，给我讲他们认识的兴隆洼、赵宝沟和牛河梁。

之所以先生们在我脑海里占着这样重要的位置，我想不仅是因为他们优秀的学识，更是因为他们如牛河梁一样辉煌的人格光辉照耀着我，让我时时仰慕，念念不忘。

─────────── **口述者简介** ───────────

张星德，1962 年生，辽宁大学历史学部教授、博士生导师，中国考古学会理事。1984 年毕业于北京大学考古系，在辽宁省博物馆工作期间参与牛河梁红山文化遗址发掘。后进入吉林大学师从张忠培先生攻读硕士研究生，专攻新石器时代考古。1989 年至今一直在辽宁大学从事先秦考古与历史的教学与研究工作。主要研究方向为红山文化与中国早期文明起源。在红山文化编年和红山文明化进程研究方面成果较为突出，先后主持国家社科基金项目、辽宁省社科基金项目等科学研究 10 余项，出版学术专著 7 部，发表论文 60 余篇。成果多次获得辽宁省哲学社会科学成果奖二、三等奖。

我与牛河梁

郝建旭⊙口述　　王新辉⊙整理

我叫郝建旭，1963年8月出生于辽宁朝阳，2023年8月在朝阳市文化旅游局退休。参加工作在朝阳卫生学校任团委书记，后调任中共朝阳市委宣传部工作15年。1999年9月我被选派到朝阳人民广播电台任副台长，3年后转任台长，4年后又调任朝阳电视台任台长。又过了5年，广电机构改革，电台、电视台合并，经组织考核于2010年10月到朝阳市牛河梁遗址管理处任处长，开启了为期4年的光辉岁月，2014年9月卸任。

初识牛河梁

朝阳市牛河梁遗址管理处是正县级参公的事业单位，隶属于市文化局，是国家级文物保护单位。专业考古发掘工作由辽宁省考古研究院来做，我们主要负责看护和管理。用当时大家习惯的表达是"看山、修坟、佑护着女神"。主要工作分三个阶段：看护管理、建设管理和运营管理。现在的牛河梁已经从建设管理阶段，逐渐转变为运营管理阶段了。我就是在这个如火如荼的建设阶段，来到牛河梁，来到这个位于建平县和凌源市交界，距离朝阳市区100千米的神奇、神秘、神圣的牛河梁。

在朝阳市牛河梁遗址管理处，我率领"十几个人，七八条枪"看管着近60平方千米范围内已经确认的16个遗址点，建设着上亿元的文物保护、文物研究和展示工程。工作业务可谓"顶天立地"，上至国家和省、市文物局，下联村民百姓，横跨县区书记、县长，对接交通、发改、环境、林业、水利、农业、住建、财政、公安等部门。面对全新的人员、全新的业务、全新的环境、全新的挑战，我备感新岗位责任重大、使命光荣。

在朝阳市牛河梁遗址管理处的4年时间里，我们完成了矿坑回填、植被恢复、环境治理等工程和移民搬迁、农网改造工作，启动了铁路涵桥101线改造，完成了牛河梁遗址第二地点施工收尾工程及展陈工程、安防工程，如期完成了牛河梁遗址博物馆建设，实现了牛河梁国家考古遗址公园的挂牌、建成、开放、运营。

其间，在圆明园召开的国家考古遗址公园联盟第二次全体会议上我作为代表发言介绍经验。作为辽宁省两个先进集体之一，我处代表朝阳市牛河梁遗址管理处在人民大会堂接受国家文物局表彰，受到时任国家领导人李长春和刘延东的亲切接见。

同时，我们借东风乘势而上，开启了规划和启动牛河梁遗址申报世界文化遗产的工作，确定内蒙古赤峰和辽宁朝阳两省区两市捆绑申遗领导小组工作机构和工作规划，并签署相关协议。

4年的工作可圈可点，4年的工作值得回味。我记得有一位领导来到牛河梁对我说："你们的成绩与日月同辉，大地做证，你们的付出会载入史册。不简单、不容易。"他又看着我说："郝建旭，我看你都像文物了！"

印象牛河梁

我成长和工作的环境相对优越，初来乍到牛河梁，对这里的环境非常陌生，没有任何心理准备。生活在动迁户的农家房舍，住火炕，吃小食堂，没有办公室，但有"自留地"可以种点菜，丰富自己的餐桌。这样的生活环境，与优裕的城市生活比有很大差别，这令习惯于城市生活的同事们感到许多不便，然而这种环境也能给大家增添许多不一样的生活情趣。我们就是在这种环境中，默默无闻地做着一件厚古耀今的伟大事业。

没到牛河梁工作之前，我对牛河梁遗址没有什么特别的认识，也没有什么特别的关注。而来到牛河梁后，经过4年的摸爬滚打，潜心研究，全心投入，我对牛河梁有了全新的认识。

牛河梁遗址是见证中华民族5000年文明的发源地之一，是世界级文化遗产，是古国时代第一阶段代表。牛河梁国家考古遗址公园也是国家级的，整个东三省只有两家，无论是中国国家博物馆、辽宁省博物馆，还是新建的中国考古博物馆，甚至国外的一些博物馆都有牛河梁遗址出土的文物。可以说，牛河梁遗址的意义价值的独特性、唯一性和不可替代性在国内外历史学界、考古界得到广泛共识。

能够见证牛河梁国家考古遗址公园建成、开放、运营，以及在后来者的不断努力下，事业又有新起色、新变化，尤其是近几年看到国家、省、市各级政府对牛河梁遗址的建设和发展空前重视，这些都令我无比欣慰，备感骄傲和自豪。回顾一生的工作经历，我感觉牛河梁这段时光是最有意义、最有价值、最有成就、最有高度的，这段经历成就了我的人生。

征战牛河梁

在牛河梁遗址管理处工作的每项工作都可称为挑战。我觉得最大的挑战就是牛河梁遗址博物馆工程。2011 年 3 月 3 日公开招标，5 月 24 日工程开工建设，要求在 2012 年 9 月底完工，实现竣工剪彩并试运行，有效施工期一年。时间紧、任务重，挑战难度巨大。

在土建工程实施过程中，其他工作也在同步进行。一是博物馆展陈的设计审批、招标施工、布展；二是博物馆的机构设置、审批、人员配置、招考培训；三是博物馆周边的环境治理、道路硬化、桥梁、绿化、亮化；四是其他软件建设工作，如电信网络的铺设，停车场、公厕、售票亭、观光车、游客中心和五公里园区环路小景观建设等。

面对如此巨大的工作量，十几个人如何应对？关键是要做到统筹借力。一是向上积极沟通汇报，敢说真话、讲实情，借助省、市领导开会协调，推动相关部门为实现目标服务。二是内部分阶段，排列内外有别的倒排工期表，分兵把守，分工负责，按大表提出的时间节点、内容和标准要求，按图索骥，按时完成任务。三是调动一切可以调动的力量，采取一切可以使用的措施和办法。缺人的时候从本局抽调人员，应急的时候，还可向临近的建平、凌源文广局求助，借人助力。四是营造工程现场浓厚的正气歌，打造催人奋进、勇往直前的工程现场氛围。工程最热闹，气候最适宜，工期最要紧的时候，整个工地上红旗招展，大喇叭播放着铿锵有力的进行曲。有的工作需要交叉作业，半夜才停工，天一亮大喇叭就又开始工作，响彻山野，犹如一场战斗，号角不断吹响。五是亲力亲为，溜缝补台。因为从小爱好美术书法，来不及请人时，我就亲自上手。园区正门石上的"圣地牛河梁"，博物馆正门石头上的"博"字，园区路上的小景观石上的"金龟望月""养心林"，博物馆布展六大部分主题字都是我自己亲自写的。

经过努力，我们如期完成了预定的工作任务和目标，唱响了主旋律，打了一个漂亮仗。

情定牛河梁

艰苦的环境也有美好的事情。2012年牛河梁遗址博物馆建成开放运营后，我有了自己的办公室，便用书橱隔出个私人空间，可以随时住下。更重要的是，住下后，在这宁静极了的夜晚，我开始研习书画，找回我的初心。

因为这一回归，吸引了画家李树本，他创作的一套反映牛河梁社会形态的国画作品，在女神庙展出。还在二号地点展出了一套我国的世界文化遗产43项图板，从而解决了建成开放初期展品不足的问题。

为了今后的美术创作，我开始全方位、多角度，用心观察牛河梁的景象，创作了水彩画《牛河梁的早晨》，国画《情系牛河梁》，油画《神秘牛河梁》和《圣地牛河梁》，其

◎ 郝建旭创作的油画作品《圣地牛河梁》

中一幅悬挂在现在的游客中心。

自此，我越来越珍爱这份让我情感驻留的土地，爱这土地的气味、油松的挺拔、山峦的起伏。牛河梁成为我永远的情感寄托，成就了我退休后完成的第一本书画集，成为我今后书画创作的永恒主题。牛河梁让我敬畏遗产，崇尚史学，热修人文，也让我倾心个人文化修养，让我变得更加成熟。

最难忘的记忆

没到牛河梁工作前，我对牛河梁没有太深的印象。来到牛河梁工作以后，越来越感觉到这项工作崇高伟大而意义深远。来到这里，许多见识和经历都验证了这项事业的神圣，令我格外激动和印象深刻。

2012 年 7 月 8 日，北京人民大会堂召开了全国文物工作会议，会议表彰了全国文物战线的优秀个人和先进集体，牛河梁遗址管理处是辽宁省受表彰的两个先进集体之一。因为这个时间刚好是牛河梁建设的关键时期，所以在申报、推荐、选择过程中我都毫不知情，突然有一天接到通知，让我们填写表格，才知道是省厅、省文物局、省文物处和省考古所达成共识，极力推荐的结果。这说明这项事业位置之重要、意义之重大，说明省文物部门的领导和专家对牛河梁遗址管理处的工作高度认可，并充满期待。

这个表彰是对我们工作的最高评价、最高奖励、最大认可。我们说：掉皮掉肉不掉队，流血流汗不流泪，我们的辛苦没有白费，这份奖励太珍贵。

我工作生涯中最难忘的，就是在牛河梁的工作经历，每一个场面都历历在目。其中，最难忘的一段经历，就是我在工作日记中记载的连续三天三次往返沈阳的事。

2011 年 7 月 19 日，多云有阵雨。步行到单位（坚持 10 年步行上班，每天 5 千米），审阅博物馆展陈设计协议书，修改后，交博物馆首任馆长王轩龙和孟昭凯老师。和王轩龙去沈阳参加下午由市交通局张欣牵头组织的 101 线改线设计方案专家论证会，晚餐后返朝。还未到家，接到局长通知，明天陪同副市长去约见省文物局局长。

7 月 20 日，何俊江副处长负责当天举行的路桥招标会，办公室吴洋主任负责起草省文保中心需要的两个报告，准备去沈阳汇报。10 点从朝阳出发，陪同副市长去沈阳，中午在服务区用餐，下午约见文化厅厅长、副厅长和文物局局长，晚上返回朝阳。

7 月 21 日，早上出发去沈阳，参加 10 点在省政府由滕卫平副省长主持召开的 101 线改线资金落实会。会后返回朝阳。从朝阳到沈阳的高速公路里程是近 300 千米，往返四五个小时，每次都是披星戴月。

据不完全统计，我在牛河梁的工作用车，2011 年共计去北京和沈阳出差就多达 32 次，从 2011 年到 2012 年两年共计行车里程达 10 万千米。

大家风范

2011 年 7 月 29 日，中国书法家协会名誉主席沈鹏先生来到牛河梁遗址，这让我格外兴奋和激动。我从小喜欢书法，平时就对历史和现代的书画大家有特别的关注。能够在牛河梁亲自接待老艺术家沈鹏真是让我感到格外兴奋，实属幸运。因此，我特别邀请了我的中学老师、红山文化研究专家孟昭凯先生为沈鹏老先生介绍牛河梁遗址。沈老先生全程都听得非常认真，话很少。

在参观女神庙的时候，我们请老先生留下墨宝，老先生欣然应允并思考片刻，一气呵成"女神庙"三个大字，可谓是端庄、优美、厚重、有神。后来我们将这三个大字刻在了一号馆外的一块20吨重的大石头上，给来女神庙留影的游客传递女神的信息。老先生访问结束后，我又荣幸地与他合影留念。不幸的是，老先生于2023年离开了我们。牛河梁纪念他，我们怀念他，我感谢他。

给我留下深刻印象的还有一位领导，那就是国家文物局原局长单霁翔先生。几次短暂的接触，令我对他的正派作风深感敬佩。

那是在2011年8月25日，副省长滕卫平带领省、市负责文物工作的几位工作人员到国家文物局，专题汇报牛河梁遗址为申报世界文化遗产所做的考古发掘价值认定、意义阐述、文物保护和研究工作，以及国家考古

◎ 2011年7月，中国书法家协会名誉主席沈鹏先生（左二），为第一地点保护展示馆题字："女神庙"

遗址公园的建设和挂牌等准备工作。单局长与我们座谈的小会议室极其简朴，十几个人围着一个小圆桌，我和单局长之间只隔了一个人。我带了一个小相机，把单局长有关牛河梁未来发展的意见和谈话全部记录下来，经整理后，成为我们今后的工作指南。

单局长给我的印象，是一个学者型的官员，谈话少有官话、套话，都是实实在在、朴实无华的工作意见和想法，让人听得懂，容易接受，好把握、操作性强，讲话幽默风趣、和蔼可亲。他的穿着更是朴素简约，身着中山立领、对襟襻扣的上衣，脚蹬一双布鞋，后来的几次接触也都是这个装扮。据同事们讲，单局长到基层调研，当地给他安排套房，他总是自己偷着换成普通标间。

我敬仰这样的领导，他是我们的榜样。我存了他的一套专著，也是为了学习他的为人处世。近两年，他在央视与著名主持人龙洋共同主持一档推进中华非物质文化遗产项目的专题片，我都认真用心用情去看。他让我和全国的文物工作者尊敬、佩服。

还有一个人令我难以忘怀，那就是国际古迹遗址理事会执行委员会专家乔拉·索拉先生。乔拉·索拉先生是以色列人，在世界文化遗产保护方面具有广泛影响力。他强调文化遗产的当代价值，认为遗产保护应当人人参与，要理解遗产的文化含义，从而为社会发展服务。由他参与设计规划的西安大明宫遗址公园，既强调其教育功能，又成为周边居民可共享的空间。牛河梁国家考古遗址公园的规划和建设都充分体现了这些理念。

2011年10月10日，乔拉·索拉先生来到牛河梁，由国际古迹遗址理事会副主席、世界遗产保护专家郭旃先生陪同，共同指导牛河梁文物保护工程、遗址公园建设和世界文化遗产申报工作。两位专家为我们指出了现存的问题，提出了改进的意见和建议，并对我们未来的工作提出了希望。

虽然他们逗留的时间不长，但是他们的意见和建议具有权威的指导性，是具有国际视野和国际水准的。他们此行的所有内容，我们都做了文字和资料保存，努力消化并运用到工作中。

能与这样的专家直接交往可谓幸事。令我印象深刻的是，我带车陪同两位专家返回北京时已是傍晚，晚餐就在专家们建议的大众餐馆里用餐。他们的住所也很朴实，乔拉·索拉先生入住的酒店是北京胡同中的一个青年旅社，没有大堂，没有二层，走廊窄到两人并行都困难。郭旃先生家住在朝阳区的一个普通小区，赶不上我们现在住的三线城市的高档小区。这让我很惊讶，这就是国际顶尖的大专家、大知识分子，他们的住处却那么朴实无华，我对他们的崇敬之情油然而生。

这样感人的人和事还有很多，如老舍的儿子舒乙、苏秉琦的儿子苏凯之等，能够有幸接触他们，我要感谢牛河梁。

我与考古学家的故事

在牛河梁遗址管理处工作，国家考古遗址公园的建设、经营、开放、运营都离不开考古，也就离不开考古工作者。我接触了很多考古工作者和文物工作者，都是学者、专家，他们的身上有许多共同点，就是朴实实在、朴素严谨、简单直爽、思想专注。

张忠培先生

张忠培先生曾任故宫博物院院长，是我国著名的考古学家，是时任中国考古学会理事长苏秉琦先生的学生。

久闻大名，久仰其人。第一次与先生见面是 2011 年 10 月 30 日在北京召开的牛河梁文物保护工程的专家评审会上。老先生年近 80 岁，拄着手杖，身体状态不是很好，由学生照顾着来去，语速慢，湖南口音，听着很费劲。我作为工作人员，为这些专家服务。整场会议下来，给我的感受是：这么大的专家，事不多，不挑毛病。为他们服务没有压力，很放松，这个相识很简单。

让我难忘的是他为牛河梁遗址博物馆题写的 8 个大字，让牛河梁遗址添彩增光。这幅字是我的老师孟昭凯先生亲自去北京，到张忠培先生家里请来的。孟老师临行前跟我说："此行是打着汇报文保工程进度的幌子，顺便请老先生写，他才可能写。如果是专门请他写，他会以'我不是书法家'为由而不写。"此行孟老师只是给老先生带了几斤羊肉作为见面礼，而非写字的报酬，现在想来我都十分感动。

老先生时隔 6 年去世，2024 年 8 月 5 日是老先生诞辰 90 周年。每当看到那恢宏大气、端庄大方、朴实无华的 8 个大字，我都会想起老先生的音容笑貌，难以忘怀。

郭大顺先生

郭大顺先生是我们辽宁的考古专家，是发现、发掘、研究牛河梁的首席专家，是全程看着牛河梁成长的首席顾问。郭大顺先生不仅见证了牛河梁遗址保护研究和确认遗产价值阐释，还见证了遗址公园的建设、开放和遗址申报世界文化遗产全过程。牛河梁遗址在他的心中应该既像个孩子，又像自己的作品。他是自己人，我们的工作离不开他，我们都有这种感觉。有的时候离你越近、接触越多的人，反而容易忽略他的价值，但是在我的心目中，郭先生的作用无可替代。

郭先生既是官员又是专家，被考古界称为"红山文化第一人"，没有他，牛河梁走不到今天，因为与他交往多，自然没有什么神秘感。我在他面前就是他的一个兵，所以所有与他交往的过程和事件都显得那么平淡自然，这也与他那平淡、平和、自然、平实的举止相吻合。老先生 1938 年出生，2025 年已经 87 岁，希望先生能健康长寿。

朱达先生

还有一个人不得不提，他就是曾任辽宁省文物考古研究所牛河梁工作站的站长朱达。朱达老兄长我 7 岁，辽宁大学历史系毕业、研究员、考古队队长。朱达把人生最好的年华献给了牛河梁，他是出现在牛河梁遗址次数最多的人，来过牛河梁遗址的领导、专家、各级文物管理者和当地百姓都熟知他的名字。

他身材中等粗壮，红脸膛，少言寡语，见人总是挂着笑脸。我们在牛河梁的住地与考古工作站距离 1.5 千米，在没有任务、极少得闲的晚上，我们会约在我这儿或去他那儿喝上几杯。都说考古人都爱喝点酒，就这样，我成了他的酒友，他成了我的老师。在他的脸上找不到考古工作的枯燥之意，更难寻其烦躁之相，只能领会到铜像般的稳重和执着。有人打趣说朱达的红脸膛是野外工作晒的，但是一年四季我也没见他白过。还有人说他的脸是喝酒添的色，然而他不喝酒时，我见到的还是那固有的古铜色，那份挂着善良、隐忍、坚毅表情的古铜色。

孟昭凯老师

孟昭凯先生是我中学的语文老师。孟老师夫妇都毕业于北京师范大学，机缘巧合，两口子任教于百年名校朝阳第二中学。机缘巧合，30 年后我们在牛河梁相遇了，师生共同奋斗在伟大的牛河梁保护事业中。我和孟老师生活在一个城市中，接触的机会很多。他给我的印象是有真情、有热情、有激情。他既是我的老师，又是我的人生榜样。

来到牛河梁工作，他是第一个给我鼓励和支持的人，也是给予我信心和勇气的人。我们见面时老师嘱咐我坚定信心好好干，并送我一句话叫作"创业、创业、立丰碑"。我理解其中包含的意义是：创业，就需要面对白手起家的现实，面对困难和挑战，有清醒的认识；创业，就需要坚韧不拔、百折不挠、克服困难的信心和勇气；立丰碑，是这项事业具有重大意义和伟大历史价值，也是丰富个人人生意义和价值的机遇。在牛河梁工作这几年与老师朝夕相处，做人做事收获良多。这段旅程有老师把关定向，一路向上都走得直、走得稳、走得成功。这也是我生命中的幸运和偏得。2023年老师80大寿，我撰写一个寿字书法作品送给他，衷心祝福老师健康长寿。

◎ 2012年9月，国家考古遗址公园联盟第二届联席会议在北京召开，郝建旭（右三）出席

几年的工作经历，让我结识了许多考古专家和文物工作者，还有中国社科院考古所的刘国祥、中国遗产院的柴晓明、辽宁省文保中心的田立坤、辽宁省考古所的李向东、辽宁省文物处处长吴炎亮等，还有许多有趣的、鲜为人知的故事。

牛河梁给我的启示

在牛河梁国家考古遗址公园的建设过程当中，我作为牛河梁遗址管理处的处长，承担的具体工作是统揽全局，把握节奏，总体推进各项工作，避免顾此失彼。

统揽全局，就是要统筹遗址保护、安全保卫、工程建设和质量管理、人员调配的使用和管理，以及遗址公园的评审挂牌和申遗准备。经过奋战，牛河梁遗址博物馆建成开馆，让我非常兴奋和激动，这份成就感和使命感，令我深感所有的付出都是值得的。特别令我感动的是我们这个团队，能力无限，觉悟高尚，素质优秀，具备攻坚克难的精神素养和善战实力。所有的丰碑和功勋奖章，他们应该人人有份，人人享有这份荣耀。我们付出的辛勤汗水浇灌下的文化之树开花、结果呈现给世界，使我的家乡熠熠生辉。

团队如何合作，与同事如何共事，这是做事、做大事、做成事的根本。我在牛河梁的同事们可以说年龄有大有小，学历有高有低，大家对于眼前的工作，大多非专业，均属门外汉。但他们身上都有各自的特点和共同的优点。有积极进步、不耻下问的进取精神，有敬业奉献、不讲个人得失的良好品质，有敬畏文化、勇于担当的工作觉悟，有合作共事、团结协作的良好品行，有不怕苦累、奋勇争先的良好工作状态。在团队合作中，我认为最重要的品质是尊重、信任、理解、关心。相互尊重，充分体现民主平等，是合作的前提条件。相互理解，学会换位思考是团队和谐的重要因素。相互关心，相互关照，是团队合作成功之本。

离开牛河梁遗址管理处的岗位整整10年了。看到建设又有了新的进展，申遗工作又有了新的突破，尤其是省、市政府领导重视程度空前，我实感欣慰。历史和写历史的人得到应有的尊重，本身就是文明进步的表现，让我们怀着敬畏之心，善待牛河梁，牛河梁红山女神也会笑意长存，佑护后人。

口述者简介

郝建旭，1963年生，辽宁朝阳人。曾任朝阳卫校团委书记，1985年调任朝阳市委宣传部工作15年，历任农村宣传科科长、城市宣传科科长、政工职称办主任、办公室主任；1999年9月由组织考核任命为朝阳人民广播电台副台长，3年后任台长，4年后转任朝阳电视台台长；2010年调任牛河梁遗址管理处处长兼市文化局副局长；2023年从市文旅局退休。

我们家与牛河梁的故事

马瑞增⊙口述　　袁帅⊙整理

我叫马瑞增，今年62岁，1963年2月12日出生，祖籍山东（一说河北省枣强县），现居住于辽宁省建平县红山街道张福店村马家沟组。以前这个地方叫"梁底"，只有两三户人家，沟里边大多数都是后搬过来的，其中有六七户是马姓，然后过了几年这里姓马的人越来越多，而且这些马家人都还是一个家族的，就改名叫马家沟。

在我小的时候，这里和牛河梁的水资源比较丰富，有很多的长流水，下一场雨就发一场水，把河套冲刷得特别干净。那时包括我们家这边，往下打井两米左右就有水，后来由于气候干旱、加上周边采矿的影响，地下水下降得越来越深，由5.5米下降到现在的10～11米。那时候的河套真干净，跨越河套的那条公路（今老宽线——编者注）当时修桥也就10米宽，后来又加宽过两次。牛河梁这个地方以前没有那么多树，几乎是光秃秃的，当时是20世纪50年代末60年代初，国家提倡植树造林，建平、凌源两地在牛河梁这边种植油松，规模比较大。21世纪初，听人说这里已经成了亚洲最大的油松林。

现在女神庙旁边的那条石板路，是以前从建平到凌源的老路，也是建平与凌源的交界，从现在的二号地点下边的沟槽子可以直接去凌源，之前这里有两三户人家，听老人们说，这条路在 20 世纪 40 年代的时候，特别好招贼，他们就是为点吃喝欺负老百姓。

我理解的牛河梁的地形，是像牛头一样，从一号地点起，往凌源方向有一个分水岭，往北边有一个分水岭，好像一个牛鼻子和两个犄角。现在凌源那边的牛河梁村，之前叫河汤沟村（位于今牛河梁国家考古遗址公园西卡口——编者注），后来他们村改名叫牛河梁村后，凌源那边新建的高铁站也叫了"牛河梁站"，这就导致很多不了解情况的人们很自然而然地认为牛河梁遗址是凌源的，其实是建平和凌源共有的，也可以说都是咱们朝阳的。

我感觉牛河梁这边发掘出玉猪龙之后，放进博物馆了（牛河梁遗址第二地点一号冢 4 号墓出土的两个玉猪龙，一个被送到了中国国家博物馆收藏，一个被送到了辽宁省文物考古研究所——编者注），赤峰的玉龙（即出土于内蒙古翁牛特旗三星他拉遗址的 C 形玉龙，现藏于中国国家博物馆——编者注）才开始被重视，拿出来展览了，然后说这才是红山文化。

西梁地的白色石头下，埋藏着尘封 5000 多年的奥秘

现在积石冢的那块地，原来叫"西梁地"，南面是铁路（锦承铁路），北面是公路，四面环沟，有那种不是太平缓的坡子加上排水沟。当年这块地是耕地，人们都说这块地是"石头地"，土层薄，夹杂着石头，地面和

后来的积石冢也就差 30 厘米。一锄头下去，石头相当多，种植条件不太好，种了一些谷子、黍子等作物，有的时候也能在地里发现一些陶片、瓦罐什么的，甚至是玉器。

当时地里一镐下去挖出的白色石头大家也没当回事，妨碍耕作的浅层石头从地里拣出来就丢掉了，埋得比较深的石头，不妨碍耕作的，就留下了。有的人觉得这些石头可能是当年"农业学大寨"时期修建梯田的遗留，也有人觉得这块地以前是蒙古人的地盘，上边这些石头可能是他们堆积的敖包。

中华人民共和国成立后，北边修建公路的时候，因为当时还没有考古这一概念，即便在这一地方施工发现什么东西，大家也都没当回事。当时公路北边有一条沟，公路那边有个涵洞，1981 年，水从那边流出来，直接往西流向排水沟（该排水沟为 20 世纪 30 年代日伪修建锦承铁路时所建的排水沟），随着水的冲刷，就慢慢地把石头冲了出来，老百姓从那时开始，逐渐发现了大量的石头。有人把石头挖出来运回家垒院墙、堆猪圈。牛河梁遗址也是从这个时候被发现的，后来我们也才知道，这些白色的石头原来是红山文化积石冢的冢石。

家里摆着的"玉笔筒"以及 造访的考古工作队

从我小时候记事开始起，那个"玉笔筒"就一直在家里摆着，放在屋里北面对着炕的案台上，案台 1 米多宽，里边插着毛笔、铅笔、折叠尺。我们只知道是我父亲他们在"西梁地"种地时候捡到的，当时在翻地时偶然发现了一件像马蹄子一样的玉器，这件玉器材料像黑绿牛角，又像墨绿色玻璃，我父亲最初以为它可以当作笔筒使用，便带回家中清洗并保存起来。但又发现用它装水吧，没有底，戴胳膊上吧，又太重。于是我父亲就用纸给它糊了个底，放在家里摆着当笔筒用。

当时那个时期，人们的思想观念还比较落后，根本不认为这个东西是个什么宝贝，也没想到这个物件能和5000多年前的红山文化扯上关系，我和家里人都认为这可能就是一个笔筒，也都没太当回事，当时如果有人想要拿走这个东西，我们也会不犹豫地给他。除了我家，我记得马家沟的马玉山、马文学他们两家也都有这类的"玉笔筒"。马文学家的是白色的，是那种白石头性质的白玉，不仅漂亮还大，很完整。他们几家的"玉笔筒"也是在地里捡到的，至于具体是怎么捡的，我们也不太清楚。

1981年，辽宁省的文物部门在建平县开展第二次全国文物普查，当时考古专家郭大顺先生在建平县为这次普查做培训，讲课时，他时常举着文物照片和刚采集到的陶片，向大家介绍朝阳是红山文化富集区，希望大家多留心。富山乡文化站站长赵文彦报告了马家沟生产队附近的群众发现玉器这一线索。

第二天培训结束后，赵文彦和李殿福，还有郭大顺先生，他们三人骑着自行车走了15里路到富山乡张福店村马家沟。当时我的父亲马龙图是富山乡张福店村马家沟村民组组长，他们三个人到马家沟的第一顿饭就是在我家吃的。

那个时候我们都还小，只有大人长辈才能上桌，吃饭的时候我们都得上旁边靠着去，他们吃完饭，收拾了桌子之后我们再吃，当时农村就是那种情况。

因为这个机缘巧合，他们在我家吃饭的时候，说话之间就发现了这个摆在案台上的"玉笔筒",也就是现在我们所知道的马蹄形玉箍,当时"玉笔筒"里面还插了几支笔。

当时他们发现这个"玉笔筒"后就打听这玩意儿是从哪儿弄来的,然后我们家说是在我们西梁地种地的时候捡到的,当时郭大顺先生也没说这是啥东西,但我猜他肯定能知道这玩意儿是什么。

郭大顺先生说,我现在掏5块钱,意思是我们从你这要把这个"玉笔筒"买过来。当时据他介绍,这个东西是文物,是国家很重视的东西,从地下发现的东西都是属于国家的,必须得上交。然后他就拿走了。马玉山、马文学他们两家的"玉笔筒"也是以5块钱的价格卖给了郭大顺先生他们。

后来通过老百姓介绍,他们又找到西梁地的地址,进行考古调查、考古勘探什么的。后来经过郭大顺先生他们介绍,我们才知道这个东西属于5000多年前的红山文化的文物。

当时村民们跟考古队说,西梁地这块地种不了啥东西,石头特别多,但却发现过很多这种物件,像是"玉笔筒"、"玉葫芦"、手镯之类的,也有很多陶片、人骨头。

郭大顺先生根据多年经验,马上意识到,这是一处古墓葬,马上请我父亲带大家到捡"玉笔筒"的地方去。我父亲放下手里的工作,领着郭大顺先生一行人到了捡到"玉笔筒"的西梁地。

一路上,我父亲和郭大顺先生聊天,说西梁地那地方不适合种地,地里石头多,耕地时经常打犁铧子。荒坡上还有成堆的石头,咱们这地方离内蒙古近,像我们建平县北边的老官地,和赤峰紧挨着,地连地。这石头堆可能是蒙古人的敖包,要不就是过去农业学大寨的修建梯田用的。前两年有的人把石头拉回家去砌院墙、垒猪圈。一位跟着看热闹的村民说:"我耕地时翻出一片像'万'字的石片，因为破碎就把它扔掉了。"

郭大顺先生和考古队员急忙赶到我父亲捡"玉笔筒"的地方，就发现地表零星散落着泥质的红陶和彩陶片。遗址上堆积着许多石块，郭大顺先生不露声色地在石块间仔细寻找着什么，突然，他眼前一亮，一块腐朽的人骨头出现在他的面前。清理完事过后，证实这是一座石棺墓，且在墓主人头部左侧发现一件玉环。这是第一次考古发现红山文化的墓葬，那一天是 1981 年 4 月 8 日。这个地点后来编号为牛河梁第二地点，这座墓则编为第 1 号冢第 1 号墓。

1981 年郭大顺先生刚到这里的时候就住在我们家，那时候只能给考古队员们吃本地特产的小米，而我们自己平时吃的都是玉米面大饼子。

1983 年 10 月的一天，孙（守道）先生、郭大顺先生为领队，方殿春、魏凡、李世凯等人组成的牛河梁考古工作队开进了牛河梁遗址区，入驻马家沟，准备对"西梁地"的积石冢进行发掘。

后来郭大顺先生他们带着考古工作队在原生产队的队部住。工作队有专门的管理员买菜，用大锅做饭，跟一个食堂似的，自己做饭。当时的工作条件是挺艰苦的，不像现在这样有车，那个时候主要靠步行。

当时先发现的积石冢被定为牛河梁遗址第二地点，在发掘第二地点的过程中，又发现了女神庙，被确定为牛河梁遗址第一地点，我们不知道这么定是啥意思。

牛河梁遗址发掘时，都是先征地，后挖掘。那时候对征地费这一类的也没啥太大印象，征二号地点这块地的时候，这块地总共是 10 亩，给了我们小队 2 万块钱的征地费用。

大约是 1986 年还是 1987 年，当时我们村每户人家已经都有了一台菊花牌黑白电视机，当时买的时候村里给报销 200 块钱，然后自己再掏 350

◎ 1986 年牛河梁遗址第二地点鸟瞰图

块（当时这个电视机市场价是 700 多块），这算是当时因为占地补偿给村民们的一个福利了。当时村里马龙全、陈国华，还有另外一家，总共三户人家已经有了彩电。

一泡尿"滋"出来的女神庙：
第一地点发现始末

1983 年 10 月，考古工作队刚进驻马家沟后没多久，省里的考古专家郭大顺、方殿春，考古队队员赵文彦、李殿福，还有内蒙古队的女队员魏凡，他们有时就上北边的山梁上溜达。

那天快天黑了，他们收拾东西准备返回驻地，赵文彦这时候要去小解，他就去公路边上的冲沟里去小解去了，就发现沟里有土红色的陶土块（泥塑人耳朵）。当时那个地方原来是挡着的塘坝，因为之前发水把塘坝冲出了豁子缺口，陶土块就从塘坝里冲出来了。发现陶土块之后，赵文彦用手抠出陶土块，飞也似的往回跑，将在这个地方发现陶土块的事向郭大顺先生和孙先生报告。他一边跑一边扬着手里的陶土块喊："郭大顺队长、孙队长，耳朵！耳朵！"

所以说是一泡尿"滋"出来的女神庙，那是用于宣传的说法，但反正也算是这样的吧，赵文彦不尿尿的话也发现不了女神庙，所以说女神庙确实就是赵文彦发现的。

赵文彦向省考古专家报告后，考古队从公路发现陶土块的这一侧直接发掘，才发现的女神庙，才发掘出的女神头像。女神头像刚刚出土的时候颜色很深很鲜艳，但经过风吹日晒，现在有点氧化变色了。

亲身参与牛河梁遗址的发掘

牛河梁遗址发掘的时候，我们当地很多老百姓跟打工一样去参与挖掘工作，我和我老弟马瑞财也干过。当时的考古挖掘工作就比较单调，就是用小铲一点点地挖。这期间最难忘的事情是当时有文物挖掘出土，大家就都比较高兴，因为当时能亲眼看见文物的出土过程，过了那个机会以后就见不着了。

1983 年秋天，考古工作队才过来招人进行挖掘工作。发掘第二地点的时候，进度很慢，这玩意儿是相当慢的工作，很多像玉猪龙这样的文物的出土过程，那个时候我也没看到，因为考古挖掘这个工作是非常考验耐心的，今天挖一块地方，挖完了就直接盖上了。挖掘时间持续了数十年，只在夏、秋两季进行，因为冬天基本上地都冻上了。

挖掘女神头像的时候，我老弟马瑞财是亲身参与的。当时牛河梁遗址首先是挖掘的第二地点，当时他正是十六七岁的大小伙子，第二地点挖掘完了之后，考古工作队看他干得挺好，就让他上第一地点。

1983 年 11 月 2 日，一号遗址挖掘现场出现一阵骚动，在一号遗址的西侧室发掘出了一个女性头像，大家都觉着这个头像就是红山女神，这个房址后来也被人们称为女神庙。在女神庙遗址除了出土女神头像以外，还发现了许多泥塑的人像残件，像是人手臂、手、乳房、大小不一的耳朵等，还有一些是泥塑动物的残件，像是鹰翅、鹰爪、熊爪之类的。女神头像出土后，用脱脂棉和白纸把女神头像包好，再用一个木盒子把石膏抠空了，然后打石膏，把头像放进去。当时还没有使用工作站的大面包车和绿色解放车，而是由女考古队员魏凡抱着女神头像下山，是用红色的绒布包着，差不多花了一个多小时才徒步将女神头像搬到了我们（马家沟）组。我们虽然不懂考古，但看到女神像捧在考古队员手中的样子，也觉得很震撼。

在牛河梁遗址工作的这段日子

后来我也参与了牛河梁遗址的看守工作，一干就是 24 年。

当时牛河梁考古工作队在我们小队这边普查之后，想在我们马家沟西边那个湾子建立一个考古工作站，因为一些原因没建成。后来大约是 1984 年，他们就在凌源那边选了块地建的。当时建平和凌源的分界是以山上的那条公路为界的：公路以东地区，包括现在第二地点遗址保护展示馆公厕以东的地区，归属于建平；以西的地区，包括第一地点女神庙，则属于凌源。

1986 年，我到牛河梁工作站上班，当时最早的工资是一天 1 块 8 毛钱，后边慢慢涨到 1 块 8 毛 6 分、2 块零 2 分。当时的工作条件跟现在相比，天差地别：那时的值班岗位没电没水，上山的话得自己拎着水、拎着饭。值班室在现在第一地点遗址保护展示馆门口观光车斜坡停车处往前 1 米、杨树往东 2～3 米处，当时是三间砖瓦房，一个屋子住人，另外两个屋子当作库房，存放出土雕塑残件、陶片等，后来三间砖瓦房被拆除，这些大件的、有形的东西后来都让牛河梁工作站拿走了，剩下的全是些破破烂烂的。当时的值班室像小窝棚似的，小房子不大，砖砌的，能有 60 多平方米，里边有张桌子、两个凳子、整张炕席，冬天烧点炕炉，在里边烧饭和取暖，烧完炉子连着炕都暖和了。到时候他们工作站给弄点煤，自己还得带饭，然后在山上捡一点柴火啥的。

我父亲马龙图也在一号地点参与过值守，当时二号地点四周也没有什么保护措施，就是在旁边的一排树，用两道铁线或者刺线围上，就算作标记了。一开始是一个人看守，后期就是两个人黑天白天轮流看守，白天两人轮着，一个人一天，晚上大家都在这儿看着。当时附近的人们只是出于好奇，就过来到发掘现场附近瞅一瞅、看一看，但考虑到文物和遗址的安全，他们都被我们值守人员拦住并劝了回去。当时到二号遗址点看守，从东边那个角到西边的角那是很远的一个距离，被盗风险很大。好在在大家的共同努力下，牛河梁遗址没有出现文物被盗取的情况。

不挖掘的时候，我们还算轻松，考古队在遗址挖掘的时候，我就在旁边黑天白天地看着，要是挖到墓了，更得不分白天黑夜地守着。

当时，白天挖掘完了，晚上就用个塑料布一搭、一盖就完事了，就没人动。考古挖掘的时候是不许外人进入的，也没有警察维持秩序，人们也比较听话，有进来围观的基本上我们一招呼，他们就出去了。

牛河梁遗址管理处成立之前，一号和二号遗址是由省文物考古研究所牛河梁工作站来管理，那时这里还不算景点。当时和方殿春、朱达他们在工作中有很多的交流。在孙守道先生退休之后，牛河梁工作站的站长是方殿春，然后是朱达。朱达一直坚持到最后。

2008 年，牛河梁遗址管理处成立，省考古所将牛河梁遗址的管理权交给朝阳市管理，那年我去那儿工作了，后来我在 2009 年末就来牛河梁遗址管理处工作了，当时工资好像是一个月 700 块。

我父亲马龙图和我们兄弟三人（马瑞增、马瑞福、马瑞财）都在牛河梁遗址参与过考古发掘工作或遗址保护工作。我二弟马瑞福今年 59 岁，以前参与过牛河梁遗址的发掘、文物修复与看守工作，当时曾受到省考古所专家们的重视，专家们想让他专门学习文物修复，好好培养他，但后期由于一些原因他没有从事这项工作。我老弟马瑞财的儿子马永存也曾在牛河梁遗址博物馆工作过，他儿媳目前在牛河梁遗址博物馆上班。

口述者简介

马瑞增，1963年生，现居辽宁省建平县红山街道张福店村马家沟组。作为牛河梁遗址保护与研究的亲历者，马瑞增及其家人长期投身于牛河梁遗址的发掘、文物修复及遗址保护等工作，为牛河梁遗址的文博事业作出了重要贡献。

情系文博四十年

田彦国⊙口述　　刘丽华⊙整理

我叫田彦国，土生土长的敖汉人，1963 年出生，担任过文物保管员、展厅讲解员、考古队员，先后参加了小河西遗址、兴隆洼遗址、兴隆沟遗址、赵宝沟遗址的考古发掘工作，参与发掘了草帽山红山文化遗址、房申小河沿文化墓地的抢救性清理工作。主持 6 座辽代壁画墓清理及壁画揭取工作。1993 年 8 月被任命为敖汉旗博物馆副馆长，2004 年 11 月被任命为敖汉旗博物馆馆长，至 2023 年 10 月退休。回想自己 40 余年文博工作的经历，历历在目且感慨万千。

迈入门槛

一生自始至终从事一种职业，是缘分、执着、热爱和眷恋，这方面我有着深刻的体会。20 世纪 80 年代，文物考古可以说是个很冷门的工作，对大众来说还遮盖着一层神秘的面纱。细想起来，我从小就对老物件有着特殊的好奇心，奶奶传下来的瓷瓶、父亲用过的铜烟袋到我手里便都成了宝贝，收藏在一个木头匣子里，伴随着我的童年。以至于到现在我都有一个习惯：每当面对一个老物件都会想象它的制作人和使用者是怎么样的人，恰似穿越时空与祖先对话，脑海里一幕一幕场景，挥之不去。

而能迈进文物考古这个门槛，源于我和我爱人的工作对换。我俩是高中同学，参加工作后都在文化系统工作，她在敖汉旗文化馆美术组。1984年，文化馆文物组从文化馆分出，单独成立敖汉旗文物事业管理所，也就是现在的敖汉旗博物馆前身。我爱人分到文物管理所从事考古绘图工作。那时候正赶上全国第二次文物普查刚刚开始，爱人每天晚上都加班到很晚，我就骑自行车去接她，每当看到她画的陶罐和石器等纹样，听她聊单位的事情，都深深吸引着我。不久，机缘巧合，我也到了文物管理所。1984年9月，我正式如愿成为一名文博人。在那个年代，当一个人的日常工作就是自己的兴趣爱好，这得有多大的福分啊！我觉得我就是这个有福之人。

对古文化的认知，从文物普查开始

我进文管所时正赶上第二次全国文物普查，1984年之前敖汉旗已先后开展了四期文物普查，已经发现了古文化遗址点1600多处，我进所后便马上加入其中。当时中国社会科学院考古研究所著名考古学家杨虎先生领队，正在对兴隆洼遗址进行考古发掘，同时还指导敖汉旗的文物普查工作。现在想起来真是缘分啊！我亲受先生的培训指导，按照老师提供的考古书籍从头学起，当时那股子劲头用废寝忘食来形容也不为过。从田野考古基础知识到从陶片的陶质和纹饰确认其时代和考古学文化属性，在田野调查中，在兴隆洼考古发掘工地，在资料标本室，先生严谨的治学精神和工作作风时刻影响着我。毫不夸张地说，是杨虎老师真正把我领进了文物考古的大门。也就是从那时候起，我便和文物考古工作结下了不解之缘。那些年，爱人常常开玩笑说："你是杨老师的编外生。"杨老师在王家营子乡水泉村调查时住在我爱人的亲姑姑家，他便说："我和你侄女婿是一个战壕里的战友。"人生之路，道阻且长，但遇良师相伴，却让我走得更远、更坚定。杨老师在敖汉主持发掘工作断续长达 11 年，对我的影响却是大半生。

1985 年，我参加了昭乌达盟文化局举办的文物普查培训班，接着又于 1988 年参加了内蒙古自治区文化厅在宁城举办的内蒙古东部地区文物普查领队培训班。当时的文物普查三人一组，一人记录，一人照相，一人采集标本，乡文化站配合，按乡镇、村组划分地界，每组田野工作 20 天左右回旗里汇报，休整 3—5 天继续进行。我和我的同事钱常有、王泽、宋建东负责四德堂乡、大甸子乡、新惠乡的普查工作。当时条件极为艰苦，没有交通工具，新惠镇周边 30 千米以内的都是骑自行车去调查。远道的下乡坐客车也只能到达乡镇，从乡镇到普查的地点就得徒步行走，我们每天至少步行几十千米。带上水壶、饼干、干咸菜疙瘩，为的是连轴转，中午不下山。时常碰上农牧民感叹地说："干你们这行真不容易呀！"就这样，我们四人硬是用脚步"量"出了 1200 多处古文化遗址点，也应了那句"用脚步丈量历史，用行动守护文脉"。

几件趣事仿佛就发生在昨天

一是在 20 世纪 80 年代中期，农村的基础条件很差，农民的生活都很贫困，我们普查队员大多住在农村的大队部，或村干部给派到村民家中去住。村部派一个大师傅给做饭，主食就是小米或高粱米。记得有一年夏天，我们在四德堂乡某村普查时，工作到天黑才下山，徒步到村部已经是晚上9点多钟，大家饥肠辘辘、疲惫不堪。村部里一个老大爷，知道我们饿了，说："我给你们做饭去，村里可什么都没有，就有点小米。"说着就从裂璺的缸里舀小米，我眼瞅着就舀出一只死老鼠，他坦然自若地顺势将死老鼠扔了出去，接着继续淘米做饭。饭熟了，大家也顾不得许多，狼吞虎咽地吃了起来，同事王泽在村部墙旮旯发现几棵旱葱，如获至宝，急忙洗洗撕碎放上盐和水，宋建东还开玩笑说，这才是纯天然哪。

二是那时候的跳蚤和蚊子太霸道了，让人通宵难眠啊！夜晚上屋后的露天厕所，跳蚤像刮来的沙子一样往所有暴露在外的皮肤上撞，无处可躲。在下乡普查那个阶段几乎没有人衣服上没有虱子，邱国斌每天在睡觉前都将衣服脱下在灶坑火堆旁抖落，就听见噼里啪啦虱子掉进火堆燃爆的响声。

三是在普查中遇见毒蛇。记得那是1985年的秋天，我们在大甸子乡佛爷岭山上普查时，发现几十条蛇在我们周边树上和灌木丛中活动，吓得大家一动不敢动，一点点不知挪了多久才远离那里。当地人说，那个地方有很多蛇盘窝，你们不惊动它，它也不主动攻击你，还说凡是遗址集中或有古墓的地方，大多有蛇，不知真假，但是同时遇见那么多蛇说不害怕那是假的。

敖汉旗的文物普查从1982年开始到1988年结束，共发现各个不同时期的古文化遗址点3800余处。其中小河西文化遗址30余处，兴隆洼文化遗址70余处，赵宝沟文化遗址80余处，红山文化遗址530余处，夏家店下层文化遗址2400余处，夏家店上层文化遗址300余处，辽代遗址400余处。也就是在1988年3月，敖汉旗博物馆正式建立。我们又搞了两年的文物复查，主要是带着课题去，去寻找面积 10 万平方米以上的大型史前聚落，特别是红山文化聚落。

寻找红山文化大型聚落，进行抢救性发掘

20 世纪 90 年代，我们每年都抽出 2 个月的时间和中国社会科学院考古研究所内蒙古第一工作队联合进行田野调查，中国社科院考古所派出王东风、王瑞昌、张克成等业务骨干，我馆主要是我和邱国斌、王泽、刘海文四人参加此项工作。

我们先后发现了面积超过 300 万平方米的大型红山文化聚落——份子地遗址；发现了红山文化玉器制作场，面积达 10 万平方米的董家营子遗址；发现了 15 万平方米的西台遗址以及兴隆沟遗址、詹家地遗址；还发现了红山文化坛冢合一的祭祀遗址——草帽山遗址。这些遗址保存得如此清晰完整，在中国北方同类文化聚落中极为少见。

在下洼镇八旗村元宝山西侧发现一处大型红山文化积石冢遗址，面积达 2500 平方米。其中，西台遗址、草帽山遗址、兴隆沟遗址、元宝山遗址已进行考古发掘，并获取了重要的考古发现。草帽山遗址清理面积 600 平方米，发现层层叠筑、轮廓清晰的石砌建筑址，出土了石雕人像、方形玉璧、玉环、骨笛等重要文物。西台遗址是带有双重长方形环壕的重要遗址，出土了女性陶塑像和铸造青铜器的模具。元宝山遗址出土百余件红山文化玉器（内蒙古文物考古研究院 2024 年发掘），其中出土了三件玉猪龙和玉冠饰。

自 20 世纪 90 年代至今，敖汉境内共发现 60 余处超大规模聚落，这

些数字写出来容易，但获取这些数字的工作过程何其艰难，只有亲身参加过调查和发掘的人才能得出这样的结论。2001 年，我们在对四家子镇草帽山红山文化祭祀遗址第二地点进行抢救性清理过程中，聘请了中国考古学会常务理事郭大顺先生为学术顾问，现场指导清理工作。清理工作缺资金，我们就自己把工资垫上，实在不够就出去借钱，租用当地农民的房屋作为考古队的大本营。雇用房屋的主人给我们做饭，时间不长，就把他家地里的葱和青菜都吃光了，而我们也拿不出钱来买菜。记得有一次在四家子镇集市上买点肥猪肉熬成半油半肉，想用来炖菜吃，正值夏日，没想到第三天猪肉里全招了苍蝇，但也舍不得扔掉。

草帽山清理工作结束后，馆里安排业务人员钱常有进行收尾工作。一天下午将近 6 点多的时候，我接到钱常有的电话说，在西北祭坛石墙外发现一石雕人像，为安全起见，他已将人像放至当地四家子镇派出所保存。我立即带上两名业务人员从新惠镇赶往四家子派出所，和所长宋满清办理了移交手续，把石雕人像拿到博物馆库房封存，这些工作完成后已经是夜里 12 点多。作为最基层常年奋战在一线的文物工作者，调查和发掘是最基础的工作。调查就是把家底摸清楚、搞明白，发掘就是揭示事物的本源、还原真相。考古调查和发掘这两种田野工作，是最辛苦、最劳累的工作，二者相互关联。没有调查获得的准确线索，就很难进行科学的考古发掘；没有考古发掘，不仅新的考古学文化不能确立，许多历史之谜也难以解开；没有抢救性清理，许多珍贵文物就会稍纵即逝。这是我从事 40 余年文物考古工作得出的结论。

带领大家办展览

2004 年 12 月，敖汉旗博物馆新馆建成，根据旗政府领导指示，展览需在 3 个月内完成，因时间紧迫，资金短缺，展览的陈列大纲和设计没请外人，全部自己撰写。新年刚过，大多数人还沉浸在春节的喜庆之中，我们便全部投入到文物布展中，离陈列开馆还有不到 3 个月的时间，按正常的工作时间肯定完不成，只能加班夜战。

为了将敖汉旗近 4000 处各个不同时期的古代遗址点和各级文物保护单位展现出来，我没请一个外人，充分发挥馆里每个人的特长，硬是用玻璃钢胶制作了一个长 6 米、宽 4 米的敖汉旗地形地貌、行政区划及古遗址分布沙盘，这在目前看是不算什么难事，可那是 20 多年前啊！我们用 1：25 000 的大比例展示，并安装上 2000 余盏沙盘灯，用不同颜色的灯显示各考古学文化的各时代文物点分布情况，用总、分开关控制，这对我旗古文化的分布规律、聚落形态、人地关系等诸多方面的研究都提供了科学、直观、难得的资料。在制作文物沙盘的日日夜夜里，我和同事们付出了艰辛的努力。自己焊接 2600 余盏显示灯，蹲在泥土上按等高线捏制山形地貌达 45 天。

汗水没有白流，沙盘制作出来后，受到各级领导和专家学者的好评，中国社会科学院考古研究所科技中心主任赵志军看后说："你们文物沙盘所显示的地形地貌和古遗址分布，对中国史前聚落形态的研究和农牧业分界线提供了极为难得的第一手资料，值得推广。"

在完成通史陈列后，为了发挥文物作用，增进文明互鉴，近年来，我又策划了"玉出东方"敖汉红山文化玉器精品展,先后在浙江河姆渡遗址博物馆、马家浜文化博物馆、杭州跨湖桥遗址博物馆、福建省昙石山遗址博物馆、四川三星堆博物馆、河南二里头夏都遗址博物馆、河北唐山博物馆进行展出。

探寻史前文化玉器真谛

敖汉旗博物馆收藏了一批红山文化时期玉器,其中有 3 件玉龙,是 20 世纪 80 年代初征集的。真正的玉器考古发掘品是 1992 年在对兴隆洼遗址最后一次大规模考古发掘中,在兴隆洼遗址一座居室墓(M$_{117}$)中发现的出自墓主人耳部的两件玉玦。后来兴隆沟遗址也发现了玉器。由此确认兴隆洼文化所发现的玉器是当时我国所知年代最早的玉器,把玉器出现的年代推进至距今 8000 年前后的新石器时代中期,开创了中国雕琢和使用玉器的先河。

近年来,黑龙江小南山遗址发现了 9000 年前的玉器,可作为中国玉文化的源头。辽西地区出土的红山文化玉器内涵丰富,不了解玉器,就难以深入地认识和研究红山文化。在此期间,香港中文大学教授邓聪为配合中国玉文化工艺研究,来我馆拍摄红山文化玉器微痕照片,台湾博物馆邓淑苹女士来我馆研究红山文化玉器线切割技术。我虚心向二位专家请教,对红山文化玉器的功能和意义有了更深的认知。

20 世纪 70 年代末、80 年代初,在内蒙古东南部和辽宁西部地区发现大量红山文化玉器,在学术界引起极大反响,人们对红山文化玉器的源头在哪里产生兴趣。20 世纪 80 年代中期,在敖汉旗兴隆洼遗址和辽宁阜新查海遗址，发现了早于红山文化的遗存，兴隆洼文化得以确认，也为红山文化玉器找到了直接源头。20 世纪 90 年代初，在这两个遗址里，陆续出土了一批兴隆洼文化玉器。这些玉器出自居室墓葬内，常见的器型有玉玦（耳环）、长条形玉坠。从这项发现看，当时的先民们已经成功地把玉材从石材中分辨出来，掌握了切割、抛光成型、钻孔等技术。玉玦成对出自墓主人的耳部，应是佩戴在墓主人耳部的装饰品，长条形玉器是佩戴在颈部的颈饰，还有的放于胸部、腹部作为挂饰。2003 年，在敖汉旗兴隆沟遗址进行考古发掘，在一座居室墓内，出土了两件玉玦。其中一件出自填土内，另一件嵌入墓主人右眼眶内，有学者认为是起到"以玉示目"的作用。此类用玉习俗在中国史前时期尚属首例，这也是对玉器赋予人文观念的最早的考古实证。

中国玉文化体系是由科学的考古发掘出土玉器建立起来的。没有牛河梁遗址的发掘，红山文化玉器就难以得到确认；没有兴隆洼文化玉器的发

◎ 2001 年至 2003 年兴隆沟遗址发掘现场

现，对中国玉文化起源的认识也就不可能推进至距今 8000 年的久远年代。史前玉料的来源经北京大学地质学院、考古文博学院赵朝红、王时麒为领军的课题组历时三年，足迹遍布辽宁、内蒙古、黑龙江、吉林、山西、河北、山东、河南、北京等九省区市进行探索调查和标本检测，认为兴隆洼文化和红山文化时期高等级人物的玉器，如玉玦、玉龙都是黄绿色的透闪石，几乎均产自辽宁岫岩的细玉沟矿。8000 年前兴隆洼先民，5000 年前红山先民用岫岩透闪石玉雕琢出精美的玉器，奠定了中国玉文化的根基，使玉文化成为连绵数千年未曾中断的中华文明的重要载体。2024 年 5 月至7 月，内蒙古文物考古研究院在敖汉旗元宝山红山文化祭祀遗址进行考古发掘中，出土红山文化玉器 100 余件，再一次轰动了考古界，这和我们前期的普查工作所打下的基础是分不开的。

红山文化陶塑人像发现始末

2012 年 5 月初，我正在北京出差，中国社会科学院考古研究所内蒙古第一工作队队长刘国祥给我打电话，说为配合中华文明探源工程（第二阶段）史前聚落形态研究项目实施，要求我馆和内蒙古一队组成联合调查组对敖汉旗境内的兴隆洼遗址、兴隆沟遗址、刘家屯遗址、北城子遗址、中水泉遗址和草帽山遗址进行调查测绘，我忙完北京的工作于第二天匆匆返回馆里，安排王泽、王春明随我前往实地进行田野工作。考古所内蒙古第一工作队由王瑞昌带队，王东风、张克成、宋艳春和赤峰摄影师庞雷也参加了此次调查测绘。

我跑了两天田野后，因上级来人，通知我返回旗里。次日，他们对兴

红山文化之谜
——考古挖掘"三亲"者口述

隆沟遗址第二地点进行测绘，地表一片疑似筒形器陶片引起了博物馆业务人员王泽的注意。凭着职业的敏感和几十年的田野考古实践经验，王泽觉得很像是红山文化祭坛筒形器的残件，发现了筒形器，意味着附近或许会有祭坛！于是在发现陶片的周围进行仔细寻找，果然又找到陶质人眼部、耳部及部分身体残片。这个发现令王泽异常兴奋，他当即将这些陶片包好，驱车100多千米返回馆里，到达时已近中午，他直接来到我办公室，为了给我惊喜特意卖个关子说："田馆，这次调查，我捡到一个稀世珍宝，你猜猜是什么？"我说捡到彩陶器了。他说不是，再猜。我说捡到玉猪龙了。他说还不是。我说那就不知道了。他说我现在拿给你看，说完回到他办公室拿出一个塑料袋里面包着的几片陶片进行拼对。我一看拼对的结果惊呆了：圆眼睛，高颧骨，显然是人脸的残部，基本确认是红山文化时期的人像。我认为这一发现太过重要，立即说道："不能耽搁，咱们也别回家吃饭了，直接去兴隆沟遗址吧。"我俩又叫上王春明，三人驱车奔赴实地继续寻找。在现场王春明找到了人像胸部和肩部残片，我找到了陶塑人像的嘴部和一段胳膊残块。这样，陶塑人像的基本轮廓和部位能基本看清楚了。夜幕降临，我们只好返回旗里，第二天天刚亮，我们三人又一次驱车奔赴兴隆沟。

这一次寻找非常顺利，不但几乎找全了脸部的残件，还找到了陶人身子碎片，找到的陶片装满了整个布袋。当时我们几人那个兴奋劲儿啊，就别提了。回到馆里，紧张的修复粘对拼接开始，整整7天，陶人终于有模有样了。可令人遗憾的是，陶人的前额缺了一块，还缺少胳膊。我们决定先将现有的陶人残片进行拼接复原，因为没有三甲树脂，急坏了修复人员，我向内蒙古文物考古研究所求援，因内蒙古文物考古研究所在通辽哈民忙哈遗址有发掘工地，吉平副所长电话通知哈民忙哈工作站要给予大力支持。事不宜迟，我带领修复人员驱车顶着倾盆大雨前往 300 多千米外的通辽哈民忙哈遗址，狂风呼啸，电闪雷鸣，我们因雨大而走错路，车燃油即将耗尽，只能下便道找地方加油。说来也挺神的，找到加油站时车子的油正好用尽，真是祖神保佑啊！我们当天往返行程 600 多千米将修复药品拿回馆内。两天后，一尊高 55 厘米的红山文化时期红陶人像较完整地展现在人们面前，观者无不为之惊叹。为了给这尊人像进行学术定位，6 月初，我得知郭大顺先生正在辽宁牛河梁遗址工作站整理资料，立即驱车赶往牛河梁工作站，将郭大顺先生接到敖汉旗博物馆。郭先生凝望着这尊陶人像，兴奋之情溢于言表，他说道："这就是红山人的先祖形象，学术意义重大，可能影响到东北亚。"

神像为泥质红陶，通高 55 厘米，盘坐状，背略弧，身体为筒罐状，略前倾，手部放于双脚之上，头戴冠，冠顶部为发髻绾成，中间系绳，绳头搭于前额。头像颧骨较高，深眼窝，二目圆睁，嘴向前伸张，呈 O 形，似语状。整个五官比例协调，捏塑逼真，形神兼备，气韵生动，是目前所知红山文化时期唯一完整的陶塑人像。

2012 年 6 月初，我在《敖汉报》和敖汉网站发表了一篇《西辽河流域田野调查获得重大考古发现，兴隆沟第二地点惊现红山文化陶塑人像》的消息后，引起了国内外学者和新闻媒体的关注，6 月中下旬，中国社会科学院考古研究所内蒙古第一工作队队长刘国祥、赤峰市文物局副局长陶建英、赤峰学院历史文化学院院长任爱军来到敖汉旗博物馆，详尽了解陶人的发现经过，我向他们几位做了汇报。刘国祥说，这么大的整身陶人发现，对于中华文明起源的意义重大，一定要进行考古发掘，找到其出土位置，并达成了由中国社会科学院考古研究所、赤峰学院历史文化学院和敖汉旗博物馆组成联合考古队进行局部考古发掘的协议。

7月初，考古队进驻现场，对陶人出土的地点进行考古发掘，田野工作历时9天。在发掘中找到了残缺的上额头和双臂残块，这样，陶塑神像整身成功复原。此次发现的陶塑人像出土于遗址北部，由于农民春耕深翻土地，使得这尊陶塑人像残片得以显露。人像出土于红山文化遗址的一座房址中，虽然房址面积只有13平方米，似专为陶人所建，故更显得弥足珍贵。我们发掘的场面和人像出土的消息在中央电视台《新闻联播》节目中进行了播报，立刻在考古界引起了较大的反响，而我们当时在工地是看不到这些镜头的。

8月中旬，敖汉旗政府投资160万元在陶人出土地建设"中华祖神圣地展示馆"，并举行了中外学者专家研讨会。中央电视台《探索·发现》栏目组，来到敖汉拍摄了两集中华祖神专题片，题目为《敖汉问祖》，每集45分钟，2013年4月3日和4日晚10时于中央电视台播出。

中华文明探源工程课题组认为，这是中华文明探源工程十年来最重要的考古成果，也是中华文明探源工程十年来的收官之作，对于认识中华文明史，探讨中华文明起源及红山时期的宗教信仰、祭祀及族别和文化传统铸成提供了极为重要的实物佐证。陶人出土的意义之重大、影响之巨大，显而易见。有这样的定论，作为亲身参与并见证的最基层的文博人，我和我的同事们深感自豪。

敖汉小米的申遗之路

2001年至2003年，中国社会科学院考古研究所内蒙古第一工作队刘国祥、贾笑冰主持了兴隆沟遗址历时三年的考古发掘工作，我馆派王泽、刘海文、孙德志参加。在发掘的最后一年，中国社会科学院考古研究所科技考古中心主任赵志军来到发掘工地，对发掘的土样和炭化的颗粒进行浮选，获取了经过人工栽培的炭化粟、黍的籽粒 2000 多粒，其中黍占 1500 粒，粟占 500 多粒。经北京大学、美国哈佛大学，英国剑桥大学和加拿大多伦多大学鉴定后认为这些谷物距今 8000 年，比中欧地区发现的谷子早 2700 年。这是后来我们才得知的消息。

敖汉小米申遗可以说"必然中也有偶然"，那是 2010 年 11 月，我在北京和刘国祥、赵志军等一起吃饭。其间，刘国祥问赵志军，最近在忙什么？赵志军说在云南帮着哈尼梯田申报世界农业文化遗产的事。刘国祥说，咱们兴隆沟遗址浮选的小米也应该申报啊。赵志军说："是啊，怎么把兴隆沟的事给忘了呀！"然后对我说："田馆长你回旗里向旗领导做个汇报，是否同意申遗，如果你们领导有兴趣申遗，咱们可以研究一下。"回来后，我即刻向分管文化的敖汉旗政府副旗长邢和平做了汇报。邢副旗长当即决定，必须申遗，并指示我联系好专家做好去北京的前期论证工作。汇报后的第六天，旗政府下文决定成立由黄彦峰旗长为组长，邢和平任副组长，各相关单位主要负责人为成员的申遗工作领导小组。待和专家联系好后，黄彦峰旗长，邢和平副旗长带领农业农村局、文体局、财政局的负责人进京在内蒙古大饭店会议厅举行论证座谈会。参会的专家有刘国祥、赵志军等考古所 4 位专家，中国科学院地理科学与资源研究所申报项目专家闵庆文等 3 位学者，媒体有新华社高级记者汪永基等 2 位记者。论证座谈会上，大家一致认为：敖汉小米独立起源，并在黄河流域广为传播，其种植和食用历史最为悠久，延续至今；敖汉地区的自然环境和生态条件适宜旱作农业的发展，敖汉小米具有丰富的营养价值，一致同意将敖汉小米申报全球重要农业文化遗产主要候选地。

2011 年 4 月，敖汉旗向中国项目办汇报并递交了书面申请报告，应邀参加了联合国粮农组织在北京举办的全球重要农业文化遗产国际论坛，敖汉旗正式被列为全球重要农业文化遗产主要候选地。敖汉旗政府和相关部门通过不懈努力，用两年时间走完了"申遗"之路。2012 年 9 月 5 日，敖汉旗的旱作农业系统被联合国粮农组织授予"全球重要农业文化遗产"称号。联合国官员在北京人民大会堂河南厅将"全球重要农业文化遗产"这个金字奖牌颁发给黄彦峰旗长。

随着敖汉旗旱作农业在世界范围内影响逐渐加大，敖汉旗以小米为代表的农作物开始在国内外声名远播。这是利用考古带动当地社会发展的典型范例，据敖汉旗农业局统计，自申遗成功后，敖汉小米每年使农民纯增收 5.6 亿元，农民种植小米的热情高涨，种植面积迅速由 30 万亩增加到 120 万亩。自 2014 年至今，敖汉旗已成功举办了 11 届世界小米起源与发展会议。中央电视台的"敖汉小米，熬出中国味"被广大观众熟知，敖汉小米也"走家串户"遍布大江南北。

揭取辽代壁画的日日夜夜

20 世纪 90 年代，猖狂的盗掘古墓之风席卷各地，敖汉旗也未能幸免。看到被盗掘的古墓千疮百孔，空空如也，我作为文物工作者心急如焚，一面配合公安机关严厉打击盗掘古墓犯罪分子，一面把抢救性清理古墓葬提到重要议程。有的墓葬陪葬品被盗劫后，墓中的壁画尚在墓壁上，只有把壁画保护下来揭取到馆里，才能保住这些珍贵的文物。

敖汉旗发现的第一座辽代壁画墓是 1990 年在宝国吐乡皮匠沟辽墓中，

首次发现的"马球图"。因当时没有揭取技术而放弃，只能对其作了临摹和复制，大家是看在眼里，急在心上。揭取壁画，需要过硬的专业技术，我馆有4名技工曾长期跟随中国社会科学院考古研究所进行考古发掘、文物修复、器物绘图等考古业务，亲受考古所老先生们的严格训练，我们通过在馆内进行多次模拟试验，并根据壁画保存现状，具体情况具体分析，攻克了一道道揭取中的难关。这些画面，大多是厚度只有1厘米的白灰皮，稍有不慎，将全部脱落成为白灰渣，艺术珍品将毁于一旦，通过多次试验，我们基本掌握了揭画的技能和修复经验。

这期间，经请示内蒙古自治区文化厅文物处批准，我带领馆内专业人员从我们掌握的被盗掘的辽代壁画墓中，抢救性揭取了一批辽代壁画。共发现8个地点16座有绘画装饰的壁画墓，揭取辽代壁画100多幅，面积达120平方米，经内蒙古自治区文物局专家鉴定，二级以上文物60余幅。反映辽代体育运动的有"马球图"和"角抵图"；反映狩猎题材的有"猎虎图"和"春猎图"；反映中西关系题材的有"西瓜图""胡床、胡瓶图"，还有舍合里皮制作的长筒靴等；反映军队题材的有"鹰军图"（木板画）；还有"旗鼓图""契丹人奏乐图""茶道图""湖石牡丹图"等和较大规模的出行队伍图，都是以往壁画墓中很少见到的珍贵考古资料。

为了保护抢救这些艺术瑰宝，我和我的同事们付出了艰辛的努力，辽代墓葬大都位于空旷的山洼中且远离村庄，工作极不方便，每一座墓壁画的揭取，大都需要1—2个月的时间，这些壁画大都是夏秋之际揭取的，这个时期日夜温差较大，白天零上30多摄氏度，夜晚零上10多摄氏度，墓外酷暑难熬，墓内阴冷潮湿，难闻的气味是常人难以忍受的。由于长期在墓穴中作业，有的同志患上了风湿症，有的患上了皮肤瘙痒症，还有的患上了痔疮，感冒是经常发生的。是责任感和使命感促使大家坚持到最

◎ 2020 年秋博物馆业务人员揭取辽墓壁画

后，将这些壁画成功揭取下来后运到馆内，并进行室内加固修复。

　　随着我们壁画揭取技术在国内的影响，这一阶段，先后应邀为内蒙古文物考古研究所、呼和浩特市和林格尔县盛乐博物馆、赤峰市博物馆、北京市文物研究所等部门，揭取北魏时期、辽代、清代壁画共计 200 余幅。为配合 2008 年北京奥运会，应北京市朝阳区文化委员会邀请揭取了清代关公庙、天仙圣母庙等壁画 83 幅，揭取面积 200 余平方米，并重新一次性复原上墙，尺寸分毫不差，在京的专家学者对揭取质量给予了很高的评价。

　　在北京揭取壁画期间，北京市文物局和博物馆的同行们给我们提供了方便，有幸在北京法海寺零距离欣赏到早已不对游人开放的《水月观音》壁画真迹，这些与敦煌、永乐齐名的壁画，其严谨的艺术构思和精细的表现手法，令人叹为观止，被称为"可与欧洲文艺复兴时期壁画相媲美"。惊叹之余觉得在家乡敖汉发现并揭取的 100 余幅辽墓壁画和法海寺壁画相比虽风格各异，但意义重大。敖汉壁画也被称为"中国北方草原画派"。

在揭取辽墓壁画的过程中，我们曾虔诚地进入辽墓中，感受到"视死如生"观念在墓中的诠释：墓门、墓道、甬道、天井，左右耳房，前后主室，现实生活的府第，活灵活现地在地下显现，每一幅画都是一个故事。步入画卷，梦回千年！墓室没有语言，壁画就是语言，反复观审，伫立长思，体察画面的含义，揣摩画工的笔法，与古人进行心灵的交流，慢慢地便读懂了，感动了，共鸣了！我们所做的这些工作值了……

口述者简介

田彦国，1963年生。中共党员，研究馆员。1984年开始从事文博工作，担任过文物保管员、讲解员、考古队员，先后参加了小河西遗址、兴隆洼遗址、兴隆沟遗址、赵宝沟遗址的考古发掘工作，参加发掘了草帽山红山文化遗址、房申小河沿文化墓地的抢救性清理工作。主持6座辽代壁画墓清理及壁画揭取工作。1993年8月被任命为敖汉旗博物馆副馆长，2004年11月被任命为敖汉旗博物馆馆长，至2023年10月退休。现受聘为中国古都学会理事，内蒙古文物鉴定委员会专家组成员、赤峰学院硕士研究生指导教师、赤峰学院历史文化学院客座教授、敖汉干部学院讲师、敖汉旗政协专家智库成员。主编《红山古国——敖汉旗红山文化典型遗址调查》《大辽丹青——敖汉辽墓壁画》《文明溯源——敖汉卷》等文物考古专辑。

红山文化研究之缘

朱成杰⊙口述　　董婕　潘丽娟⊙整理

　　我出生于 1963 年，辽宁建平人。1986 年毕业于沈阳师范学院中文系。1989 年至 1995 年在辽宁轮胎厂科协工作，1995 年 5 月至 2023 年 9 月，在朝阳师范高等专科学校（简称"朝阳师专"，2024 年更名为朝阳师范学院）学报编辑部、图书馆工作。2012 年，辽宁省社科联批准我校成立辽宁省红山文化研究基地，我受聘为研究员，兼职做红山文化科研工作。

参与红山文化研究工作经历

　　研究红山文化实际上是源于我们这一代人对人生价值的思考。1982 年，我在沈阳师范学院中文系读书期间，第四军医大学一名叫张华的大学生，为救掉进粪池的老农牺牲了。当时《中国青年报》等媒体报道后，在社会上引发了人生价值大讨论。我当时也深受触动，这为我后来走向红山文化研究埋下了一个种子。大学期间，我阅读了很多关于先秦道家、老庄哲学思想的书籍，想在古人的智慧中寻找答案。

　　我家在辽宁省建平县，距离著名的牛河梁红山文化遗址仅9千米。1986年7月，大学毕业后我回到家乡工作。暑假的一天，我父亲拿回一摞报纸，跟我说，你看咱们家乡出名了，国家、省、市的报纸都在报道咱们的牛河梁！我当时眼前一亮，以前只觉得家乡经济落后、寂寂无闻，没想到还有这样一个地方、一种文化，被新华社、《光明日报》、《辽宁日报》、《朝阳日报》等各级媒体报道，这对我来说是个巨大的震撼。

　　1995年，我到朝阳师专学报编辑部工作。1997年，我代表编辑部向朝阳市博物馆田立坤馆长约稿，第一次跟文博工作者有了接触。田馆长赠送了我两本新书，一本是著名考古学家苏秉琦先生的《华人·龙的传人·中国人——考古寻根记》，一本是辽宁省文物考古研究所编写的《牛河梁红山文化遗址与玉器精粹》。这是我第一次看到关于红山文化的论述，尤其是苏秉琦先生对红山文化的高度评价，让我深受触动。从此，我开始研读苏秉琦先生的著作。苏先生的晚年之作《文明起源新探》对我影响极大。苏先生的这两本书，引领我真正走上了红山文化的探研之路。

　　《牛河梁红山文化遗址与玉器精粹》中有一张牛河梁遗址分布地图，标出了有编号的16个地点。当时给我的第一感觉就是各个遗址点连起来就是一条太极曲线。这难道是古人刻意为之吗？如果是刻意为之，那可了不得，一下子把太极"易"的传统追溯到红山文化时期。我继续探究下去，形成了我的第一篇论文《红山文化与易学探源》。

　　在此之前，研究牛河梁、红山文化的都是考古学者，他们通过地层学、类型学的方法去研究史前文化。我对于考古学是门外汉，算是从另一种视角或学科诠释考古材料。所以为了慎重起见，在发表之前，我把这篇文章寄给了时任夏商周断代工程专家组组长、首席科学家李学勤先生，想先征求这位学术权威的意见。过了一段时间我收到他的回信，说收到了这篇文章，等细读后再给我回复。于是这事就先放下了。

第二年（1999年），我去北京。每次到北京，我都要去西单图书大厦看书。那时我已经对红山文化非常感兴趣，就到考古、远古文明之类的书里去找，看到了学者王大有的新作《三皇五帝时代》。翻到后面的时候，我突然眼睛一亮，为什么呢？因为作者在书里引用了我制作的牛河梁遗址分布图。我把那些遗址点连起来，形成了一条清晰的S形太极曲线。书中说此图引自朱成杰的《红山文化与易学探源》。我立刻明白了，我的文章没有发表，只是寄给李学勤先生。李先生把我的文章又转给了王大有。王先生可能觉得我的文章有点道理，就引用了我的观点和图片。这件事对我影响挺大，作为一个中文出身的考古业余爱好者，我的红山文化研究处女作能得到两位专家的认可，甚至引用，更加坚定了我探研红山文化的信心和决心。所以自1999年开始，我决定坚守当初弘扬红山文化的心愿，利用我在红山文化腹地工作的便利，竭尽全力考察、研究红山文化，此生把它当成我的第二职业。

苏秉琦先生的《文明起源新探》，更是引领了我的研究之路。苏先生晚年思考的问题是要将考古学升华到挖掘中华民族的信仰之根、民族之魂的高度，探究我们这个民族应该信仰什么，应该传承什么。对于这些问题，苏秉琦先生有非常精彩的论述。后来我在自己的文章、著作里，多次引用苏先生的观点。

牛河梁遗址发现后，苏秉琦先生非常重视，他带着家人还在牛河梁住了一周。在这里，他看到了传统信仰中的"天地君亲师"。他最后关于民族魂的思考，都是基于牛河梁的考古发现而来的。这对我的影响非常大。我想中华民族的文化这么博大，难道我们的老祖先没有给后人留下一个独特的传统信仰吗？我在先秦的老庄思想体系、道家思想体系里寻找到一些远古的影子。直到我看到苏先生的这个思考，一下子就点燃了深入探索的热情。我想苏先生临终前的这个思考，恰恰是我思考人生价值的过程中也要寻找的。于是我就按照苏先生指引的方向，开始在红山文化中寻找答案。

红山文化研究的方向

开始研究红山文化时，由于我不是业内人士，特别渴望了解到最新的考古资料和学术前沿，希望和专家学习交流。于是我经常到一些大型学术会议"蹭会"旁听。

1999 年在巢湖召开的第一次中国玉文化玉学学术研讨会上，杨伯达先生说，过去在故宫博物院里，玉器和其他门类的艺术品相比，是一个不被人重视的小门类，其深厚的文化内涵没有体现出来。他提出应该建立玉文化、玉学理论框架，充分挖掘玉文化的内涵。实际上在杨先生看来，玉文化研究是"以器载道"的重要遗存物，他号召有志于玉文化研究的青年学者能够投入到由"器"升华为"道"的玉文化研究上来。这句话对我有很大的感召力。

和杨先生认识以后，我们开了几次小型研讨会。他在会议上说，希望你们不要只去研究器物的工艺，谁也没有办法回到那个时代，不知道古人是怎么做的，深究意义不大。最主要的任务应该是挖掘玉的文化内涵。我非常认同这些观点，就开始着重从内涵角度去研究牛河梁的玉文化，在几次参加学术论坛的时候都提交了相关主题的论文。这种研究思路也启发了我，在研究任何问题的时候，都更加关注问题背后的逻辑。

2003 年冬，我结识了北京玉文化研究中心的于明先生，他给了我一本论文集——《中国玉文化玉学论丛》，并告诉我 2004 年 5 月将在大连举办由杨伯达先生主持的中国玉文化玉学第四届学术研讨会。我翻阅了这本文集，看到了杨伯达先生的《玉神物解》一文，觉得杨先生的学术观点与我的思考求索很同频。由于我 2004 年 5 月份的出版工作较忙，不能参会，于是我写了一篇论文《从"玉神物"说来理解红山文化玉器的本质内涵》，通过于明先生，将论文递交给了这个会议。2004 年 10 月的一天，我接到于明先生的电话。他说："小朱你来趟北京，杨老要见你，你那篇文章杨老看了，觉得你写得挺好，想当面和你唠一唠。"我马上请假去了北京，到杨伯达先生家拜访。我们当天针对牛河梁玉文化课题从下午聊到晚上，讨论了关于神玉说，以及我的论文、研究思路等。聊到晚上 8 点多，杨先生还带我出去吃了涮火锅。总之，杨伯达先生很高兴我为他的"神玉说"进一步找到理论上的证据。

这里涉及"神"这个概念。中国文化中的"神"不同于西方和后世的偶像神。《说文解字》解释，"阴阳不测之谓神"，能生万物。就是说"神"是催生万物生长的大自然力量，是没有人格特征的，而是直接指向大自然、宇宙。红山文化玉器礼敬的就是这种无形的大自然力量。这是中国古人信仰的对象。苏秉琦先生、杨伯达先生等老一辈的专家都思考了这些终极问题。

这次交流还引发了牛河梁红山文化玉文化国际论坛的召开。杨伯达先生提出应该开一次红山玉文化的专题会议，托我回去跟朝阳市政府或者相关单位联系。我回来后马上向雷广臻校长汇报。雷校长很支持，他提出先成立研究机构。2005 年 1 月，朝阳师专成立了红山文化研究所。2006 年，董婕老师从辽宁大学毕业来师专，开始专职在红山文化研究所工作，并申请设立了朝阳市牛河梁红山文化研究院。这样承办会议就有了依托。

2006 年 8 月,杨先生邀我赴京参加由他主持的玉文化座谈会,与刘国祥、易华、席永杰等知名学者共同座谈古夷北系玉文化内涵。

2006 年 12 月,我在京参加"纪念杨伯达先生 80 寿诞玉文化学术论坛",提交论文《中国玉文化与人文奥运》。其间与杨先生共同策划拟于2007 年在辽宁省朝阳市举办牛河梁红山玉文化国际论坛,将"和谐玉文化"确定为论坛主题。因为当时中国玉文化元素已经融入了即将于 2008年召开的北京奥运会(中国印与奖牌),并提出了"和谐奥运"理念。

2007 年,朝阳市成立文化产业办,高度重视文化事业,举办玉文化学术论坛的时机终于成熟了。雷广臻校长和我、董婕、已退休的朝阳市文化局原局长孟昭凯先生,多次到北京跟杨伯达先生落实这个会议。当年 7月,由朝阳市人民政府和中国文物学会玉器研究委员会联合主办,朝阳师专承办的"2007 中国·朝阳牛河梁红山玉文化国际论坛"在朝阳市成功举办,海内外 100 多名专家学者与会。这是朝阳历史上的一次文化盛会。会

◎ 2006 年 8 月朱成杰(右二)在京参加玉文化座谈会

后我和董婕写了一篇文章，用"圣地牛河梁、和谐玉文化"来总结会议主题。接着，我的论文《红山神玉与奥运会徽》在北京奥运会举办之前发表于《中国文化画报》2008年第4期。当年把家乡的红山文化弘扬世界的愿望，算是初步实现了。

2007年10月，应刘国祥之邀，我与雷广臻校长、董婕赴京参加中国社科院考古研究所主办的"古代文明研究国际论坛"。

2009年10月，国家文物局、中国考古学会、中国社会科学院考古研究所、北京大学考古文博学院、辽宁省文化厅、朝阳市人民政府主办了"苏秉琦百年诞辰暨牛河梁遗址发现30周年纪念大会"，朝阳师专是承办单位之一。会上，我提交了论文《苏秉琦·红山文化·民族魂》，把苏先生关于民族魂的认知进行总结和深化。这个认识除了对苏先生思想的研究，还基于我自1999年开始的红山文化考察。10年来，我自费走遍辽宁、内蒙古、河北、吉林、黑龙江等我能知道的红山文化及其相关的遗址，进行社会学、人类学、民俗学调查，一步步加深了对史前文化的认识和对民族信仰的思考。

2003年，互联网兴起。我申请了一个红山文化域名网站（www.hswh.com），想通过建设专题网站"红山论坛"，把红山文化弘扬到全世界。接下来的几年，我以"红山猎神"为网名，在网站发表文章，结交同好，线下组织多次"红山之旅"研学活动，举办红山文化民间收藏展，考察红山文化等史前遗址，形成了较大影响力，也进一步宣传了红山文化。这个网站也播撒下红山文化的种子，当年网站上的一些优秀网友，现在在各自领域、在红山文化研究方面也颇有建树。后来因为工作的原因网站关闭，但是这个域名我至今还保留着。

苏秉琦先生曾说考古是人民的事业，不是少数专家学者的事业。这句话鼓励了我走上探究红山文化的道路，逐渐明确了自己的研究领域，形成了自己的学术体系。参与活动也从最开始的"硬要参加"变成了"应邀参加"，在各种学术论坛上提交论文并作学术报告。这让我离实现将红山文化弘扬到世界的心愿目标越来越近了。

影响深刻的人和事

首先，对我影响最大的是苏秉琦先生。苏先生对我的影响有几个方面。

第一，苏先生探索的古老民族魂的课题，从终极信仰角度诠释了考古学的证据。我是在他的学术思想影响下，向着一个方向，不断地寻找证据，解决内心的困惑。

第二，苏先生有一个著名的观点就是考古学应该和世界接轨，不要把眼光放在我们现在的国境线内，应该把眼光对接到世界。他的这种开放的、宏观的思维对我的启发非常大，等于是支持了我的考察思路，把我的考察视角，包括社会学、民俗学以及实地考察、调查的视角放在全球范围内。这一点对我有很大帮助，让我对红山文化有了更整体的认知。

第三，苏先生敏锐地看到了老子的道家思想在红山文化中有所体现，指出了考古学材料能够解决人类的现实问题。我们人类最大的问题是什么？就是人类和环境的问题吧。那么，红山文化告诉我们，人要敬畏天地自然，人类和自然之间的和谐关系是人类社会的终极问题。这种和谐关系实际上就是解决人类当下面临问题的一把钥匙。让我们看到从古到今虽然是跨越了时空，但是人类面临的问题和解决方案是相通的。

第四，苏先生的博大胸襟深深地影响了我。他说考古学是人民的事业，不是少数专家学者的事业。这就从他自己的角度打破了学科的壁垒，把考古学升华到了一个为整个中华民族和文化去寻根的高度。作为中华儿女，我们都有义务和责任去参与和完成这样一个系统工程。所以说，也是在苏先生这种博大的学术胸襟的指引和感召下，我作为一个业余考古爱好者，才能够长期坚守，一路走下来。

第五，苏先生提出的区系类型理论，把红山文化所在的区系看作最重要的一个区系，预见性地指出朝阳的凌源、建平和喀左这个小金三角地区是红山文化的核心区。让我身处这个核心腹地的学人，有这么好的地缘优势，在家乡就能考察探研这个文化。这都得益于苏先生当年的这些重要的判断和论述。

第二位让我印象深刻的是研究《山海经》的芦鸣先生。芦鸣是旅居海外的自由学者。他写了一本《山海经探秘》，主要观点是研究《山海经》要还原到远古时期，那时没有国界，《山海经》应该是从全球视角描述的世界。这种研究视野刚好与前述的苏秉琦先生的观点吻合。2014 年 8 月，我们在赤峰国际学术会议上相识，之后一起去牛河梁遗址参观考察。参观的过程中，芦鸣给我介绍他的《山海经》研究观点，说《山海经》里有很多内容体现了阴阳结构，他在书中绘制了一些图，并从三角符号去发掘古人对数字 3 的运用。我在牛河梁红山文化研究中也发现了这些重要元素，这些本身就属于易学框架。于是我们两人不谋而合，相谈甚欢。

当年 10 月，芦鸣在北京组织新书发布会和研讨会，邀请我去参加。当时研讨会规模不大，但是档次很高。清华大学历史系教授李学勤、中国侨联第四届主席庄炎林、中国社会科学院古代史研究所研究员宫长为、中国神话协会会长叶舒宪，以及对《山海经》深有研究的王红旗、杜晓宇、王守春等专家参会。通过讨论，我发现自己的研究竟然和《山海经》研究对接，说明红山文化与先秦重要古籍《山海经》之间存在着某些非常重要的链条。《山海经》是先秦古籍，刚好可以代表叶舒宪老师说的"小传统"，而红山文化是"大传统"中的典型代表，我们两个人的研究成果对接，等于是"大""小"两个传统的对接，于文化赓续与寻根的意义不可小觑。也是在芦鸣邀请我参加的学术会议上，叶舒宪老师听完我的发言后，鼓励我深入系统研究并形成专著出版。

2016 年 9 月，芦鸣又邀请我赴京参与光明网举办的"光明文化沙龙：探秘《山海经》"网络直播活动。活动期间我向几十万在线网友推介了红山文化及我的研究成果。

2016 年 11 月，芦鸣又特意再次到朝阳来做进一步的考察，我陪同他走了几个遗址。我们还一起在朝阳电视台做过一期节目，针对红山文化和《山海经》的问题进行深入探讨。芦鸣先生对文化研究的热情和独特的研究思路深深打动了我。

二十多年的研究成果

我的早期研究都是阶段性的，成果多以论文形式发表或收录到会议文集中。后来的成果主要集中在我和董婕老师出版的两部著作中。

我校科协副主席金玉老师负责省自然科学成果的申报工作。2015 年末，她鼓励我们将学术成果申报一个自然科学著作。我就思考怎么从自然科学的角度去阐释牛河梁遗址。因为我在学报自然科学编辑部工作多年，深受理科研究思维的熏陶，培养了我做学问一定要有证据的强烈意识。在这种思维的引导下，我们决定从建筑史的角度进行申报，将牛河梁遗址的坛、庙、冢、金字塔式建筑、山台等建筑及其规划设计思路讲清楚，并探讨这些史前建筑及规划理念对中国建筑史的影响，书名叫《牛河梁红山文化遗址建筑设计思想研究》。

另外，我还深受中国社会科学院冯时先生的影响。冯时先生是天文考古的专家，20世纪90年代就写出关于牛河梁第二地点三重圆坛的天文学解读。2012年，冯时先生赠送我一本他的大作《中国天文考古学》。我研读后有了一个大胆的推断，既然红山文化时期天文观测水平达到能记录太阳运行规律这样的高度，那不可能仅体现在一个遗址点，在其他遗址点也一定有体现天文成就的设计理念。于是我利用虚拟天文馆软件，尝试去发现牛河梁等辽西古遗址建筑布局的设计秘密。结果发现红山先民用漫长的时间观测、记录太阳和北斗等天体的运行规律，并用建筑的方式将观察结果印刻在大地上。于是，我们的著作就建立在建筑史和天文考古学的基础之上，结合考古资料、古文献，最终形成了一个跨学科的研究成果。2015年，该书被省科协评为辽宁省优秀自然科学著作资助项目，并于第二年正式出版。

2022年，我们的第二本书酝酿成形了。我一直沿着苏秉琦先生对民族魂的思考、费孝通先生提出的玉魂国魄的思路研究红山文化。后来又关注到国歌素材地的问题。朝阳市建平县的胡广志先生多年研究国歌起源地问题，他曾经给我讲过聂耳到建平慰问义勇军，国歌的起源与建平有关。近年来，我一直思考能不能把这几件事综合起来研究，最后将书名确定为"国魂·国脉·国歌"。

2023年6月，我们接到通知说这个选题被辽宁大学出版社成功申报为"十四五"国家重点出版物出版规划项目。为了写好这本书，我们除了梳理以往的学术成果，整合几位前辈学者对中华文化传统信仰的终极探索，提炼国魂与国脉的关系，还积极开展调查研究，追寻聂耳慰问义勇军的真实历史、义勇军军歌与长城抗战、国歌的曲与词的创作源泉、辽西地区的古长城文化与抗战期间的"血肉长城"、鲜为人知的牛河梁阻击战等，逐条分析史料，访问亲历者，力争还原历史。两年时间里，我们从传统文化的视角，对大量考古材料进行了全新的解读，较为翔实地论述了辽宁三个重要的文化遗产——红山文化、长城文化、国歌素材地的核心内涵和时代价值，并进行关联研究。近年来，以习近平同志为核心的党中央高度重视中华优秀传统文化传承与弘扬，强调"让文物活起来"，倡导"把中华文明研究引向深入"。这本书也是我们响应号召，作为社科工作者的一种勇敢尝试。

最近的一件事真的使我实现多年心愿，把红山文化弘扬到世界了。2024年初，我接触到一个文化团队，大家都致力于宣传朝阳历史文化。我们共同策划通过在美国举办的第二十二届华盛顿中国文化节，把红山文化呈现给外国友人。另外，这个文化团队计划将联合国教科文组织"世界非物质文化遗产保护中心"引入朝阳。那么，我们有什么理由说服联合国教科文组织官员把这个中心落在朝阳呢？唯一的选项就是拿红山文化这个重量级的文化遗产项目作为吸引点。团队把这个重要任务交给了我。我用了半年的时间研究怎么去演讲，怎么去展示，如何将史前文化和非遗传承联系起来，如何展示中国传统文化之美。8月末，团队如期到美国华盛顿中国文化节开展宣传活动，从宣传展板到演讲课件，整套宣传的材料都是我帮助做的。

他们大获成功！8月31日，在美国华盛顿国会山广场举行的文化节上，朝阳红山文化的展位前人潮涌动。中国驻美国大使谢锋也到了现场，跟我们的团队成员合影，鼓励大家继续宣传中国文化。在美国大学的演讲，也得到了专家学者的赞誉。9月3日，团队在联合国总部获得了"世界非物质文化遗产保护中心"的运营授权，并决定将"世界非物质文化遗产保护中心总部基地"设在朝阳。我前期的工作做得很成功。

9月21日，在朝阳市富斯顿酒店举办了"世界非物质文化遗产保护中心首届国际研讨会"。参加的有联合国教科文组织的和平中心主任盖伊·乔肯（Guy Djoken），世界生态文明组织秘书长肖水根，加纳、尼泊尔、肯尼亚等国大使馆的官员及文化参赞，美国的一位州长，以及国内外数位非遗项目大师，等等。会上我作了主旨发言，题目是"红山文化影响世界非遗"。我从玉器加工工艺和蚕丝纺织工艺两方面出发，阐述了红山文化等史前文明对非物质文化遗产的影响，并且讲到化干戈为玉帛的典故，提出为世界和平提供中国方案，那就是寻找共同点，以谈判的方式去解决纷争。与会嘉宾都赞同我的观点。会后，我被联合国教科文组织世界遗产中心聘为红山文化学术专家并发了聘书。9月22日，总部基地的落成仪式在朝阳市东方银座隆重举办。

这件事直接面向世界窗口，真的实现了我当初的愿望，把红山文化弘

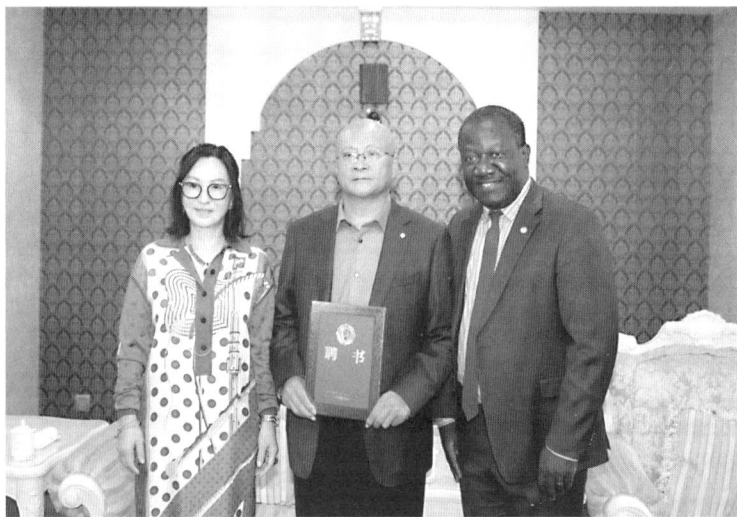

◎ 2024年9月联合国教科文组织和平中心主任和联合国教科文组织世界遗产中心主任为朱成杰（中）发聘书

扬世界，并且让世界走向朝阳了！联合国的官员、专家都来到朝阳了解红山文化。会后，世界生态文明组织秘书长肖水根和我说："你的演讲正好给了联合国将这个联合国教科文组织世界遗产中心落户朝阳的最好理由！"正是因为红山文化的独特魅力，联合国教科文组织世界遗产中心总部基地才落在了朝阳。

论民间收藏社会文物对红山文化研究的影响

这是一个很重要的问题。红山文化研究在学术界主要依靠考古材料，通过准确的地层关系，科学发掘的文物、遗迹等来作为研究的佐证材料。从学术的科学性和严谨性来说，这是必须遵守的原则。

我作为一个非考古专业的研究者，希望全方位地了解这个文化的真相，因此也从民间去实地寻访考察。这个研究思路没有什么功利心，就是想弄个明白。我接触到很多遗留在民间的红山文化遗物，被一些有情怀的收藏家收集起来。我的朋友王冬力先生就是一个典型代表。他作为企业家，凭借个人的力量和对家乡文化的情怀，在民间收集了红山诸文化器物，创建了德辅博物馆。这些珍贵文物中有很多能够佐证红山文化研究的材料。王馆长收藏的熊陶尊，使叶舒宪老师找到了本土熊神话的佐证。经过科学的检测，还在熊陶尊里面发现了早期水果酒的残留物质，说明红山人已经能够酿酒。这个重要的材料为牛河梁遗址最新发现的祭祀遗迹可能存在裸礼祭祀行为，提供了一个重要的佐证。所以说，有一些民间的物证也会起到很重要的佐证作用。

2023 年，德辅博物馆召开了一个史前礼乐之器的研讨会，探讨包括古笛、陶鼓、石磬等与音乐相关的史前文物。我在会上从数理角度对陶鼓做了解读。这件事让我认识到，民间有很多能够佐证中华文明起源的重要物证，如果不去激活它，不把它蕴含的文化内涵解读出来，那么这类文物就是"死"的，发挥不了它的重要作用。未来，民间的社会文物一定会有发挥作用的时候，前提是能够鉴定社会文物的真实性。我相信随着科技的发展，科技鉴定会突破瓶颈，很多民间的物证就可以被激活，作为学术证据。我觉得这一天不久就会到来。

研讨会后，我参与叶舒宪老师组织的第十六次玉石之路东北线考察。我们从朝阳出发，前往海城小孤山仙人洞遗址考察。在这里看到了距今4万—2万年的旧石器时代遗址。当年辽宁考古工作者通过科学发掘，发现这里有用玉石打制的工具。这次考察中，我们在民间收藏者手中也看到了一些用当地玉料打制的旧石器时代的玉石工具。在中华大地上，辽宁境内的先民可能是目前已知的最早利用玉器的人群。

所以从这两件事来看，民间的社会文物对于学术研究也具有重要价值和意义。

未来期望

20多年来我能够坚持研究红山文化，做我想做的事，得益于方方面面的支持。

首先，我父母、爱人都很支持我的研究工作，帮我解决了很多生活中的实际问题，使我没有后顾之忧。其次，学报编辑部的领导和同事也给了我很大帮助。有时候我请假去考察，同事们都替我分担了编辑的工作。再次，在雷广臻教授的领导和推动下，朝阳师专成立了红山文化研究所，经常组织大家外出考察和参加学术活动，让我有机会和一些知名专家学者交流，对我也是极大的帮助。最后，是前辈师长的引领。苏秉琦先生、杨伯达先生、司马云杰先生等老一辈专家的学术思想，引领我走上学术研究之路。发掘牛河梁遗址的郭大顺、华玉冰、吕学明等考古学家，给了我专业的启迪。还有中国社会科学院的三位专家，冯时先生的天文考古学理论、叶舒宪先生的大传统和小传统学说、易华先生的玉帛古国说，都让我受益良多。

感谢给我这个机会，让我的探源之旅能够有一个完整的记录，这也算我的一段心路历程。我觉得自己能为红山文化做些事情很开心，虽然有苦有累，但是心甘情愿。为了实现当年的心愿，把红山文化弘扬世界，大半生尽力而为，对这一历程和结果我也感到欣慰。

口述者简介

朱成杰，1963 年生。辽宁建平人。毕业于沈阳师范学院中文系，红山文化学者，辽宁省红山文化研究基地研究员，副编审。1998 年开始研究考察红山文化。2002 年 9 月，创建海内外第一个红山文化网站。策划组织多次"红山之旅"研学活动。2007 年参与策划召开"牛河梁红山玉文化国际论坛"；参加历次赤峰红山文化国际论坛；多次参与省级科研立项。2016 年出版《牛河梁遗址建筑设计思想研究》，获辽宁省自然科学优秀著作奖；2022 年，著作《国魂·国脉·国歌》入选国家"十四五"重点出版物图书项目。

我与红山文化的
地缘与机缘

华玉冰⊙口述　　　仲蕾洁⊙整理

　　1985年7月，我从吉林大学历史系考古专业毕业后，分配到了辽宁省博物馆。当时在省博内有一个部室，称考古队，源于辽宁省文物工作队，也是1987年成立的辽宁省文物考古研究所的前身。当年，考古队接收了3位本科考古专业毕业生，分别安置在了金牛山、牛河梁、姜女石三大考古工地，因为我是建平人的地缘因素，顺理成章地到了牛河梁。

　　当时牛河梁工作站刚建好，功能还未完善，但同其他考古发掘地点相比，居住、生活条件可谓"天壤之别"。常驻那里进行发掘工作的有执行领队方殿春，考古队员魏凡、史小英、李世凯等。孙守道、郭大顺先生虽不常驻，但也常来。张星德教授那一年考研，在一起的时间不长。此外，还有司机、文物修复人员、后勤保障人员等。近三年的时间，我先后参与了"第二女神庙""陶片窝""大平台"等遗迹点的发掘，以及第二地点积石冢的测绘等工作，也赶上了"女神庙"试掘。

　　1988年，我离开了牛河梁，以后长期在姜女石遗址工作，但并未因此放弃对红山文化的研究，相反许多成果都是在离开后发表的。2003年，我开始担任辽宁省文物考古研究所的副所长，曾主管考古队、三大考古工作

◎ 1985 年牛河梁部分工作人员合影

站。有机缘经历了论证、审批"京四高速公路"通过牛河梁遗址建控地带的全过程，组织专家或作为专家对遗址保护、展示工作提供学术支持。

2014 年，我调到辽宁大学历史学院考古专业任教。2018 年，在省科技厅大力支持下，组建了"辽宁省红山文化遗产研究重点实验室"，并担任主任。随着"考古中国——红山社会文明化进程研究"项目立项，2023 年、2024 年，我担任三家东北遗址项目负责人，再次有机会从事红山文化遗址发掘与研究工作。现将重要事项记述如下。

红山文化遗址的发掘

对红山文化遗址发掘工作，较重要的有以下几项，其中一些资料未曾发表过，也很有学术研究价值。

神秘的"陶片窝"

初到牛河梁，方殿春先生便安排我围绕第一地点开展工作，主持挖的第一个遗迹就是村民命名的"陶片窝"。它是在挖"鱼鳞坑"时偶然发现的，坑里满满都是陶片。

这处遗存位于女神庙东约 170 米处山坡下。据发掘可知其建造与使用过程：这里先有一个深凿于基岩以下的长方形深坑，坑四壁竖直，底部较平。坑底和四壁均抹泥，经过烧烤，遗留大量炭灰和烟熏的痕迹。在坑的北部中间位置，借用北壁建造出一个凸出于坑底的半圆形小坑，似灶，内外熏烧的迹象更为明显。从残存遗迹看，该坑至少经过了三次修整，每次均在原壁面上抹一层厚约 5 厘米的泥，都经过烟火熏烧。坑废弃之后，在其内部密密麻麻摆放了百余件筒形器。

发掘之初，方殿春先生嘱咐我要特别注意两个迹象：

一是筒形器是否通体绘彩，如果半面绘彩则要注意其摆放状态。因以往在牛河梁积石冢四周发现的筒形器有半面绘彩的情形，绘彩面朝向冢外，无彩面朝向冢壁，似有"偷工减料"之嫌。发掘所见"陶片窝"内筒形器均残破，层层叠压厚约 20 厘米，估计是并排竖放倒塌破碎后所致，均周身绘彩。

二是筒形器内是否存在约 10 厘米见方的小石块，数量多少，如何分布。因这类小石块曾在积石冢周边筒形器内发现过，但不能排除是冢上碎石塌落所致，不能确定这是一种有意识的人类行为。发掘所见陶片窝中也有这类小石块，夹在筒形器残片之中，经对筒形器残片进行整理、测算，发现整器与石块个体的数量大体吻合。但因小石块未经加工，仍不能确认是有意放置于筒形器内部的，希望后来的发掘者们重视此类现象。

这处遗迹的用途如何呢？大概不是专门用来储存筒形器的"库房"，因房内未经打扫、遍布"灰烬"。较为合理的解释是：坑原来就没有顶，是专门焚烧某类物品的，破损后经多次整修。在中华传统文化中，早期有一种普遍的祭祀方式，即埋祀，是通过焚烧一些物品的烟气向"上天"传达某种信息，推测坑的作用可能与此相关。后来废弃了，在其内部地面摆放了筒形器，推测仍然延续了原有和"天"沟通的功能。如果小石块是人为有意放在筒形器中的，那么从巫术的角度看，代表的是仪式中的某种象征物（也包括灵魂），或者是沟通工具，也有"祈求"降福或禳灾的目的。

疑似"红山路"

1986 年，在我围绕牛河梁 1 号地点平台遗址开展工作期间，试掘了一段疑似红山文化时期的道路。

路，最早是孙守道先生发现的，在牛河梁顶当代土路西侧，见有轨距为 80 厘米的两道平行车辙沟。发掘所见：路面为黄土，车辙沟剖面呈半圆形，宽 10 厘米左右，深 10～15 厘米。内均为黑土，由若干类似"千层饼"状的薄层构成，夹杂零星豆粒般大小的红陶碎片，显然是反复碾压形成的。

这段"车辙痕迹"从发掘出来后就有争议：许多同志认为是现代的，因为迄今为止中国最早的车只能追溯到夏代；当时只有孙守道先生坚持是红山文化时期的，我也赞同。

从世界的范围看，距今 6000 年前后就出现木轮车了。再从轮距看，现今汽车轨距多在 1.5～1.6 米，马车轮距不小于 1.4 米。秦始皇"车同轨"，规定两个轮子的距离为六尺，即 1.6 米左右。始皇陵出土的铜车马为模型，较实际的要小，轮距宽 1.2 米。再往前推，夏代二里头遗址宫殿区发现了 5 米长的平行车辙痕，深约 15 厘米，轮距约 1.2 米。也就是说，年代越早，车的轨距越窄。从牛河梁发现的车辙痕迹及宽度看，不是两辆独轮车压印出来，而是一辆双轮车压出的，与历代车的轮距都有别，不排除是红山文化时期的，如能确认，则是极为重要的发现。近年来，郭大顺先生也多次提及，在后续工作中应该重视"红山路"这个遗存，如果有机会应该再次发掘。

被毁的"上庙"

牛河梁常提到的"女神庙"位于梁顶南部，地面高度较北侧的大型建筑基础低 2 米多，从中国传统建筑布局的角度考察，其等级要低于北部建筑，这种布局令人疑惑。从调查和初次试掘的情况看，它由南、北两组半地穴式的建筑组成，出土有塌落的彩绘墙面、屋顶等建筑构件，还有鼻、耳、手臂、乳房等人体泥塑残块，以及鹰爪、熊爪等动物泥塑残块。最重大的发现就是出土了一件较完整的女性泥塑头像，基本和现代人等身，被誉为"中华民族共祖"形象。

1985 年秋，我有幸见识过女神庙南单室西部的发掘，郭大顺、孙守道、方殿春、魏凡等人都在现场，还邀请了国内、省内最好的文物修复保护专家提取文物，并现场录像。表土揭开后，一眼望去全是红烧土碎渣、人像残块、动物泥塑残段等，清理非常难，只能将可辨识的残块完整提取出来。因没有更好的复原与保护措施，仅发掘 6 平方米便回填了。

很多学者对女神庙发掘抱有很高的期待，希望能像"三星堆"那样有更多的发现。但以现在的发掘手段、技术，想要完整地将泥塑像提取、拼凑出来非常困难，也很难对女神庙做可靠的复原。

近期，郭大顺先生几次提及的"上庙"，即原暂命名的"第二女神庙"，则是由我和李世凯先生一起清理的。

这处遗迹发现于牛河梁顶部建筑基址的北侧，所见是一大片红烧土堆积，内有泥塑人像的耳部、手臂及仿木建筑构件残块。据出土的大耳推测，有的泥塑人像比正常人大三倍以上，说明存在更高级别的"大神"。结合目前对牛河梁顶建筑基础发掘及研究成果看，这处堆积无疑是在建筑物上（内部）的。建筑废弃后，室内神像经自然或人为破坏，倒塌、残损后四处散落。为了避免风吹雨淋，我们开始着手清理。因为已经分辨不出层位关系及原始地面，故只将人像残块辨识出来，编号收藏。

最初，考古工作者将牛河梁顶平台界定为一个高出周边地面的大型"广场"，推测红山文化族群在其上面载歌载舞搞祭祀活动。如今看来，这个平台属于若干组大型建筑的基础及建筑台基，之上宏伟的建筑群均已破

◎ 1986 年牛河梁主要工作人员合影

坏殆尽。"上庙"遗存说明，这些建筑群里应该有宗庙或神庙，性质是以宗教建筑为核心的"城"。

红山文化第一"琮"——"三家东北遗址"

牛河梁是红山人的圣都，而东山咀遗址则是目前已知的次中心区之一。正是由于东山咀遗址的祭坛与小型孕妇陶塑像被发现，才使红山文化聚焦了中国考古学界的目光，并据此线索发现了牛河梁，但此后很长时间再无考古发掘工作。

东山咀遗址群共有 7 处遗址点，借"考古中国——红山社会文明化进程研究"立项之机，拟由辽宁大学主导对东山咀遗址群做较细致全面的发掘工作，选出的第一个遗址就是"三家东北遗址"。

该遗址于 2023 年至 2024 年发掘，重要发现是：红山人在一处沟壑纵横的山坡上修建起了一处大的平台，为保持顶部平整，垫土厚有 0.2～1.5 米，工程量巨大。在平台上埋葬了一批石棺墓，墓的北部有一些火烧过的祭祀坑。从牛河梁的情况看，红山文化晚期阶段流行石棺墓，而不是积石冢，这处遗址更加证实了这一社会变革现象。

重要的是，在平台的垫土里发现了一枚"琮形器"。其中间的孔没穿透，三面都是猪龙图案。此类遗物在以往红山文化遗址中没有出土过，民间及一些博物馆收藏有类似者，是标准的琮，四面雕刻猪龙形象。比较而言，新发现的这个显然要更早，也证实了这些没有出土的文物可能都属于红山文化，早于良渚。可见，分别祭祀天、地的璧、琮都兴盛于红山文化。

红山文化研究及主要认识

我个人对红山文化的研究成果主要集中在离开牛河梁后的 10 余年中，得益于田野工作的积累与思考，代表性的专著包括《文明曙光先破晓》，论文有《红山文化墓葬剖析》《说玦》《中国辽河流域的早期原始宗教现象》《红山文化玉璧寓意管窥》。近年来，在专著《找寻失落的记忆》《古代辽宁》及论文《燕山南北文化区萌芽背景考察》《辽宁考古的重大社会政治贡献》《辽河流域考古与中华文明溯源》《牛河梁遗址的文化价值定位》《这处纳入中学教科书的遗址，何以点亮中华文明的曙光》中还有一些新认识。上述论文或专著观点仍值得完善讨论，有的也并未公开发表，而在个人学术成长过程中却值得纪念。

"筒形器"具有沟通天地的功能

我大学毕业后独立发表的第一篇文章就是《牛河梁女神庙平台东坡筒形器群遗存发掘简报》，刊登在《文物》上。我印象极为深刻：简报初稿写完后，请孙守道先生指导，先生看完后给我列了一个大纲，要我重新写。第二稿完成后，先生又认真进行了修改，这令我非常感动，充分感受到了什么是为师风范，并以此为标准指导后辈学生。

在这篇简报中，我提出，红山文化那种敞口、无底、绘彩的筒形器应为天地人合一的象征物。

对筒形器的功能，有学者认为是陶鼓，有学者认为是器座，也有学者认为它是用于倚靠石墙防止积石冢上部积石塌落者。

从筒形器的出土位置看：常见的均放置于积石冢的四周及冢体各层阶梯的石板上面；还有一些见于红山文化的"筒形器圈墓"，即以筒形器围成圆形，标示出墓葬范围，圈内平铺碎石，底部埋于土中；陶片窝集中放置筒形器是较特殊的例子；在居住址中尚不见该器形。可见，筒形器主要是与红山文化墓葬组合使用的，有标识、美观、作为祭器使用等功能。我之所以认为它有沟通天地的作用，主要考虑陶片窝最初可能是"禋祀"坑，加之筒形器内的小石块有可能是"灵物"这两种因素，即敞口向天，无底通地，石块则代表人的某种信念。

在日本的古坟上，也发现有类似遗物——埴轮，放置在古坟顶部和坟丘四周，有圆筒状及在圆筒上面塑人物、动物、建筑物等形象一体烧成，这里的筒形器有的起到一个器座的作用，但整体看，则是为死者殉葬的模拟品，具有较强的象征意义。

"积石冢"是一种墓祭设施，见证红山社会兴盛

积石冢是指用石块堆积而成类似山陵状的墓葬形式，不同时代、不同文化的积石冢形态与做法各不相同。

现见红山文化积石冢的形态大体如下：有中心大墓，多是深凿于岩石以下的石棺墓；有圆形或方形，甚至方、圆结合而成的冢界，界墙内多在南部另有建于地表下或地表上的石棺墓若干；在上述部分墓葬上建有高大阶梯状的冢丘，多内填土、外包石；此外，在一些地点的积石冢上还有石棺墓，有的打破或叠压冢墙。

上述迹象自然会使人产生以下疑问：冢内的墓主都是同时去世的吗？如果不是，是等到这些死者都埋葬后才建造的冢丘吗？建冢丘的原因是什么？如此神圣的冢丘为什么允许在其上部埋墓而不惜破坏冢体？一座冢内

所有逝者具有怎样的关系？

1998 年，我发表了《红山文化墓葬剖析》一文，为母校吉林大学考古系建系十周年而作。题目暗喻将红山文化各时期、各类型墓葬均做解剖式的分析，弄清其构造并解析其建造过程。论文将红山文化墓葬分为两个部分：一是墓葬本身，二是墓上周边的墓祭或墓域设施。整理各相关资料可知：红山文化墓葬本身没有大的变化，各时期均为石棺墓，规格随年代变化总体提升；墓域或墓祭设施则随年代不同有很大的变化，经历了从标识单体墓葬范围的"石围圈""筒形器圈"，到兴建高大冢丘覆盖若干墓葬形成"积石冢"的发展过程。更晚阶段，还有在积石冢上部建石棺墓的现象，似乎当时人已不在意陵冢的神圣。由此可推测：墓葬形态变化与当时社会形态及社会意识变化有关；积石冢非一次性建成；在积石冢上建墓的行为有更深刻的社会变革背景。

为了理解积石冢的形成过程与社会变化之间的关系，可举清昭陵（北陵）为例加以说明：昭陵始建于 1643 年，当时国号已由后金改为清，但尚未统一天下，仅有皇太极陵寝；1644 年清人入关，至 1651 年昭陵主体建筑才初步建成；清鼎盛期一直维修扩建，直至 1783 年乾隆东巡盛京时才最终定型；清王朝被推翻后，1927 年被辟为公园对外开放；1931 年，伪满洲国又将其列为"禁地"；1945 年后，国民党军队进驻，昭陵开始遭到破坏，其后一段时间内居民在陵区内埋墓现象不绝，甚至形成整片的墓地。

从迄今不足 400 年的昭陵史，看流行 500 余年的红山文化积石冢史会有很多启示。

"玦"是蛇的象征物，为天知玉珥

人在社会活动中常以象征物表示某种社会、团体或意识属性，而古人对传统文化中为什么会"以璧礼天、以琮礼地"的一种解释就是：它们取象于天和地。红山文化中后来发展成为礼器的各种玉器，也应该具有与其形态有少许关联的象征意义。

我撰写的《说玦》一文，1999 年在西陵召开的国际学术研讨会中首次发表，收集在张忠培、许倬云先生主编的《中国考古学跨世纪的回顾与前瞻》一书中。

在这篇论文里，我最早提出红山文化的璧、玦是蛇的象征，玦应定名为"珥"的认识。其灵感一是源于对王国维先生《说环玦》的思考，二是受朱达先生所述牛河梁墓葬发掘时，晴天骤降大雨故事的启示。这座神奇的墓葬墓主双手握玉龟（鳖）、双耳各有一玉璧，与《山海经》里描述的"雨师妾"形象极为类似，不过后者是"双耳珥蛇"。

那么，"璧"是否是蛇的象征物呢？如是，联想到蛇与龙、龙与天的密切关系，就可以理解古人"以璧礼天"的内在逻辑了。

在系统梳理先秦出土玉器墓葬资料后发现两个现象：一是璧与玦出土位置基本相同，在耳部、手部、腿足部都有发现。二是玦与璧流行时段有区别，距今约 7000 年多玦，璧极少。距今 5500 至 5000 年，流行璧，玦几乎不见。距今 4000 至 3000 年，玦再次兴起，璧不发达。由上述两点规律可以得出这样的认识：璧与玦在先秦时期功能相同，可相互替代。再结合《山海经》的记载可知：两耳珥蛇、两手握蛇、双足践蛇者是各类巫师的标准配置，恰与璧、玦的摆放位置吻合。

更为重要的是，还有一些更直接的证据说明璧象征蛇。如在上村岭虢国墓地中出土的一件为商代贵族佩戴的玉璧，就命名为蛇。战国时期中山王厝墓中，所有素面玉璧上几乎都有墨书"它"（蛇）的字样，而有纹饰者均为"龙纹"，无字。综上，可以初步判定璧是蛇的象征。结合玦与璧的关系考察，最初蛇的象征物是玦。

玦，古人赋予它有决断、断绝的意思。那玦是什么样子的呢？依据字义定为"环而不周"是较晚的事，王国维和一些日本学者都认为它是一种佩饰而非耳饰。文献记载商纣王自杀时全身披挂玉器，烧死后所有玉器都销毁了，唯有天知玉珥尚存。其中珥很可能指的就是玦，具有天知的含义，所以玦应命名为珥。古人将天知玉解释为玉中质地优良者，或许有误。

这篇论文发表十多年后，杨伯达、叶舒宪等先生依据红山文化墓葬墓主耳部出土的蛇头形玉器反推玦是蛇的象征，可作为本论文的又一佐证。

红山文化的人类遗产价值

2000 年，顾玉才先生组织辽宁省文物考古研究所内一批年轻学者撰写宣传辽宁考古重大发现的著作，其后一年内几乎每个休息日都在所内进行集中讨论，博览群书，披星戴月，受益匪浅。由我与顾玉才先生合作的《文明曙光先破晓》一书，后纳入董守义先生主编的"辽河文化丛书"，并获得辽宁省第八届精神文明建设"五个一工程"入选作品奖。

该书我负责新石器时代部分，对红山文化的来源，以及坛、庙、冢的性质等从中华传统文化的角度做了界定，并对其文化内涵做了思考与解读。2024 年，受辽宁省民委之邀，发表在《民族画报》及国家民委公众号"道中华"上的《这处纳入中学教科书的遗址，何以点亮中华文明的曙光》一文，就是在该书基础上，结合最新研究成果，对牛河梁历史文化价值的初步总结，其中许多认识借鉴了诸多先生的研究成果。

牛河梁是"天人感应""君权神授"理念的发端地。从整体而言，许多学者都认识到其坛、庙、冢的国家祭祀组合形式一直延续到明清。就细节而论，还有更丰富的内容，如："女神庙"内不同神性的神化祖先及诸多动物，既可与商人先公、先妣的宗庙及各类自然神庙相比，又可与后世传说中人神驾驭神兽通天相联系；通过积石冢可联想到历代帝王陵至高无上，周边诸多重臣袝葬文化的肇始；第十三地点"金字塔式"巨型建筑，中国古代专称"台"，《老子》中有"九层之台，起于累土"的记载，其用途主要是为了"通天"；秦始皇的"上天台"、彝族的"向天坟"都具有相似造型与功能；"金字塔"内不同颜色的夯土，不由得令人联想到东汉时的"太社稷"，用的就是五色土；牛河梁第二地点的正圆形"坛"，与后世"圜丘"如出一辙，在《周礼》中就有记载，称"灵台"，目的是掌握农时等。

从牛河梁上述不同功能建筑群组合所反映的世界观来看：当时人具有极强的"天人感应"意识，努力沟通天地神灵，将个人与祖先融入其中，对后世文化的影响集中体现在"君权神授"这一层面；客观上，红山文化居民通过"絜诚以祭祀""敬授民时"等，构建起了类似后世以"礼"为核心的社会秩序雏形；在精神层面，有学者将中华传统文化的精髓归纳为一个"礼"字，而"礼"字就源于以玉敬神的状态，在这里也有充分的反映。

牛河梁是中华民族共祖所在地。王国维先生将甲骨文与传统文献互相释证，使商朝成为信史。中华文明探源最新研究成果确认：距今3800年中国进入"王朝时代"，二里头都邑遗址的发现为夏朝历史提供了证据；再之前，被命名为"古国时代"。

司马迁通过严谨考证，认为在夏之前存在"五帝时代"，与"古国时代"在年代上有一定程度的重合。

苏秉琦先生最早从中国国家形成的角度提出了"古国时代"这一概念，指出该时期是诸文化区系的一次大重组，奠定了中华民族多源并趋向一体的基本格局。作为古国时代第一阶段的典型代表，牛河梁所起的作用与影响不容忽视。按照司马迁的说法，牛河梁无疑是和"五帝"相关的"帝墟"，自然应成为中华民族寻根祭祖之地。

红山文化根植于"东北平底筒形罐文化区"，其发达的玉器可追溯至距今9000年黑龙江乃至更遥远的贝加尔湖地区，与距今8000年左右创造出"龙"形象的兴隆洼文化有密切的关系。苏秉琦先生认为，仰韶文化庙底沟类型与红山文化的一支在河北省西北部相遇，在大凌河流域产生了牛河梁这样的一个新文化群体，这也是中国人自称"华人""龙的传人"的由来。郭大顺先生认为，红山文化之后与之渊源密切的夏家店下层文化很可能就是商人祖先的遗存。苏秉琦先生认为，在大凌河流域发现的商周青铜器窖藏，很可能是当时人们有意识地围绕红山圣地所做的祭祀活动。《左传》记载："及武王克商……燕亳、肃慎，吾北土也"，可见周人清楚地知道他们与东北这片土地的关系。牛河梁遗址的发现，使我们更清晰了这段历史记忆。

牛河梁是人类的遗产。无论人类是多地还是单一起源，在百万年发展演化过程中，都融入诸多共同基因。从人类发展史看，大的文化发展阶段是共通的。

19世纪以来，许多国家旧石器时代晚期至早期青铜时代遗址中，都发现过丰乳、肥臀、极度夸张女性生殖器官的孕妇形象，而我国同期遗址中仅在器物上发现一些附饰，东山咀遗址的发现填补了这一块空白；而将不同动物与人的神灵放在一起，以表达复杂的精神意识，这样的神庙建筑在中国较早时期只有牛河梁，即使是在世界范围内也不多见。

据《人类文明编年记事》以往收集的资料：距今约 5200 年，在美索不达米亚的奥贝德时期发现有男、女神祇陶俑；距今 5000 年，世界上的一些早期文明国家开始出现多神神话，多被想象成人身兽面；距今 4900 年，埃及法老既是国王，又是神王；距今约 4150 年，相传埃及"万神庙"建成；距今约 4000 年，苏美尔"万神庙"建成。从上述神像与神庙建筑出现的年代看，牛河梁属于早的，内容也更具特色。

在世界各地的早期文明国家里，都曾经存在过一个以敬奉天神和各种自然神为主的神权政治阶段。从都邑各类建筑的构成看：距今 5500 年前后，两河流域的众多城邑都是以神庙为中心而修建起来的，诸神庙一般都建在人工建筑的高土台上，称为基坛。其中每个城邑国家里都信奉一位主神，城市的本身也被看成主神的神圣存在物，执政者以及后来的王都是神的代理人和代言人。而神庙及其附属的宫室，则是行使神权政治的场所，其高级祭司或僧侣阶层，则是这种行政的辅佐。与上述文明特征比较，牛河梁有共性，更多的则是其个性，各文明可互鉴。

在人类历史上曾有无数惊人的创造，多湮失于历史的长河之中。为抢救和保护那些仅存的、罕见的、全人类公认的具有突出意义和普遍价值的文物古迹，联合国教科文组织会将其列为"世界遗产"，牛河梁遗址是难得的一例。

文化传承与社会发展

2003 年以来，因诸多机缘，我有幸继续围绕红山文化及牛河梁开展工作，值得记述的有下面几项：

牛河梁第十六地点发掘直播与红山文化宣传

2003 年，在省考古所副所长岗位上，我分管文化产业，恰逢牛河梁第十六地点发掘，为促进文旅融合，我与当时《辽沈晚报》的于林姝主任合作策划了以平面媒体直播为主的公共考古活动。自 9 月 2 日至 5 日，实时在发掘现场进行报道，并邀请郭大顺等先生现场解读考古发现，组织爱好者参观考古工地。现今这类活动已屡见不鲜，但在当时则为数不多，获得了较好的社会反响。

此后多年，我个人多次接受媒体采访，就红山文化考古发掘、研究、重要意义等发表看法，如《从科普角度谈考古人的工地生活和盗墓活动对文物的毁灭性破坏》（2011 年，抚顺新闻网），《有关红山文化研究工作的组织》（2022 年，《内蒙古日报》），《合力推动红山文化研究取得新突破》（2023 年，《辽宁日报》），等等。此外，还参与了辽宁芭蕾舞团大型交响乐诗《倾听辽河》涉及红山文化部分的论证。

京四高速公路经由牛河梁遗址及相关环境保护

2004 年，我以分管基建的副所长身份，参加了现长深高速辽宁段（京四）初步设计方案协调会。当时，省交通部门曾考虑缓建朝阳段，或直通喀左和凌源，放弃建平，原因是经由全国重点文物保护单位牛河梁遗址建控地带，批复的难度很大。

为落实滕卫平副省长"保护文物，促成项目"的指示精神，避免对朝阳社会经济发展产生不利影响的缺憾，省文物部门在朝阳市及建平县政府紧密配合下，对牛河梁遗址建控地带进行了详细考古调查，省交通厅更是增加投资 3 亿元，先后对路线进行了 5 次调整，最终经国内 12 位顶级考古专家论证后通过了设计方案。我在时任省文物局局长张春雨先生的带领下，参与了文物保护全过程，与文物处副处长刘胜刚先生一起撰写了大量论证材料。稍有遗憾的是，在保护区外，线路还是穿过了东山岗红山文化积石冢。现在看来，这条高速公路对考古公园建设及对外展示宣传牛河梁遗址起到了很大的积极作用。

此后，我又参与了穿越牛河梁遗址的 101 国道改线，第二、三地点之间铁路涵洞设计方案等项目论证，为牛河梁遗址环境整治尽到了自己的责任。

红山文化展览与牛河梁遗址公园展示

2010 年，牛河梁入选第一批国家考古遗址公园立项名单，开启了遗址博物馆建设进程。2012 年，国家文物局再次将红山文化遗址列入《中国世界文化遗产预备名单》。为深化红山文化价值研究、扩大其影响并加快遗址展示工作，在时任省考古所所长李向东先生的策划下，我与郭明女士等在极短的时间内，筹办了红山文化考古发掘成果展，并将其推向国内各相关博物馆。

此后，参与了《牛河梁国家考古遗址公园规划》修改工作（2013 年），以及"牛河梁遗址博物馆文物借展""牛河梁三号地点展示""牛河梁遗址博物馆展览大纲""牛河梁遗址展示方案""牛河梁标识系统方案设计"等论证工作。

组建辽宁省红山文化遗产研究重点实验室

2018 年，我已调入辽宁大学。省科技厅推荐我为科技部"文化遗产保护利用专题任务"指南撰写的辽宁专家，希望能将"牛河梁遗址保护"列为专项。为此，时任省科技厅社发处处长张钢、副处长孙瑶成做了大量工作，并大力支持以辽宁大学为主组建"重点实验室"，科技助力红山文化遗产研究与保护。为组建队伍、制订计划、收集资料、接受核查，时任辽宁大学副校长的王大超先生在假期召开了多次协调会，组织起了 30 人的科研队伍，制定了如下主要工作任务：一是主要采用科技手段对牛河梁遗址进行研究、保护，二是召开高水平的学术研讨会，三是成立相关保护组织或学会。

受项目、经费等限制，实验室之前无重要项目。2021 年，"考古中国——红山社会文明化进程研究"立项。在国家文物局、辽宁省文物局鼎力支持下，实验室争取到考古调查与发掘项目各 1 个；为了推进工作，把握最新研究动态，发挥遗产作用，连续三年举办"红山文化前沿学术论坛"，主题分别为"回望红山""交流互鉴""古国文明"，从系统梳理红山文化研究史，到探讨以红山为核心的诸史前文明互鉴，再到对古国时代的讨论，一步步将红山文化研究推向深入。

关于统筹"辽宁红山文化传承工作"的建议

从根本上说，红山文化遗址的保护管理、价值发掘、展示利用都服务于一个共同的目标——"中华五千年文明的传承"，所有相关工作者都属于红山文化传承者。

辽宁相关工作与队伍现状

牛河梁已写入中学历史教科书，受到全国人民普遍关注。深入研究、有效保护、传承利用好红山文化遗产，是国家更是辽宁义不容辞的责任。为此，辽宁省委、省政府、省政协，省委宣传部、省文旅厅、省社科联、省科技厅、省民委、省民政厅等各部门高度重视，朝阳市委、市政府及相关部门更是不遗余力；各级文物部门、相关高校、企业以及社会各界有识之士广泛参与。据不完全统计，全省冠以"红山文化"名称的学会、研究会等有十余个，与"红山文化"有关的博物馆、相关文物保护协会、公司、企业等更多，已初步形成了多学科、跨专业、全方位传承红山文化的良好氛围。

现有工作存在的主要问题

一是从发掘、研究、阐释层面上说，没有形成团队优势，多学科参与不够，缺乏顶层设计。除"考古中国"项目团队外，其他研究团队包括辽宁省文物考古研究院（红山文化研究院）、辽宁大学（红山文化遗产研究重点实验室）、辽宁师范大学（红山文化协同创新中心）、渤海大学、朝阳师范学院（红山文化研究基地）、沈阳市文物考古研究所等专职从事红山文化研究的人员都很少，且都处于自发、应急研究的状态，不能形成合力，是人力资源的浪费；同时，缺乏相关历史、文化、民俗、民族学领域专家参与，也缺乏世界范围内的比较研究，不能从中国、东北亚乃至世界的角度系统阐释红山文化的人类文化价值。

二是从信息获取、遗址保护的角度而言，科技队伍基础较差，缺乏扶持政策。目前所知，辽宁省文物考古研究院、辽宁大学红山文化遗产研究重点实验室及一些与文物保护相关的公司、企业有从事遗产价值认知、文物保护的人员，但数量少、科研能力不足，无以锻炼队伍为目的的研究项目支撑，对牛河梁遗址土、石遗址保护这一难题缺乏攻关投入。

三是展示、利用、传承工作没有形成体系，社会力量介入缺乏组织引导。除国有博物馆外，一些私立博物馆展示水平有限，不能解读最新研究成果；围绕红山文化的研学、教育活动缺乏组织；围绕红山文化传承的产业、产品开发等缺乏特色；经费靠国家投入，资金来源渠道单一，经济效益与社会效益不能相互促进。

四是因各自从事的领域不同，管理、发掘、保护、研究、阐释、展示、利用、传播等信息不能完全互通、成果不能及时共享，缺乏共享的基础平台，造成信息资源浪费，甚至重复劳动。

关于统筹红山文化传承工作的建议

从中华民族共祖及人类遗产的高度着眼，红山文化及牛河梁遗址的传承需要政府、专家及社会合力，要由"政府组织"。以红山文化传承为抓手，以申遗为目标，成立相关工作领导小组，主要做好以下三个方面的工作：

一是组建跨学科红山文化传承专家委员会，"顶层设计"红山文化研究、保护、展示利用、阐释传承课题。

二是成立上述相关人员在内的"红山文化传承者协会"，内设不同的专业委员会，整合人力资源，承担各类重大项目，畅通交流渠道，共享信息资源。

三是提供相关政策保障与经费支持。

———————— **口述者简介** ————————

　　华玉冰，1964年生。辽宁省建平县人。本科、研究生均就读于吉林大学，获得考古及博物馆学博士学位。1985年分配到辽宁省博物馆考古队，1987年归入辽宁省文物考古研究所，2014年调入辽宁大学，现为考古文博学院教授、历史学科博士生导师。历任辽宁省文物考古研究所考古队长、副所长，辽宁大学历史学院考古系主任。现为辽宁大学第十届学术委员会委员、考古学科学术带头人，辽宁省红山文化遗产研究重点实验室主任，辽宁中华职教社推进文体旅融合发展工作委员会副主任委员、文化产业（牛河梁）研究实践基地负责人。

我在牛河梁工作的岁月

张春坤⊙口述　　胡强⊙整理

入行契机

我出生于 1965 年，如今已经 59 岁了。我家就在辽宁省朝阳市凌源市万元店镇大杖子村。1989 年，我来到了牛河梁考古工作站，一直工作到现在。这一晃，这份工作我已经做了 35 个年头了。时间过得真快，眼瞅着明年我就要退休了。我在牛河梁考古工作站担任着考古发掘、资料整理、文物修复及综合协调相关的工作。

我当初为什么会选择这份工作，其中有好几个原因。第一，我从小就对历史文化有着极为浓厚的兴趣。那时候，我特别喜欢围在老人身边，听他们绘声绘色地讲述过去的那些故事。那些久远的历史传说就像一颗颗种子，在我心里扎下了根。第二，我家就在牛河梁附近。我记得特别清楚，在 1983 年女神庙被发现的时候，那些古老的遗迹和精美的文物一下子就闯进了我的视野。那种震撼，我到现在都还记得清清楚楚。它们仿佛有一种魔力，深深吸引着我。从那时候起，我心里对考古工作就产生了强烈的向往，特别好奇那些文物背后的故事，对这份工作充满了喜爱。第三点也很重要，当时我的孩子刚出生几个月，我就寻思着，如果能在家附近工作，既可以照顾家人，又能挣点工钱贴补家用，那该多好。就在这个时候，机缘巧合的是，牛河梁工作站在我们周边说要招聘考古挖掘临时工人。我一下子就意识到，这可是一个难得的机会，能够参与到这么重要的考古工作当中，这是多么幸运的事情。于是，经过别人的介绍，我就顺理成章地来到了考古工地工作。就是这些原因交织在一起，让我一步步地走进了牛河梁的考古工作中。

初入牛河梁遗址

1989 年，我来到牛河梁考古工作站工作，在来到牛河梁遗址之前，我通过当地的一些消息也对牛河梁遗址有了一些简单的了解，但只是听说这边有大型的积石冢、女神庙、"金字塔"的建筑，在这些地方挖出了大量精美的文物，如女神头像、玉猪龙，还有好多的陶器等，但不懂什么是考古工作。

当我第一次接触到牛河梁遗址时，就被眼前的景象震撼了。这片广阔的土地上，分布着各种古老的遗迹，仿佛在诉说着遥远的故事。我感受到了一种强烈的历史气息，心中充满了敬畏之情。我记得那时候主要的领队老师叫方殿春，还有梁振晶、朱达等好多老师。在正式进行考古发掘时，因为咱们不懂，等于说是进入一个新课题，当时感觉特别新奇。我记得当时我们准备了各种工具，包括铲子、刷子、锤子、测量仪器等，也不知道怎么用，就慢慢和当时的老师们学习。

第一步就是在遗址上布置探方。这时候通常要依据地形来看，像是有没有树木，还是耕地，或者是丘陵、山岗之类的。在这当中是有一定规定的，探方可能是 5 米 ×5 米的规格，或者是 10 米 ×10 米的规格。主要取决于地形情况。一般来说布置探方通常是 5 米 ×5 米，而实际的发掘面积是 4 米 ×4 米。之所以要留 1 米宽的东隔梁和北隔梁，主要是为了控制整个遗址文化层。假设我们要挖 1 米深或者 2 米深，在这中间文化层里会有好多遗物出土，在这些遗物中就能区分出早晚不同时期的东西。在那个期间，因为我刚进入什么都不懂，老师们就手把手地教我，比如说怎么划分地层，也就是怎么把各种颜色的土分开。打个比方，去掉表面的土层后，剩下的第二层，我们可以观察土的颜色、土的硬度，以及土中包含的遗物，像陶片、炭粒或者红烧土之类的东西，这些都是老师教我去认真确认和辨认的。

考古这事就好像一本天书一样，没有一个完全确定的定义，只能依靠我们在发掘过程中细心地把土层一层层地剥离掉，然后对最后出土的这些东西慢慢地进行分类整理，最后才能写成一本书或者整理出一份完整的报告，这就是考古的地层相关的工作。

后来在工作中经过这些专家、老师们耐心的指点，我慢慢地走进了考古队伍当中，一点点融入了考古发掘工作当中，才慢慢地学会了考古发掘工作的一些基础知识。

艰苦的工作与生活环境

20 世纪 80 年代到 90 年代那段时间的工作环境和生活条件还是比较困难的，我记得当时咱们考古工作站有 8 间房子，有前院、后院，还有东、西两个厢房，窗户都是小木头框做的那种，做饭都是烧柴火的大锅。冬天取暖就是在屋里放个炉子，弄个烟囱，再放个大水壶烧水喝，感觉也挺暖和的。当时出行就是步行，自行车都很少见。我来工作站工作的时候工资分四等，最高的是 3.32 元一天，我能挣到最高的工资，一个月不耽误的话能挣 99.6 元。小姑娘能挣 2 元，还有 2.21 元的，一部分男的能挣 2.75 元，这是 1986 年到 1988 年的工资水平，和现在的生活水平没法比。当时我们整个大队（村）是 10 个小组，大概有 2000 多人，都没有一部电话，也没有对讲机这些通信工具。直到牛河梁发现了女神庙和积石冢，建立了工作站后，才在工作站安装了第一部电话。那还是八几年的时候，从当时的建平县富山乡那边经过省领导协调专门拉了四根铁丝的电话线过来。所以这部电话来得真的很不容易。

当年的发掘工具和现在差不多，测绘和记录的手段则有了较为明显的更新。以前布方是用木头破成小四方块，上面钉个钉子再钉上红布，现在都用现成的铁签子和钉子了。以前的测绘工具是那种老测绘的大平板，照相机是带胶卷的黑白相机，我们自己洗照片，有一个小暗房，兑药水进行调配。因为黑白胶卷比较难买，大家都怕浪费胶卷，所以工作中的人物照片基本没有，都是发掘完之后才拍的照片。到一九九几年以后，和吕学明（现在是中国人民大学教授）、吉向前（现在是《辽沈晚报》编辑）一起工作的时候，去工地全靠走，像去女神庙，以及第二、三、五、十三地点都是走着去，有时候要走将近 15 里地。

以前遗址的航拍图拍摄可不容易啊，第二、三、五、十六地点有航拍图，那时候没有无人机，我们就用氢气球或者热气球。用氢气球的时候，要先看天气预报，确定风级，然后把氢气充到大气球里，早起叫上民工一起上工地准备拍摄，当太阳升起后抓紧时间把气球升到需要的高度，比如要拍全景就升到 200～300 米，近景就升到 50～80 米。用氢气球很危险，怕抽烟引起爆炸。后来用热气球，得专门雇人来做，点着火炉，上去两个人，一个人拿着照相机慢慢拍照，一个人掌控气球的方向。还有一种古老原始的办法就是搭架子，用松木杆子搭一个四角架子，再用铁线捆绑好，最高能搭十四五米。像第一、二、三、五地点这些地方都用过架子，爬到架子顶上去拍照，还得有点力气和勇气，几十米高的架子风一吹上面就晃晃悠悠的，拍完后还要去暗房洗照片，有时候拍一遍效果不好还得重新再拍。那时候还是用最古老的 120 相机，一次能照 12 张，照完一张拧一下胶卷再照下一张，使用过程中都非常小心，生怕把相机胶卷弄坏了。

考古发掘工作

我从 1989 年开始加入咱们的考古团队，参与了牛河梁多个地点的发掘工作，第十三地点、第二地点、第三地点、第五地点和第十六地点的工作我基本都参与了。目前正在参与的是牛河梁遗址第一地点的考古发掘工作。除此之外，还参加过一些外围基建考古以及朝阳附近遗址点的发掘工作。在这些发掘过程中，有不少惊喜，也存在很多难题，学到了好多考古新知识，认识了好多新的文物，也学到了好多新的考古技能。

我来到牛河梁工作站首次工作就参与了牛河梁遗址第十三地点的发掘。牛河梁遗址第十三地点在 1989 年、1990 年进行了试掘，当时暂称为大型建筑址，大家都称第十三地点为"金字塔"建筑。为什么叫"金字塔"建筑呢？主要是因为其在外观和布局上与埃及的金字塔有相似之处，这里是一座人工夯筑起来的土丘，直径达 60 米，有十几米高，当中先设计了一个用石头垒的圆形，就是垒一个地基，这个地基当中最大的直径有60米，共垒三层大石墙，每层都小几米形成锥形。然后用土把这个中间夯起来，最后夯成一个大土包。土是从沟底下挖的河泥，河泥就是那种挺黏的淤泥，然后掺沙子，就这样交替着往上放，一层一层地夯起来，最后夯成这么大的一个土丘。从整体布局上看与埃及金字塔类似，所以被称为金字塔建筑遗址。当初发现这座"金字塔"时，山上到处散布着带有红山文化特征的筒形器残片以及冶铜坩埚片。后来经研究分析，"金字塔"的顶部是炼铜遗址，在顶部分布着很多炼铜的坩埚残片，每个坩埚都用黄泥泥条盘筑法制成，埚口直径大概有30厘米，像现在咱们家里用的小水桶一般大小。我记得当时北京科技大学的柯俊、韩汝玢等专家来考察工地，并对冶铜遗迹进行研究。

在2002年至2003年发掘了牛河梁遗址第十六地点，当时我们在这个遗址点发现了一个中心大墓，那真的是一个巨大的惊喜。我记得很清楚，在这个墓形成过程中，因为墓坑特别深，墓也比较大，古人直接把墓打到了基岩下，差不多有5米深。我们十几个人整整发掘了一个星期，才把墓坑的填土清理完。这是因为墓坑口窄小，人多也进不去，很不方便，只能用小土篮一点点往上提土。等把墓坑内的填土清理掉之后，我们才开始清理墓中的淤土，大概又花了两天的时间才清理到墓的盖板石上。最让人惊喜的是，这个墓是用石灰岩的石板砌成的，底部是石板，上面盖着石板，把人放在里面。当我们几个人慢慢揭开上面石板清理淤土时，发现了人骨架上放着一个小玉人，当时小玉人是放在墓主人胸部的位置上，小玉人的脸是冲着墓主人的。我们在清理中还发现了绿松石坠、镯子等好多玉器。还有更大的惊喜就是在墓主人头下枕着的一件玉凤，那种感觉真的很难用言语来形容，就是特别特别激动。经过一个多星期的辛苦发掘，当看到出土的玉人、玉凤、玉镯这些精美的玉器，有一种非常满足的感觉，这种感觉就是我们自己亲自发掘出来的，有多少人也许一辈子也没有这个机会。另外第十六地点首次发掘是在 1979 年，当时还是辽宁省博物馆的人主持发掘，布了 6 个探方，挖了 30 多平方米，发掘了几个墓葬。后来因为女神庙、祭坛、积石冢等遗址的发现和发掘工作正火热进行，直到 2002 年又申报，2002 年和 2003 年进行了第二次发掘。牛河梁遗址第十六地点的发掘在 2004 年被国家文物局、中国考古学会、中国文物报社评为 2003 年度全国十大考古新发现。

目前，我们牛河梁遗址的考古重点都在第一地点，从 2018 年开始至今，我们发掘了 5 年多的时间。第一地点的遗迹是土石混筑的，石构遗迹是其中最主要的内容，我们得慢慢把这些石墙上的石头区分开。因为不能随随便便就把古人垒的石头拿掉，我们就得先把古人遗留下来的遗迹遗物从顶部到底部把整个建筑过程和堆积过程捋顺，弄明白为什么石头要垒成这样的结构，它的用途是啥，要知道它为什么有的是方墙有的是圆墙，它的功能是啥。经过这 5 年多的发掘，我们现在已经确认了第一地点共分了 9 座台基，每座台基都有其独立性，同时也存在相互叠压和共存，有先建的也有后建的，后建的时候可能会把先建的部分压在下面，这就形成了叠压和一些打破关系。第一地点女神庙址的一个重要特点是它的台基部分，原本是一个山坳，古人通过人工修整回填土的方式把它填起来，而且还进行了夯实。在回填土的过程中，他们放了包括炭、兽骨、陶片、陶器等很多东西，这也可能是当时奠基的一种仪式。而且古人在填土的时候还放了好多石头，石头的作用是加固防止泥土流失，有的地方放一层，有的放两层，这体现了古人的智慧。但是我们也有疑问，古人当时没有车，是怎么把这些东西运过来的呢？尤其是这些石头（石灰岩石），是从距离我们这里五六里地的地方运来的，他们是怎么把那么大的石头弄过来的呢？这都是未知的问题。

牛河梁遗址第二地点的发掘，因为面积比较大，持续的时间也比较长，大概分了三四次发掘。从1994年开始，我们在那里进行发掘工作，那时候的难度也特别大。古人埋葬的时候，先选地挖坑将死者放入墓中，再封土封石，然后又封土，所以在发掘过程中，遇到石头的时候，我们就很纠结到底要不要去掉，遇到土的时候也不知道底下是什么，只能一层层地把石头和土揭开，经过慢慢地刮土和辨别，最后才能看到墓的圹线。在这个过程中，我们得慢慢收集每一个发掘出土的东西后进行绘图、照相，做到位了才能进行下一步发掘工作。在发掘过程中还要慢慢寻找蛛丝马迹，比如用小铲把土刮开，看看有没有古人留下的遗物、陶片、陶器、石器等，还要看古人填土过程中有没有放些兽骨、炭或者有没有烧过的痕迹，这些都是考古工作中非常重要的细节和证据。另外，在发掘过程中出土的陶片也是重要证物。第五地点和第三地点的发掘工作也分了两次进行，从1996年至2000年，在发掘过程中有很多惊喜，也有困惑。因

◎ 照片拍摄于1997年，牛河梁考古工作站，修复的牛河梁遗址出土的陶器——带盖彩陶瓮，收藏于辽宁省文物考古研究院

为在第一次发掘过程中有很多疑问未解开，所以需要进行第二次发掘来解决这些疑问，这样我们才能写出一份完整的报告。

当时我们这里也没有标准的文物库房，在各个地点出土玉器、陶器和重要文物后，我们先拍照、画图，然后打报告给省文物局或者国家文物局，等车来把玉器、陶器等文物押运走后才放心，因为当时工作站的安保条件没法保障。出土的人骨，一部分当时就做鉴定取走了，一部分放了一段时间后，送到北京的相关机构做人体骨骼检测，进行包括年龄、DNA、性别等的鉴定。出土的陶器在工作站进行拼对修复，修复好之后进行拍照、绘图、做档案记录，最后把比较贵重的陶器运到省考古所存放库房。

文物整理与修复

经过一段时间的发掘工作后，我们就进入工作站进行后期整理工作，方殿春是我文物整理修复的启蒙老师，那个时间段他任牛河梁工作站的站长，教我资料整理和文物修复。当时工作站整理的是牛河梁遗址第二、三、五、十三地点发掘出土的一些陶片、陶器，开始也是看到这么多的陶片感到无从下手，压力巨大。因为我们发掘出土的陶片比较碎、不完整，但是幸运的是我遇到了一群优秀的前辈和老师。他们耐心地教导我，从最基础的陶片识别、陶片分类开始，逐步引导我掌握各种修复技术。他们毫无保留地分享自己的经验和知识，让我在实践中不断成长。在他们的指导下，我学会了如何拼接修补破损的陶器、如何保持文物的原有风貌等一系列重要的技能。

在进行文物修复工作的时候，我们主要修复的对象大多是陶器。在修复过程中所用到的工具其实并不复杂，都是一些简单的工具，比如石膏、胶水等。文物修复有一个较为关键的要求，那就是绝对不能把文物弄坏或者弄脏，这可是一项最基本的准则。另外，文物修复主要得有一定的耐心，当面对那些破碎得极为厉害的文物残片时，要静下心来，一点一点地把它们拼接起来。在拼接的过程中，如果发现有缺失的部分，就可以使用石膏来进行加固，主要是为了让我们在观赏文物的时候更加方便和有立体感。

那时候修复陶器，因为陶器烧制的火候有高有低，硬度也不相同，我们用了好多胶进行反复实验，最后确定三甲树脂比较适用。对于火候比较高、陶质比较硬的东西可以用"502""哥俩好"这些胶水，其他的都用不了。因为修复过程中陶器容易变形，如果用"502"这类的胶水，陶器变形后就改不了了，而使用三甲树脂修复的陶器则可以在变形的时候慢慢给它校正过来。

◎ 1993 年，张春坤在牛河梁工作站修复出土文物

　　文物整理和修复是一个很漫长耗时的工作，我记得 1992 年，我们发掘了辽宁阜新查海遗址，当时是和吉林大学的实习生共同参与的，就查海遗址发掘出来的那些陶片，我们后来光整理修复就花了三四年的时间。另外咱们牛河梁遗址出土的这些陶片，我们在不发掘的时候，在工作站也是足足整理修复了三四年。在这个过程中，我也深刻体会到了文物整理修复工作的重要性。这些陶片、陶器不仅仅是文物，是我们历史文化的传承，也是历史的见证。我们的工作就是要让这些文物能够长久地保存下去，让后人也能欣赏到它们的价值和古人制陶技术与彩绘纹饰的精湛工艺。

牛河梁的过往与别样趣事

　　牛河梁名从何而来？牛河梁的命名由来主要是和山水有关。据以前的老一辈人讲，在过去，牛河梁这个地方是个分水岭。凌河的水是自西向东流的，老哈河的水是朝着另一个方向流的。因为这个地方是一个南北走向的分水岭，村民们便称之为"牛儿河"，很早以前这里树木繁茂，绿水环绕，梁下有村名叫梁底下村，牛儿河山梁的村民便以河名俗称山梁为"牛河梁"。有很多人认为牛河梁遗址是根据当时的牛河梁村取的名字，其实并不是，牛河梁村是后面咱们发现了这些遗址取名叫牛河梁遗址，才取的牛河梁村。过去这里人烟稀少，那些做买卖的或者单独出行的人，一般都不敢独自经过这里，都得结伴而行才敢走这地方。后来修了公路，慢慢地人才多了一些，这样才有一些人能到牛河梁附近居住。牛河梁主要就是根据这几条河的分界和山梁得名。

　　在 20 世纪 50 年代，差不多一九五八年到一九六几年这段时间吧，在整个牛河梁50平方千米内老一辈人就开始种植油松，当时雨水特别多，每一个山沟以前都是有水的。现在我们看到的这些松树，那都是长了有七八十年的了。以前种这些小松树的时候，都是用人工刨坑，小松树也就一拃高，把它插在坑里再踩一脚。那时候雨水多，都不用浇水，它就能活了。要是现在这么种，它可活不了。所以说咱们整个牛河梁遗址保护区域内全部都是人工林。有的人说这边的人工造林是飞机撒种的，其实不是，全都是老一辈人人工一棵一棵种的。这个地方的土质气候特别适合种黑油松，这也是老一辈的人经过试验才发现的，他们把这种油松种在这里，那可真是造福了咱们后代子孙啊！现在油松林面积大约有500万亩，是咱们亚洲最大的人工油松林了，这都是老一辈们付出的辛勤汗水浇灌出来的啊！

另外，牛河梁附近的村民在山上经常能捡到很多碎陶片。在20世纪七八十年代甚至再往前到20世纪50年代，好多老乡在种地或者放羊的时候，就捡到了好多陶器或者玉器。在咱们马家沟有个叫马龙图的，当时他捡到了玉斜口筒形器，就是因为马龙图捡到的这个文物，后来郭大顺先生到他家看见了这件文物才发现的牛河梁遗址。还有在庙后的王振卓，好像当时也捡到过这些东西，但是都不知道这是啥玩意儿，就把这些东西放在院子里的木头栅栏上，没把它们当回事。他们还纳闷这到底是啥玩意儿呢，他们不明白，也不懂这些东西的价值。这里还要讲到好多那种像蚌壳似的小玉件。这些小玉件是在第二地点下面的冲沟里发现的。因为在第二地点当中有一个地点，在一号冢和二号冢中间有一个水冲沟，这些小玉件大部分都是从这个水冲沟里被冲下去的。这个排水沟是当年日本人修铁路的时候，为了水流改道，就在一号冢和二号冢中间弄出了这么一条沟。这么一来呢，就把部分墓给冲毁了，也就造成了破坏。我感觉当时他们修排水沟的时候是肯定有发现的，为啥这么说呢？你看二号冢中间那么大规格的墓葬，为啥里面空空的啥都没有？那很可能就是当时修排水沟的时候给破坏了。

这么多年的挖掘工作中有趣的事也挺多的。比如在发掘过程中我们会和老师、工人进行互动，玩猜谜游戏。我们在清理墓的时候，会猜底下能出多少玉器、是男是女等，大家打赌，赢了的可以吃雪糕或者一起庆祝，这是一种娱乐方式。当挖出重要的典型器物的时候大家都很兴奋，像出土玉猪龙、玉凤、玉人的时候，每个人看着这些东西那种心情无法用语言表达，那是一种特别的成就感。没挖掘的时候是一种期待，挖掘过程中也是期待和想象，当把东西揭露出来的时候就是一种惊喜，这种惊喜真的是很难用语言和词汇去表达出来的一种心情。

其实很多人会问牛河梁遗址考古工作从 1983 年开始进行发掘至 2003 年，后面很长一段时间为什么没有发掘，这些时间段都在做什么？其实我们一直都没有停止工作，因为我们在发掘之后，得进行后期的资料整理工作，不能光一个劲儿地挖掘而把后期资料整理工作给落下了。这么大的遗址面积，那些遗迹、石墙和每个积石冢的结构与堆积物情况都得绘制到图纸上，得把它们精准地呈现出来。这都是为了我们后期编写发掘报告做的准备工作。而且，那些挖掘出来的成千上万的陶片、石器，我们得进行细化处理。要把一片片陶片慢慢地清洗干净，一方面进行拼对，另一方面还要进行陶片统计。比如说一个筒形器，它有口、腹、颈、底这些部分，它是什么样的口沿，这些都得一个一个把它们全部分开。再看看颈部有什么纹饰，腹部又是什么纹饰，上面画的黑彩有多少种纹饰，我们得把这些东西全部挑选出来，按照探方地层归拢到一起，最后做一个统计表。这种表叫作陶片统计表。我和几个工人还有几位老师，我们一起做这些陶片的统计工作，花了三四年的时间，这是一项很复杂的工作，就是想弄明白一个陶器是怎么制作出来的。在制作过程中有没有添加沙子，是轮制还是手制的，烧制的时候火候是多少，有多高的温度。陶器上有多少纹饰，这些纹饰又可以细分成多少种。有些陶器为什么会通红铮亮的，那是因为古人刷了一种特制的红彩，后来我们把这种红彩起了个名字叫作红陶衣。想想看，5000 多年前古人在制作陶器的时候，他们是怎么掌握火候的呢？他们使用的是什么颜料呢？到现在我们都还没弄明白他们的燃料是从哪里来的，是矿石还是其他什么东西。现在我们有高科技了，弄出来的油漆之类的东西，用不了几年就褪色了。但是 5000 多年前的东西竟然都不褪色，这可真是古人的一种智慧啊！

我们还要把整个一系列的陶器进行分类，比如是筒形器还是扁形器，各有多少种，在这几年当中我们得慢慢地把这些统计出来。最后还要统计出我们出土了多少陶片，其中有多少是带彩的陶片，多少是带有纹饰的陶片，这些都要落实到纸面上，这是形成报告的一个阶段。

这些工作一直持续到 2012 年，牛河梁红山文化遗址发掘报告（1983年—2003 年）正式出版。中间停止的这些年有一部分时间用来写报告，还有一部分时间去其他地方进行发掘工作。我们对红山文化的整个区域，进行调查就花了好几年的时间。还有整个 101 线改造、京四高速的改建，从朝阳到凌源的三十家子跟河北交界的这一区域，我们对整个区域进行全面系统调查就花了将近两年的时间。其实表面上看起来好像中间的这些年没干什么事，但其实我们都挺忙的，都在做一些基建方面的工作，进行了勘探和调查。等这些工作完成之后，回来主要就是进行后期的资料整理。资料整理工作是一个相当漫长的过程。后期我们又对好多遗址点发掘了一段时间，在此过程中，还有一些抢救性的发掘。

难得的人生缘分

我在牛河梁这片充满深厚历史底蕴的土地上，已经耕耘了整整 35 个年头。10 年前，我的儿子张磊做出了一个决定，他毅然放弃了在外地的工作，选择加入牛河梁考古队与我们一起并肩前行，投身于这片满是历史沉淀的土地。它需要我们世世代代的人去深入考古研究和全力保护。遥想当年，我不过是个莽撞无知的毛头后生，怀着对未来的迷茫与憧憬，懵懵懂懂地踏上了这段漫长而又充满挑战的旅程。在这 35 年的漫长岁月里，我的心中充满了无尽的感激。我首先感谢的是方殿春老师。方老师在我初入考古工作时，给予我很多教导和帮助。还有朱达、吕学明等专家老师们，我从他们身上不断学习，累积考古知识和发掘经验。还有好多我们团队的老师，还有郭大顺先生，已故的孙守道先生。还有现在的贾笑冰、郭明等老师也给予了我诸多帮助，他们在工作中展现出的专业素养和敬业精神，深深地感染着我，激励着我不断进步。

在老师们的悉心教导和耐心指导下，我收获了特别多的考古知识。从一个彻头彻尾的门外汉，我一步一个脚印，一点一滴地融入了考古这个温暖而又充满活力的团队。在这里，我学会了考古的一系列知识，从考古发掘到文物保护，每一个环节都蕴含着无尽的学问。我也真正懂得了什么是考古，考古不仅仅是对历史遗迹的挖掘，更是对人类文明的追溯和传承。这可以说是我人生中最大的收获了。能够进入考古团队，真的是我最大的幸事。这个团队就像一个大家庭，大家齐心协力，为了共同的目标而努力奋斗。在这里，我感受到了知识的力量，也体会到了团队的温暖。有时候想想，假如没有走进考古领域，那该是多么大的遗憾。所以说，这真的是人生中特别难得的缘分。我会倍加珍惜这份缘分，继续在考古的道路上努力前行，为考古事业贡献自己的一份力量。

口述者简介

张春坤，1965 年生。辽宁凌源人，中共党员。1989 年进入辽宁省文物考古研究院，长期坚守在牛河梁考古工作站，从事牛河梁红山文化遗址考古发掘、考古调查、文物修复、文物资料整理等工作。先后参与牛河梁遗址第一、二、五、十三、十六地点发掘工作。

红山文化的申遗之路

陶建英⊙口述　　白满达⊙整理

初识红山：赤峰的文化名片

我从小在赤峰长大，对红山并不陌生。小时候，我常听老人们讲起红山的传说，说那里是"龙脉"所在，是神灵居住的地方。2006年，我出任巴林左旗文化和旅游（文物局）局长，因为工作原因，对红山文化的深厚底蕴有了更深刻的认识。

通过查阅资料，我得知，红山文化因赤峰市东北郊的红山而得名，它是中国北方地区新石器时代晚期的重要文化类型，距今约6500至5000年。赤峰作为红山文化的核心分布区，拥有众多重要的遗址，比如命名地红山后遗址、目前发现的最大聚落魏家窝铺遗址等。这些遗址不仅出土了大量精美的玉器、陶器，还揭示了早期社会的复杂结构和原始宗教信仰。

随着工作的不断深入，我深深认识到，对赤峰人来说，红山文化不仅是一段历史，更是一种文化认同感。它让我们感到自豪，也让我们意识到保护这份遗产的重要性。红山文化的核心价值在于它展现了早期社会的复杂性和文明雏形，祭坛、积石冢和女神庙，表明当时已经出现了等级分化的社会结构和原始宗教体系。尤其是那些精美的玉器，如玉龙、玉猪龙等，不仅是工艺的巅峰，更是早期信仰和权力的象征。它的发现，不仅改写了中国文明起源的历史，也让我们意识到，中华文明的源头并非单一，而是多元一体的，可以说，红山文化是中华文明起源的重要见证。

申遗初始：从自发到自主

从我多年对申遗工作的认识来看，红山文化的申遗工作并不是一蹴而就的。早在 20 世纪 80 年代，牛河梁遗址的发掘就引起了学术界的轰动，但当时大家的关注点更多是在学术研究上，对申遗的概念还比较模糊。20世纪 90 年代，赤峰市的一些学者和文物工作者开始呼吁将红山文化申报为世界文化遗产，但由于种种原因，这一提议并未得到足够的重视。2000年后，随着中国申遗热潮的兴起，红山文化的独特价值才逐渐被更多人认识到。赤峰市政府也意识到，红山文化不仅是赤峰的文化名片，更是全人类的共同遗产。2010 年，我也由巴林左旗文化局调到了赤峰市文化局工作，由我牵头，全面开始筹备红山文化申遗，通过两年的努力，直到 2012年，红山文化的申遗工作才正式提上日程。我记得那一年让我们特别兴奋，赤峰红山后遗址、魏家窝铺遗址与辽宁牛河梁遗址一起被列入《中国世界文化遗产预备名单》。

虽然被列入了预备名单，但我们也知道，申遗的过程并不容易。首先是遗址的保护问题，红山文化的遗址分布范围广，保护难度大。其次是学术研究的深度和广度还不够，虽然红山文化的研究已经取得了不少成果，但是对遗址普遍价值展示和阐释的力度都不够。最后是红山文化宣传力度不够，与国际接轨的学术交流和推广还比较薄弱。

孜孜以求：赤峰的突破与努力

为了推动红山文化申遗，赤峰市政府、赤峰市文物局和学术界付出了巨大努力。我记得那会儿赤峰市文物局刚刚组建，我带领全体工作人员马不停蹄地学习申遗规范文件，指导红山区编写申遗文本，编制遗产保护管理规划，商请国家文物局专家给予技术指导。为能够赶上国家文物局申遗预备名单更新的时间节点，我们全负荷运转，新成立的文物局办公经费不足，为节省经费，我们常常坐一宿的火车赶到国家文物局，白天汇报工作、请教专家，晚上再坐一宿火车赶回赤峰。当时的市委宣传部主要领导佟部长、红山区政府主要领导姜区长也多次到国家文物局沟通汇报工作。

经过了 4 年不断的努力，2016 年，红山文化申遗有了显著进展，内蒙古自治区、赤峰市、红山区三级政府相继成立了"红山文化申遗工作领导小组"，同年完成了《红山文化遗址申遗文本》，编制了《红山遗址群文物保护规划》《魏家窝铺遗址文物保护规划》《红山遗址群环境治理方案》《魏家窝铺遗址环境治理方案》。我主笔起草的《赤峰市红山文化遗址群保护条例》也于 2017 年颁布实施，通过立法和宣传，提高了公众对红山文化的认知和保护意识。也是这一年，投资 8000 万元开始筹建红山文化博物馆，于 2019 年建成并开馆。

同时，学术研究也有了进一步深化。我们组织了 13 届红山文化研讨会，出版了《红山文化研究》等 10 余部书籍，编纂了《红山后》《魏家窝铺》等宣传手册，组织了 17 届红山文化旅游节一系列节庆活动，不仅为申遗提供了坚实的学术支持，也让红山文化在国际上获得了更多关注。

曙光在前：红山文化展望和未来

红山文化申遗一直是我多年从事文物保护工作的一个执念，也是我们这么多年一直努力推进的一项工作。2023 年，红山文化申遗迎来了一个新的转折点，这一年，《国务院关于推动内蒙古高质量发展奋力书写中国式现代化新篇章的意见》（国发〔2023〕16 号）文件中明确提出"支持红山文化遗址申报世界文化遗产"。赤峰市委、市政府相继两次报送《关于加快推进红山文化遗址申报世界文化遗产情况的报告》，得到自治区领导的高度重视。尤其是 2024 年，习近平总书记对"红山文化保护工作"作出重要批示，使得红山文化保护和申遗走上了快车道，设立了副处级红山文化研究中心。红山文化遗址保护利用提升项目已纳入国家"十四五"文化保护传承利用工程项目储备库。自治区考古研究院发掘的元宝山积石冢是全区有史以来考古发掘最大的红山文化晚期积石冢，首次发现南方北圆、南坛北冢的墓葬兼祭祀于一体的建筑遗存。中华文明的璀璨星辰——"红山文化"命名 70 周年研讨会在赤峰成功举办。我们赤峰市博物院举办原创展"我是玉龙，我的家乡在赤峰""古国·方国——西辽河流域文明与早期中国形成特别展""华山玫瑰燕山龙——文明交流互鉴视野下的红山文化"，我邀请赵辉、冯时等知名学者围绕红山时期的社会文明化进程、红山时期的宇宙观、红山玉器解读等进行了 10 期专题讲座。

我觉得，申遗并不是终点，而是一个过程。它不仅是一项文化遗产的保护工程，更是一场文明的对话与传承。未来，我们需要进一步加强红山文化的保护、研究和推广工作。比如可以通过数字化技术，让更多人了解和体验红山文化的魅力；也可以通过文化旅游，让红山文化成为地方经济发展的重要推动力量。红山文化是中华文明的瑰宝，也是全人类的共同财富。我相信，在大家的共同努力下，红山文化一定会焕发出更加耀眼的光彩。

口述者简介

陶建英，1966年生。蒙古族，中共党员。大学学历，农学学士，二级文博研究馆员。现任赤峰市文化和旅游局党组成员，赤峰博物院院长，内蒙古博物馆学会副会长，赤峰学院历史文化学院客座教授、硕士研究生导师。主编出版著作《石墨芳华——刘凤翥李春敏收藏辽金碑刻拓本集》等。主持赤峰市社科联课题1项，参与赤峰市社科联课题2项。参与制定中华人民共和国文物保护行业标准《古建筑保护工程设计规范》。

红山文化的守望者

王冬力⊙口述　　董婕⊙整理

　　我叫王冬力，生于 1967 年 5 月，籍贯是辽宁兴城。我父母先后在北票发电厂、朝阳发电厂工作。我出生于北票，在朝阳市读书长大。工作经历方面，我最初在朝阳第四建筑公司做工程技术人员，然后来到朝阳发电厂做专业工程师，还做过建筑公司的副经理、经理，总公司副总经理、总经理等。2003 年，开始经营朝阳市方正工程质量检测有限公司。我喜欢收藏，从 2003 年至 2009 年积累了 6 年，后来手头的藏品逐渐多起来了，希望有个地方安置，于是开始筹建博物馆。2009 年 9 月 1 日，德辅博物馆正式开馆。我通过企业来支撑博物馆的建设和运营，一直坚持免费开放。我主要是想做一项公益性文化事业。

建馆德辅：从个人收藏到文博事业的跨越

　　收藏的情结每个人都有。比如说我们学生时代，一张糖纸、一块好看的石头都有可能留下来，平时拿出来把玩。我参加工作后，才开始慢慢接触到真正意义上的收藏，毕竟辽宁是中国的文化大省，朝阳是辽宁的文化大市，这方面的遗存还比较多。

我最初接触的是化石。当时化石比较小众，大家都不太认识。以前每到星期天，朝阳市老邮局附近有集邮市场，偶尔也会看到一些鱼化石、古代钱币、玛瑙小饰品之类的东西。我从那时开始有了收藏意识。

真正接触到红山文化，是 2004 年朝阳市广播电视台组织了一个残疾儿童到牛河梁参观的活动。活动发起人是娄玉阁（达明）。朝阳市的一些企业和个人赞助了活动，比如丰麦食品赞助了面包、蛋糕，加油站赞助了汽油，十几台出租车的司机放弃了一天的收入，免费出车。我知道后，赞助了矿泉水，并负责当天出租车司机的晚餐。

这个活动让我很受感动。一是这些热心的爱心人士无私奉献；二是残疾儿童作为社会的特殊群体，平时生活学习都在特殊学校，接触社会的机会不多，现在能有爱心人士组织他们集体去牛河梁遗址学习历史文化，非常难得。这次活动中，我近距离地感受了红山文化并有了一定的认识，虽然当时还有很多不了解、不理解的知识点，只觉得史前文化非常神秘，但这也促使我后来拿出更多的时间和精力去了解史前文化，慢慢地开始接触红山文化器物。

我认为了解红山文化是一个循序渐进的过程。如果在没有理解史前文化的情况下，按照现代人的审美，一件红山文化玉斧并没有现代工艺品或艺术品那么精美。搞收藏可能都有一个分水岭，其实一开始我比较喜欢现代艺术品。比如岫岩的玉雕、阜新的玛瑙雕塑，都是题材丰富、造型精美的现代艺术品。有一年，阜新市举办的玛瑙节上有件铜奖作品，名叫"睁眼看世界"。这是一块椭圆形的天然玛瑙，简单去了一下皮，刻了一个鸭子头部，露出一个大大的眼睛，身体还隐藏在蛋里，就是一个即将破壳而出的鸭雏。当时我对这件作品非常推崇。但是现在经过多年收藏，随着藏品越来越丰富，我的想法也变化了。

有一次，我在农村发现了一个红山文化的小玉斧，青玉材质，两侧的开料痕也很美，让人爱不释手。当时我特别想系个绳佩戴一下。但是这件玉斧没有孔，如果新钻个孔就人为破坏了器物；如果用金银镶嵌一下，又破坏了它的古朴之美。这件事让我着实纠结了一段时间。现在我们馆中的藏品有 5000 多件，我也没有想佩戴的想法了。

一开始我是将家里的书房改成一个收藏室，放几个展柜陈列藏品。后来藏品越来越多，到家里来看的客人也多起来，就不方便了。于是我花了200 多万元在慕容街买下这个房子，然后改造、装修、布展，建立了这家博物馆。

很多挑战当时看似不可能完成，我记得最清楚的是地下场景复原工程。考虑到安全，原本是不让挖的。我们找了专业的鉴定部门办了鉴定手续。房子下面的桩深 9 米，我们仅挖 3 米多，并且做了整体的底板、混凝土的顶板和墙体，对整个建筑物来说没有任何不良影响。现在看到的景观外面是石头，里面实际是用角钢、钢筋做的基本造型，外面覆上钢网，又抹上一层水泥。焊造型的时候，电焊工一刻不停地施工。墙体做完后，鲁迅美术学院的老师带着学生在里面画画。当时空调排风还没弄完，就放两个电扇吹着，这些画画的老师和学生两三个小时上来透透气，一出汗眼窝全是电焊的黑灰，大家都非常辛苦。

还有馆内的展柜，我们当时考察了好多产品。最高档的是国外原装进口的展柜，可以电动遥控开合，材料、工艺、设计理念都非常好，但是价格昂贵，每米折合人民币约 2 万元。我们的展柜大约 50 延长米，光展柜一项就要 100 多万元，真的承担不起。当时天津有类似的产品，所用的玻璃、配件、灯光逊色一些，每米1万元，也得50万元。这怎么办呢？最后我决定自己做！所用展柜全部自己设计、制作。我们把尺寸设计好后，开始买铁板、方钢、玻璃等各种材料，自己切割、压模、焊接，焊完除锈喷漆。玻璃量好尺寸切割，送到沈阳做钢化。钢化后的玻璃运回朝阳，再组装，穿电线，配上灯。最后，我们用每米1000元的价格做出了这批展柜。展陈基本达到效果，只是我们布展需要人工把柜子拉出来，人到后面去布展，再把展柜推进去。虽然展柜没有实现自动化，但是性价比高。

2009年从筹备建馆到正式开放，我们足足干了5个月。这5个月时间起早贪黑，非常辛苦。我在筹建装修博物馆的同时，还要经营企业，两头都不能耽误。在博物馆开馆的前夜，我布展到了第二天凌晨2点多。回到家短暂睡了一觉，吃口饭又赶回来，准备9月1日正式开业。

博物馆共三层。因为很多人对五六千年前的史前文化没有概念，想象不出当时古人是什么样的生活状态。如果来到博物馆，马上进入展厅看文物，就缺少了一个环节，缺少了感性认识。于是，我在地下室布置了一个场景复原。当时我们费了很大劲，装修用了5个月的时间，最先挖的是地下室，最后交工的也是地下室。不过，场景复原确实起到了预期作用，让参观者先了解五六千年前的生活状态，再来感受文物的内涵，这是有必要的。

博物馆一楼展陈的是石器。在我们的各类展品中，石器数量是最多的。如果按照官方博物馆的展陈原则，大概1平方米布置1件展品的话，馆内空间根本不够用。我们主要是将一类展品按照时间顺序穿成一条线，就是从辽西地区的旧石器时代，到新石器时代的小河西文化、兴隆洼文化、赵宝沟文化、红山文化、小河沿文化，再到青铜时代的夏家店文化的顺序放在一起展示，这样还可以进行不同时期的同一类遗物的比较研究。

每个时期都不落空。

博物馆二楼展陈的是陶器、骨器、玉器，最后一部分是图腾崇拜和祖先崇拜的珍贵文物厅。人类的需求先是吃饱穿暖，丰衣足食以后才会有精神层面的需求，出现各种原始宗教，这是史前文化的最高成就。我们把这一部分文物筛选出来，放在珍贵文物厅。在博物馆的外阳台，又做了一个体验区，放置了复原的史前时期机械加工装置，可以让志愿者和参观者来亲自操作，体验陶器怎么修复，石器怎么加工。另外，馆内的陶器都是我们自己修复的。出版的图书和馆内陈列的一些拓片，也是发动志愿者亲手拓的。

开馆之前和开馆之后，我们的布展调整了多次，大到背板，小到文物标牌都多次完善。原来我觉得自己的藏品很丰富，放在家里没地方堆。等建馆之后往里一摆，就觉得不丰富了。这么大的馆里只有数量不多的藏品。展陈也是按照石器、陶器、骨器、玉器这么分类，缺哪类就一点点积累。另外，展品都是普品也不行，一个博物馆总得有几件镇馆之宝。所以我就不断去寻找、去征集一些文物，最终把博物馆一点点丰富起来。

后来我们又发现了一个展陈布置的大问题。有一年，我邀请邵国田老师到朝阳市举办红山文化讲座。邵老师做了30多年的博物馆工作，经验丰富。他到馆参观后给我提了个建议，说馆内的藏品主要按器型分类展示，比如一个展柜中全是石斧。但是这些石斧没有按照考古学文化的时间顺序排列，而是不同时期的石斧混杂着陈列。于是，我立刻邀请邵老师指导我们做藏品分期。大约用了一周的时间，我们终于把各种考古学文化的藏品分清楚了。后来馆内的陈列做了一个大的调整，不再按器型划分，而是按文化划分。馆内按照小河西文化、兴隆洼文化、赵宝沟文化、红山文化、夏家店下层文化、夏家店上层文化的考古学序列展陈文物，这样就一目了然。德辅博物馆聘请了邵国田老师为名誉馆长，他对我们的帮助很大。

坚守公益文博事业：以商养文，以文促商

在博物馆的建设过程中，我们就一直在考虑起名问题。比如马未都先生的观复博物馆，取自《诗经》，大意是反复地看、反复地品、反复地琢磨和研究。我们的博物馆如果叫红山文化博物馆，好像不合适。后来，我的一位好朋友侯中阳提出用"德辅"一词，出自屈原《离骚》的"皇天无私阿兮，览民德焉错辅"。意为皇天没有私心，唯有德者而辅之，就是谁有"德"就辅助谁。总结世间万物的规律，其实是舍和得的关系、付出和回报的关系。一个人自律、付出、对社会起到积极作用，小到帮助别人，大到回馈社会，那就具备了"德"，苍天都会辅助你。

当时我很认可这个理念，就是老一辈人讲的积德行善，福报就会多。收藏的初衷是个人爱好，是独乐；建成博物馆，把藏品展示出去，把自己的研究分享出去，是众乐。这就是独乐与众乐的关系。博物馆刚开放的时候，我们也打算售票。市物价局当时给批的门票价格是100元，后来也没有执行。我要么不做，要么就做成纯粹的公益事业，干脆免费开放。

我对于公益免费开放这件事是乐在其中的。很多人不理解，说你这不是傻吗？你自己买房子，买那么多藏品，花费那么多时间、精力和金钱，最终却免费开放？实际上，我最初就是自己喜欢而已，建馆以后带动大家都喜爱红山文化。我将其定义为"以商养文""以文促商"。虽然收取门票可以获得直接的经济效益，但是免费开放同样能够扩大影响力，对我经营

的企业也有促进作用，这样就形成了一个良性循环。

但博物馆运营期间也是存在困难的，最大的困难就是缺钱。无论水电费、取暖费，还有博物馆工作人员的开支，以及每年补充的藏品，都需要大量经费。大家都知道陶器有一种制作方法是泥条盘筑法，但是我们馆所有的陶器在当年制作过程中已经拍得平整，没有泥条的痕迹了。去年我意外发现了有位朋友捡到一个圈足底，泥条盘筑的痕迹完全保留下来。这个东西对他来说啥用没有，我则如获至宝，这个标本体现了泥条盘筑工艺。这样哪怕是给人家买点东西，不也需要费用吗？大有大费用，小有小费用，买房子 200 多万，装修 150 万。如果没有我企业的支撑，靠着博物馆门票我没法坚守 15 年。所以最大的挑战就是如何生存、如何经营。民办博物馆生存艰难，很多曾经的博物馆已经消失了。而且民间博物馆的数量比较多，完全靠财政支持也不太现实。所以面临困难、挑战，还是要想办法经营下去、生存下去。很多人咨询我，说想建个博物馆。我的建议是三思而后行。作为过来人，我深知道坚守一个博物馆有多难，有多烧钱。博物馆不是一个展览，它需要持续投入。所以，从建馆到今天确实经历了好多困难、好多挑战，但是我们一直在坚守。

接下来我还是继续努力把企业经营好，给博物馆输更多的血，让它继续坚持下去。未来这个博物馆是属于社会的。我享受这个过程带给我的快乐。

还有关于文物的属性，是否给馆中藏品定级的问题。个人的收藏品叫藏品，定级后就是文物。《中华人民共和国文物保护法》有相关规定，文物定级后属于社会，不能再进行买卖交易。但是经营民办博物馆所耗资金巨大，一旦资金链断裂就将无以为继。所以我们的藏品是定级还是不定呢？我想，既然德辅博物馆是免费开放的，那就做个纯粹的公益事业！

当时恰逢国家将辽宁省作为民办博物馆定级的试点，辽宁省又把这项工作放在了朝阳市。在当时的全省 26 家民办博物馆中，我们馆各项工作做得比较好。于是应我馆申请，辽宁省文化厅文物局组织在册的文物专家为我馆先后进行了三次定级，将馆内 5000 多件文物全部定级。目前，德辅博物馆拥有国家一级文物 10 件，二级文物 47 件，三级文物 197 件，三级考古资料 3 件，一般文物 5266 件。通过官方定级给文物找到了一个出处和身份，我们再开展学术研究，这批文物的说服力就更强，研究成果发表方面也不会受到局限。

除了征集，还有捐献。有些朋友信任我们，看博物馆经营得很好，就把自己的藏品捐给了博物馆。那我就认认真真地记上捐赠者姓名，捐赠时间，捐赠了什么藏品。

实际上，我们馆内的藏品主要来自内蒙古地区。内蒙古地域广大，是小河西文化、兴隆洼文化、赵宝沟文化、红山文化等考古学文化的命名地。西辽河上游主要分布在内蒙古东部地区，河流两岸的遗址分布密集，遗物自然也多。我当年开始收藏时，去得最多的地方就是赤峰市。

我们所处的西辽河流域，民间散落的各个时期的遗物都比较多。德辅博物馆的藏品主要靠征集，就是购买。其实官方博物馆也存在征集。因为考古发掘出土的文物毕竟有限，征集是博物馆文物的一个重要来源，符合《中华人民共和国文物保护法》的相关规定。

《中华人民共和国文物保护法》把文物保护放在第一位，必要时进行抢救性发掘。但是我们国家幅员辽阔，历史悠久，文化遗产丰富，文物工作者或者政府公职人员在保护的时候，可能会有兼顾不到的地方。比如说五六千年前的古人类生活的西辽河上游地区，现在有的地方就是沙漠。冬天的大风可能挪移了 10 ～ 20 厘米厚的沙子，到了春天就有文物暴露在地表。或者夏季的暴雨也会冲刷出一部分文物。这时当地的牧民、村民就会在裸露的地表上捡到东西，之后也许会出现盗挖的情况。可能过了几个月，甚至一两年，文物管理部门才知道这里有个遗址。但是在抢救发掘之前，已经有部分文物散落到民间，这些文物同样有重要的价值。所以，官方博物馆也存在着文物征集的情况。

我作为朝阳人，建立博物馆本是我的个人爱好。与此同时，有没有起到一个意想不到的效果，就是把散落的文物留在朝阳了呢？我想是有的。我喜欢史前文化，幸而又有企业能维持博物馆。如果有一天企业经营不善，我吃不上饭了，能怎么办？是不是就得被迫将藏品换成馒头？所以，我希望未来对民办博物馆的政策更加完善，能够对这类博物馆进行甄别，制定切实政策支持那些真正对社会和国家有益、对官方文物保护起到补充作用的民办博物馆。现在我们的博物馆完全靠自己投入，运行还是很不容易的。

我经历过几次生死，有和别人不同的体会。10多年前得过肾癌，是早期的，做手术后又活了10年。两年前得了肺癌，万幸又是早期的，割掉个肺叶。现在说话稍急一点就觉得气不够用，上楼梯就喘，但是毕竟命保住了。2023年10月，我又得了轻微的脑血栓。当时，我正在接待中央美院的教授。讲解到最后时，觉得自己的卷舌音发音很吃力，赶紧去医院做CT、治疗，原来是腔隙性脑梗死压迫了舌咽神经。经历了这么多，我就看开了。人这一生，到底追求什么？生不带来，死不带去。我现在的生活略有盈余，还够维持一个博物馆，到现在已经坚持了15年。未来我会继续干好、维护下去。最终，这个博物馆是属于社会的。

15年来，我在德辅博物馆的投入得有几千万，包括藏品、房子、装修改造、日常维护、人员工资等。我爱人原本对这些事不感兴趣，我们各忙各的。她从朝阳发电厂退休以后，开始接触博物馆和红山文化。不到三年时间，她就成为志愿者讲解员里讲得最好的。特别是我生了两次病，手术后讲解没有力气。所以现在来重要客人，基本都是她讲。现在红山文化变成我们的共同爱好了。

她能够理解我的原因是什么？就是我把所有的事业变成了一个整体。我的企业赚钱，博物馆要花钱。但是博物馆是一个文化窗口，提高了我个人和我企业的知名度，又促进了企业的发展。例如万达广场当年来朝阳建设时，考察合作伙伴，选择供应商。工程部、项目部的几位经理逐一考察了朝阳的企业。到我们企业考察结束时，我在德辅博物馆接待他们，亲自给他们讲了2个小时。万达的经理非常感兴趣，说王馆长，工程的事让其他人去研究具体细节吧，咱俩再聊聊。这样就把项目拿下来了，企业因此受益。只要有工程就能有利润，又可以支持博物馆的建设发展。我认为这就是舍和得的关系。这两者的关系形成了良性循环后，家人自然就支持了，员工也能理解老板的做法。我不局限于一个企业的经营，而是以商养文，以文促商。这种经营理念是我的竞争对手无法复制的。

守望红山文化：
人这一生总要为这个世界留下点什么

这些年，我们馆举办了许多学术活动，规模都比较大，邀请了很多专家。我认为这种民间博物馆和官方研究机构的合作是一个互相补充、相互促进的过程。我们馆2023年举办了史前礼乐之器研讨会，会议成果连续四期发表在《乐府新声（沈阳音乐学院学报）》上。接下来，我们要着手编辑礼乐之器研讨会的学术成果文集，对研讨会做一个总结。这都是对德辅博物馆的一种宣传。我馆的三次学术活动都有大学在做坚强后盾，前两次是吉林师范大学，第三次是沈阳音乐学院。在合作过程中，我们邀请的嘉宾，如郭大顺、熊增珑、华玉冰等考古学家，如陈秉义、尤勇、刘正国等高校教授，受到馆内的某些考古材料或研究成果的启发，也会促进他们工作的完善。比如说，上海师范大学音乐学院的刘正国教授，作为管状乐器课题组的组长，之前收录了40多支贾湖遗址的骨笛。他听说北方的兴隆洼文化中也有骨笛，特意来到德辅博物馆。现在，他已经把兴隆洼文化的这支"骨龠"收录到《中国管状乐器大典》中了。这说明在距今八九千年时，北方、南方都有相近的乐器。

还有陈秉义教授编写的《中国音乐史》，收录了德辅博物馆的万年陶鼓、兴隆洼骨笛。现在，音乐相关专业的大学生在学习《中国音乐史》这本书的时候，就会了解到我们馆的这两件珍贵藏品。

◎ 2019 年，王冬力参加刘正国教授南京讲学活动，介绍兴隆洼文化骨龠（笛）

我们非常骄傲自己的藏品能够进入教材。进入教材的决定性因素是文物定级。如果不是我当年的那个决定，如果是没有定级，我们的藏品不可能收录到教材或者官方资料。对于专家学者来说，这是对工作的促进。对于民间博物馆来说，是官方的认可和研究的补充。

我曾送给刘正国教授一枚夏家店下层文化的骨簧。他如获至宝，回去后就开始反复地做实验。我们馆也用牛腿骨做过复制，但是效果一般，刘教授的实验和复制效果比我们好，那么他采用的是什么材质呢？开研讨会的时候他告诉我，是用鹰翅骨复原的！就是骨笛采用的材料。刘教授说他突发奇想，意识到只有用又薄、骨质又密实的材质做成簧，振动效果才好。一只鹰翅骨只能做两枚骨簧，真的奢侈啊！但是这样的骨簧演奏出来效果就是不一样，可能呈现了骨簧真实的声音。你看，学者的研究成果又提升了我们对馆内文物的认识。我们再去讲解的时候，完全可以把它讲出来。

德辅博物馆的馆藏文物有5000多件。按照类别划分，有石器、陶器、骨器、玉器。按照类别划分的过程中，又有一些专题类的展示，如半成品类、制陶工具类、生殖崇拜类、图腾崇拜类、祖先崇拜类、造像类、文字符号类、礼乐之器等。我觉得比较突出的有以下这几类。

第一类是史前乐器。朝阳地区考古出土过石磬、口簧、陶埙。我们用心在西辽河流域征集多年，获得了一批史前乐器，代表性的是距今约10 000至8500年的小河西文化陶鼓，8000年前的兴隆洼文化骨笛、石埙，4000至3000年前的夏家店下层文化石磬。

这里最让我骄傲的是万年的陶鼓。陶鼓是从实用陶器发展而来的。据说两河流域的美索不达米亚文明里也有鼓，但是实物却没有留下。陶鼓之前可能还有木鼓。我觉得利用空的树干就可以制作。但是木质的鼓历经几千年不容易保存。而陶器经过烧制后，有一定硬度，方便保存下来，可以算最早的鼓的形式。与中原地区的仰韶文化、马家窑文化相比，小河西文化的陶鼓更早。所以要我说对于哪件文物更看重些，我首推我馆的国家一级文物——小河西文化陶鼓。它具有唯一性、历史性、科研性，有不可替代性。

兴隆洼文化骨笛。贾湖遗址发现了40多支骨笛，它们的年代接近，材质一样，但是毕竟出土数量较多，因此没有陶鼓珍贵。

兴隆洼文化石埙，有吹孔和按孔。吹孔为了方便接触嘴唇还做了个凸起。我们请沈阳音乐学院的陈秉义教授测音，简简单单的双孔埙居然吹出了12个音。

还有夏家店下层文化的石磬。马王堆汉墓出现了编磬，中原地区发现了商代的磬，目前没有发现更早的。而我们北方地区的夏家店下层文化，发现了距今三四千年的磬，而且是成组的，按照现代音律排列可以演奏几十首曲子，我们演奏过《两只老虎》《北京欢迎你》《掀起你的盖头来》《春江花月夜》等，都留有视频，朝阳电视台也录过。我赠送给渤海大学博物馆一套石磬复制品做纪念，同样呈现天然的声音。我们用收集的老石片，钻孔调试。石片大小、厚薄、密度不一，声音也不一样。我们在这几十片石片中挑选了七八片，组成一套，加上架子，能现场演奏。

2023年的礼乐之器研讨会上，我们做了一个礼乐之器复制品的演奏，其中的磬是文物原件。演奏以南京民族乐团的于东波老师原创《诸神的踪迹》为主旋律，配合陶鼓来开场，合奏部分是石磬，还有口簧以及陈秉义教授的埙，乐曲非常优美动听。

第二类是史前机械加工装置，也是我们馆首次发现的。之前香港中文大学的邓聪教授和辽宁省博物馆的孙力研究员也写过类似的论文，但是他们主要是做实验。我们馆发现了兴隆洼文化中期的实物，有磨轮、轴承、动力传动轮，可以组成一套石器加工装置。我们把这套加工装置的复制品放在体验区，参观者可以现场做个石斧，很有意思。

第三类是符号系列。我们发现红山文化时期的很多陶器上有符号，石头上有岩画、有刻画，玉器上有刻画，武器上刻画符号更多。这些刻画符号就是中华文字的前身，是文明的象征。殷墟甲骨文发现了4000多个字，破译了1500个字，是体系比较完善的文字。那么之前有没有文字？郭沫若先生听说国内发现甲骨文以后，曾经有过判断，认为一种文字如此成体系，之前一定会有超过1000年的积累。其实贾湖遗址就有8000多年前的刻画符号。到红山文化时期就更多了。这些刻画符号就是文字的前身。比如甲骨文的"日"字是圈带个点，红山文化时期的陶器、武器上也有这样的符号。这里有一脉相承的关系，实际上是祖先对一个事物的普遍认识。太阳是圆的，不可能画成方的。任何历史时期的古人认识都是统一的，一定会画成圆形。

第四类是史前植物标本，也是我们馆的一个亮点。馆内收藏了10 000年前的薏米、8000年前的粟炭化标本。我们现在经常吃到的薏米，在小河西文化时期就出现了。8000年前辽西地区出现了粟。我们还有距今7000年的"粥"！在赵宝沟文化陶器里居然有煮熟的炭化粥状物。因为是糊状的，没有颗粒，所以被认定为"粥"。万年薏、八千粟、七千粥红山粟，形成了一个系列。还有燃料，烧到一半的桦树皮，一部分炭化，另一部分还保存着。

还有酒。我们博物馆珍贵文物厅最后一件展品是郭大顺先生命名的熊陶尊。熊陶尊里面发现了炭化物质，通过郭老联系到中国社科院考古研究所的实验室进行化验分析。实验做了5—6个月。赵春燕女士大年三十那天还在实验室工作，她给我发微信说，告诉你一个好消息，结果出来了。当时我在书房兴奋地跳了起来。我写的论文其他基础资料都完成了，就差检测报告。

实验结果表明，陶尊内发现的成分是各种氨基酸、苹果酸，最重要的是琥珀酸和乳酸，这是水果酿成酒的副产品，酿出乙醇后才会出现这两种酸。这说明5000多年前的红山人已经用水果酿酒了！毫不夸张地说，我引以为傲的不是经营企业赚了多少钱，而是发现了万年薏米和五千年酒。论文发表后，被中国社会科学院考古网、《光明日报》等媒体转载。

人生苦短，终将离开这个世界。过了一二百年，没人记得你有多少钱，是什么企业的老板。但是如果你有某一方面的学术成果，就会有人记得你。因为文章永存，科研成果永存。我觉得人这一生总要为这个世界留下点什么。

认识红山文化、第一次接触红山文化是一种公益事业，残障人士去牛河梁参观，我全程跟进，给这帮孩子提供了一些帮助，包括全过程的用水、用车，我又请所有的出租车司机吃饭，等等。之后接触红山文化，一点一滴一直到现在。中间有没有一些催化作用呢？有，比如说建馆，如果不建馆，就在我家里的收藏室，由于它的面积位置就局限了，就是一个收藏爱好者。建馆以后就变成了一个大众的了，体量大了一下子显得我的收藏量不够了，就得赶快补充。然后在弥补的过程中档次又不够了，赶紧拔高，弥补再拔高，这两个阶段投入了大量的精力、物力、财力，定级就是在原有的基础上又进行了一次拔高。原来叫德辅博物馆，定级以后含金量不同了，是脱胎换骨的德辅。在定完级以后还有没有影响？哪方面的影响对红山文化又有提升呢？就是学术研讨。如果仅仅就是个展示，太单一了，起到的作用有限。如果在原来展示、定级的基础上，再有个拔高的话，就是一定要搞学术研讨会。还是我刚才说的，专家学者也会对他的工作进行充实、对我们的工作进行一次提高，是互相影响、互为补充的。

我们也做了很多宣传工作。除了举办三次学术会议，与官方机构和学者的合作，还有民间的交流。陕西的大唐西市博物馆举办的几次研讨会，我们都参加了，甚至带着整套石磬进行过现场演奏。还有和另外十余家博物馆联合建立博物馆联盟，大家带着各自的文物或藏品进行交流，效果也很好。再就是积极参加各种展会，跟新老朋友在一起交流，发现馆里的空缺展品时还可以进行征集。我们首先在行业内得到了大家的认可。

再就是对外宣传。我们借助各类媒体，从当地的朝阳电视台、《朝阳日报》《燕都晨报》，到《辽沈晚报》《辽宁日报》《光明日报》，还有中国社科院的考古网，都报道过我馆的文物及相关研究成果，或者采访过

◎ 2019 年，德辅博物馆熊文化研讨会期间，与会专家、学者郭大顺（前左二）、于建设（前右二）、邵国田（前右三）、孟昭凯（前左一）共同观摩馆内藏品

我们。

每一次举办研讨会，我们都会将会议成果发表在某家大学学报。每期有我们会议文章的杂志我都会加印。这批杂志用来赠送给红山文化的研究人员和爱好者。我们编著的《红山石器》《红山玉器》《德辅典藏》等几本图录，在网上卖得都挺好，这也是一种宣传。

我受邀去市委党校、渤海大学、吉林师范大学、长春工程学院讲课也是一种宣传。我们的网站、自媒体的公共平台、馆里组织的各种活动都是在宣传红山文化。

从喜欢收藏到筹备、建设博物馆，再坚守15年的历程，我最大的感悟是一个人对一个事物的热爱，一定是发自内心深处的，否则坚守不到头。能够把这个博物馆持续地发展下去，我想根源首先是发自内心的深深的热爱，接下来是得有足够的资金支持，然后才能走向最终。我今年57岁，我的公司成立21年了，最近又重新申报了资质，更新了设备、人员。我最少要干满30年。一个民营企业能经营30年非常不容易。欧美、日本等国的民企平均寿命是7年，中国民企的平均寿命大约3年。影响一个民营企业生存的因素众多，可能一件微不足道的小事就会引发蝴蝶效应，导致一家企业的破产。再过10年，德辅博物馆就25年了，作为一家民办博物馆也挺不容易。我有信心把企业经营30年。

但仅此而已。30年在人生长河里微不足道，在历史长河里更加微不足道。我个人微不足道，我的企业微不足道，包括德辅博物馆也是微不足道的。但是，我觉得人生还是要坚持做自己喜欢的事，做好自己力所能及的事。我要保证自己身心健康，经营好企业，持续为德辅博物馆输血，坚持免费开放，这就是我最大的心愿。

口述者简介

　　王冬力，1967 年生。辽宁朝阳人。朝阳德辅博物馆创建人，红山文化专题收藏家，朝阳红山文化研究所研究员，朝阳市委党校、吉林师范大学、渤海大学、上海职业学院客座教授。致力红山文化研究和收藏，先后在专业期刊发表多篇学术论文，出版专著《红山石器》《红山实器》《德辅典藏》。2009 年 9 月，个人出资创立朝阳首家民办博物馆——德辅博物馆。

红山之子续写红山文明

刘国祥⊙口述　　白满达⊙整理

红山之子考红山，华夏文明探本源。龙祖玉源八千粟，文明根系在红山。

我叫刘国祥，1968年10月出生。内蒙古赤峰人。中共党员。1986年9月至1990年6月，就读于北京大学，获历史学学士学位。1995年9月至1997年6月，就读于中国社会科学院研究生院，获历史学硕士学位。2009年9月至2015年6月，就读于中国社会科学院研究生院，获历史学博士学位。2006年至2007年，在美国哈佛大学哈佛燕京学社做访问学者。2010年3月，在中央党校第32期哲学社会科学教学与科研理论骨干研修班进修。

1990年7月开始在中国社会科学院考古研究所工作；1992年到1993年，参加内蒙古自治区敖汉旗兴隆洼遗址的发掘；1994年，参加四川省巫山县魏家梁子、欧家老屋遗址的发掘；1995年，晋升助理研究员；1998年9月到10月，作为考古领队主持发掘内蒙古自治区呼伦贝尔市海拉尔区谢尔塔拉遗址；2000年，晋升副研究员；2001年到2003年，作为考古领队主持发掘内蒙古自治区敖汉旗兴隆沟遗址；2003年起，任中国社会科学院考古研究所内蒙古第一工作队队长；2008 年，晋升研究员；2013 年到 2014 年，作为考古领队主持发掘内蒙古自治区呼伦贝尔市陈巴尔虎旗岗嘎墓地；2015 年 6 月，晋升三级研究员；2016 年起，担任中国社会科学院大学（中国社会科学院研究生院）博士生导师；2017 年起，任中国社会科学院考古研究所党委委员；2022 年 10 月起，任中国社会科学院考古研究所科研处处长；2023 年 6 月，晋升二级研究员；2023 年到 2024 年 12 月，作为考古领队主持发掘内蒙古自治区敖汉旗西大梁遗址。现任中国历史研究院副院长，机关纪委书记，中国考古博物馆馆长，中国历史研究院科技考古与文化遗产保护重点实验室主任、首席专家，研究员，博士生导师。

红山之子步入兴隆洼

燕山以北，内蒙古、辽宁、河北交汇处，有一个叫喀喇沁旗的地方，隶属内蒙古自治区赤峰市，这就是我的家乡。

喀喇沁旗东距著名的红山文化命名地红山遗址仅 50 千米，东南距红山文化著名遗址辽宁省朝阳市建平县牛河梁遗址不到 130 千米，处于红山文化区中心位置。

浓郁的红山文化氛围，使我从小就受到红山文化的熏陶，加之对学习历史的热爱，1986 年从喀喇沁旗王爷府蒙古族中学毕业，高考时就报考了北京大学考古系，并被录取。

经过了 4 年的燕园读书生活，1990 年 7 月，我从北京大学考古系毕业后进入中国社会科学院考古研究所工作，被分配到内蒙古工作队，跟随着

红山文化之谜
——考古挖掘"三亲"者口述

名考古学家杨虎先生参加内蒙古自治区赤峰市敖汉旗兴隆洼遗址发掘，从此便与红山文化考古结下不解之缘。

兴隆洼遗址地处牤牛河上游敖汉旗兴隆洼镇一个叫兴隆洼的小乡村，位于村东南约 1.3 千米的丘陵西缘，是一片距今 8000 年的新石器时代遗址。它坐落在东西走向山梁向北伸出的两道漫岗坡地上，南为连亘群山，北向视野开阔，东有牤牛河上游的一条主流，选址极为讲究。

兴隆洼遗址考古是我走出校门回到内蒙古家乡后第一次参加的田野考古发掘。1992 年，历时 6 个月的发掘，揭露面积 1 万余平方米，清理出一批兴隆洼文化时期的房址、窖穴、居室墓葬等遗迹，出土遗物丰富，被评为 1992 年度全国十大考古新发现，1993 年荣获国家文物局颁发的首届"田野考古奖"二等奖。

这些房址布局有方，排列有序，均为圆角方形，有的略作长方形，全部为半地穴式建筑。整个聚落中央，有两座最大的房址，面积达 140 平方米，尚未发现门道，可能以梯出入。中间为灶址，环灶有 4 或 6 个较大的柱洞，沿穴壁边的四边各有 5 ～ 6 个较小的柱洞。房址周围和东北侧有窖藏坑。

此外，遗址中还有世界上新石器时代最为奇特的葬俗——居室葬（共 30 余座）和人猪合葬墓（1 座），有中国目前所知年代最早的磨光玉器——玉玦，有中国最早的用成百个蚌壳串联而成的蚌裙，有中国最早的陶器线形"之"字纹，整个聚落 300 到 500 人。

兴隆洼遗址是我国现今发现的新石器时代规模最大、保存最完整且经过全面揭露的带有环壕的原始聚落，被称为"华夏第一村"、"中华始祖聚落"和"世界建筑史上的奇迹"，是中国新石器时代聚落考古的范例。兴隆洼文化的发现和确认，不仅为红山文化在本地区找到了直接源头，而且确立了西辽河上游地区与黄河中下游地区新石器时代考古学文化并行发展、相互影响的历史地位，对于探索中华文明的起源也具有十分重要的学术意义。

我长期在内蒙古东南部地区开展田野考古工作，兴隆洼文化和红山文化是我的学术研究主题，也是自己长期的研究兴趣所在。

揭秘玉源祖神八千粟

1992年这次兴隆洼遗址考古发掘，是我在内蒙古地区田野考古发掘的"处女作"，在随后的30多年间，我在赤峰地区主持了多项田野考古调查和发掘工作，主要包括红山遗址群调查、城子山遗址群调查、C形玉龙出土地点调查、兴隆沟遗址发掘等，先后发现了玉龙源头、八千粟和红山祖神。

兴隆沟遗址第一地点西区的一座祭祀坑底部，发现有一对野猪头骨，身体用陶片和碎石块摆放成S形，这是兴隆洼文化远古先民崇拜猪首龙的原始形态；赵宝沟文化小山尊形陶器的腹部刻画出鹿、猪、鸟三种动物图案，动物头部均高度写实，身体部位则采用抽象的艺术手法加以表现，各种飞扬的勾角恰似腾飞的羽翼，令三种动物充满了灵性，猪首的獠牙突出，身体呈S形蜷曲，这是目前所见最生动、最形象的猪首龙形象；红山文化时期的玉龙分为两类，一类为C形玉龙，另一类为玉猪龙，在西辽河流域的史前考古材料中找到了发展和演变的轨迹。河南、陕西所发现的商至西周时期的贵族墓地中出土有红山文化玉猪龙，足以彰显红山文化玉器对后世的影响力。红山文化玉龙是中华龙的本源。

红山文化之谜
——考古挖掘"三亲"者口述

2001 年至 2003 年，由我担任领队的中国社会科学院考古研究所内蒙古第一工作队，对敖汉旗兴隆沟遗址进行了三次考古发掘，通过浮选法获得 1500 余粒经过人工栽培的炭化粟黍籽粒，其中黍占 90%、粟占 10%。

经碳 –14 年代测定，这些炭化粟黍距今约 8000 年，其中的黍是目前已知世界人工栽培最早的谷物，距今约 7600 年，比此前中欧地区发现的谷物早了 2700 年。

敖汉旗的旱作农业萌芽于小河西文化时期，发展于兴隆洼文化时期，成熟于红山文化时期，有着 8000 余年的栽培史。敖汉旗旱作农业起源发展和成熟，助推了中华文明的形成。

2012 年 5 月 23 日，为实施中华文明探源工程（第三阶段）红山文化聚落考古调查，中国社会科学院考古研究所内蒙古第一工作队与敖汉旗博物馆联合对兴隆沟遗址第二地点进行了考古调查、测绘，采集到人像残片并进行拼对，随后展开抢救性发掘，获得陶人头部残片及胳膊残段。后者出土于房址之中，与其共出的还有一件"之"字纹泥质红陶片，属于红山文化典型陶片，而其所处的兴隆沟遗址第二地点，又是一处非常典型的红山文化晚期聚落，年代在距今 5300 年左右，与牛河梁遗址大体同时，由此正式确定了陶人的文化性质及年代，体现了考古发掘的重要性。

2012 年 7 月 6 日，陶人被完整复原，这是中华文明探源工程（第三阶段）的重要成果，意义重大。陶人通高 55 厘米，是目前能够完整复原的形体最大的红山文化陶质人像。他的头部戴冠，额前有条带状装饰物，上身写实，下身写意，右手搭放在左手之上，神态威仪，两颊凹陷做呼喊状，与蒙古人呼麦的口型一致。史前时期的冠为王者的象征，额前的装饰物近似于"帽正"，可见于明太祖朱元璋画像，其位于发冠正中，包含了"中"的观念。

如何定位这尊整身陶人？苏秉琦先生曾对牛河梁女神头像给予过科学的定位，认为她是"红山女祖，中华共祖"。陶人与女神头像有所区别，后者为泥塑，发现于女神庙内，属于埋葬和祭祀中心，用于供奉死者，而陶人经过烧制，出土于房屋之中，是红山文化先民敬奉、祭祀、崇拜的祖先形象，这一点有别于以往所有发现。由此，认定他为"中华祖神"，是5000 年前我们祖先的形象，也是红山文化晚期王者或巫者的形象。因此，兴隆沟陶人是一件非常特殊而且重要的文物。

陶人现展出于敖汉旗博物馆，每年有大量的观众，包括国内外的专家学者到馆内进行观摩，北京大学的严文明先生称赞其为东北亚的神，美国加利福尼亚州大学的罗泰先生也惊讶于红山人的精神世界。可见，陶人在世界范围内引起了巨大的反响。

兴隆洼遗址考古发掘成果只是西辽河流域系列考古的一瞥。目前，在中华文明探源的历程中，红山文化考古发现与研究取得丰硕成果。这些成果包括以下几方面：

一、发掘出一批典型遗址。如红山后遗址、牛河梁坛庙冢遗址、东山咀祭祀遗址、兴隆沟遗址第二地点、那斯台遗址、草帽山积石冢遗址、哈民忙哈聚落遗址、魏家窝铺聚落遗址、白音长汗遗址等。

二、完成了红山文化分期和类型划分。红山文化延续时间较长，根据遗迹、遗物的典型特征以及碳 –14 年代测定的年代数据判断，红山文化的年代应为距今 6500 至 5000 年，分早、中、晚三期，每一期又可分出早、晚两段。根据遗址的分布状况和文化面貌的差异性，可将红山文化划分为魏家窝铺、牛河梁 – 兴隆沟、哈民忙哈、那斯台四个类型，分别集中于老哈河流域、大小凌河流域、通辽地区和西拉木伦河北部。

三、开展了聚落考古研究。对聚落遗址群分布特点和相互联系、同等级聚落分布特点和相互关系、聚落形态演变特征等进行了深入研究。

四、开展了红山文化墓葬与祭祀遗存研究。首先,举行祈雨仪式以祈求丰收可能是红山文化宗教典礼的核心之一;其次,祭祀遗存中蕴含了红山先民的天文学知识;最后,红山文化晚期进入初级文明社会,墓葬的等级是礼制的体现。

五、开展了彩陶研究。彩陶的出现,彻底改变了辽西地区新石器时代陶器装饰风格的总体面貌,成为辨识红山文化的核心要素之一,因此,彩陶是红山文化非常重要的器类,也是主要的艺术成就,在红山文化早期晚段开始出现,至中、晚期发展成熟,体现出红山文化先民超强的借鉴和学习能力,以及艺术创造和审美的能力。

六、开展了玉器研究。根据造型特征的差异及使用功能的不同,将红山文化玉器分成六大类,分别为装饰类玉器、工具或武器类玉器、动物类玉器、人物类玉器、特殊类玉器、其他类玉器。装饰类玉器主要包括玉玦、玉环、玉珠饰、玉管、绿松石坠饰和耳饰、菱形玉饰、玉曲面牌饰等;工具或武器类玉器主要包括玉(石)钺、玉斧、玉棒形器等;动物类玉器主要包括玉龙、玉龙凤佩、玉凤、玉凤首、玉鸟、玉鸮、玉龟、玉蚕、玉蝈蝈、玉鱼、玉兽面牌饰等;人物类玉器包括玉人、玉人面饰;特殊类玉器主要包括斜口筒形玉器、勾云形玉器、玉璧、双联玉璧、三联玉璧、三孔玉器等;其他类玉器包括玉芯、玉料等。同时对玉器的使用功能、玉雕工艺和玉料来源进行了深入研究。

七、开展了经济形态研究。获知早在新石器时代中期的兴隆洼文化阶段就已经出现了原始农业,西辽河上游地区应该是中国北方旱作农业起源地之一,但同时也有非常发达的渔猎经济。

八、开展了红山文化传承与红山文化交流的研究。对红山文化玉器与兴隆洼文化玉器的关系、红山文化精神信仰与本地区的关联、红山文化对后世的影响等进行了深入研究，并对红山文化与仰韶文化、凌家滩文化、良渚文化等交流进行了深入研究。

申遗不能少哈民

鉴于红山文化考古发现与研究取得的丰硕成果，以及在全球的影响力不断增大，2012年，红山文化遗址成功列入《中国世界文化遗产预备名单》，2014年，赤峰市与朝阳市共同签署了《红山文化遗址联合申报世界文化遗产工作备忘录》，宣布将联合对红山文化魏家窝铺遗址、红山后遗址、牛河梁遗址进行联合申遗。

我曾担任专家组组长，负责赤峰红山后遗址和魏家窝铺遗址申遗文本的起草工作。可令我没有想到的是，一晃10年过去了，这项工作仍在推进的过程中。

红山文化申遗，成了一块硬骨头！

红山文化申遗点选择了辽宁省朝阳市牛河梁遗址，以及内蒙古自治区赤峰市红山后遗址和魏家窝铺遗址。

牛河梁遗址共有遗址点43处，距今约5500至5000年，为迄今发现最大的红山文化晚期祭祀与墓葬中心。该遗址由女神庙、祭坛和积石冢三类遗址构成，其分布、形态特征与出土遗物具有极强的规划性与等级性，反映出红山文化晚期空前的社会组织能力。遗址出土的玉龙、玉凤、玉人等器物，制作技艺高超，成为中国社会长久以来"唯玉为葬"习俗的重要源头之一。

红山后遗址距今约 6000 年,"红山文化"由此得名。遗址出土了陶器、石器、骨器等,红山应该是红山文化远古先民崇拜和祭祀的圣山,在中华文明起源进程中占有重要地位。

魏家窝铺遗址占地面积约 15 万平方米。截至目前,遗址共揭露房址 114 座、灰坑 219 座、灰沟 4 条、灶址 16 座、墓葬 2 座,出土陶器、骨器、蚌器等遗物千余件。该遗址是目前内蒙古境内规模较大、保存较为完整、发掘面积最大的红山文化时期的环壕聚落遗址。该遗址所处的位置对研究红山文化时期南北方文化的交流与碰撞、社会结构与发展等具有重要意义,并对中华文明起源研究起到举足轻重的作用。

选择这 3 个遗址作为申遗地点,是综合考虑了红山文化各遗址考古发掘进程、保护状况以及在整个文化中的代表性等。

忙哈沙漫漫,枫叶满园红。这便是西辽河流域著名的新石器遗址——哈民遗址。

"忙哈"是蒙古语"沙坨子"的意思,哈民遗址就坐落在西辽河流域一片栽满五角枫的沙坨子上。这里是通辽市科左中旗腹地,南望西辽河,北靠新开河。遗址所在相对低洼平坦,被掩埋在 1 米多厚的风积沙层下,总面积达 17 万平方米。

2010 年至 2014 年,内蒙古文物考古研究所联合多家科研院所、大专院校对哈民遗址进行了连续大面积有计划的科学考古发掘工作,发掘总面积 8200 余平方米,共清理出房址 81 座、灰坑 61 座、墓葬 14 座、环壕 2 条,出土石器、玉器、陶器、骨器、蚌器等文物 2000 余件,出土炭化的黍、粟、大籽蒿等植物种子 80 多万粒,人骨 205 例。

经考古发现,哈民遗址距今约 5500 至 5000 年,是西辽河流域一处大型史前环壕聚落遗址。哈民遗址的考古发掘被评为"2011 年度中国十大考古新发现"。2019 年 10 月,哈民遗址被列入第八批全国重点文物保护单位名单。

我一直认为哈民遗址是一处红山文化晚期的大型聚落遗址,并对其考古材料进行了认真研究,将其划分为红山文化"哈民类型"。然而,当我第一次来到哈民遗址时,立即被眼前景象所震撼,无论是保存完整的房屋炭化木质构架、房址内大批人骨遗骸,还是精美绝伦的玉器、陶猪、系列酒器,都让我惊叹不已!

我认为,哈民遗址是目前西辽河流域经过正式考古发掘的规模最大的史前聚落,房屋布局有序,小型房屋围绕大型房屋,社会分层明显,出土遗物丰富,玉器作为礼器使用,具有祭祀天地和祖先的功能。哈民与牛河梁、那斯台、魏家窝铺具有时代共性,又有地域区别,共同组成红山文化的四个不同类型,成为西辽河流域史前文明的重要考古见证,为探索中华文明多元一体格局的形成和发展提供了学术支撑。

红山文化申遗不能少了哈民,应把哈民遗址填补到红山文化申遗点中,使红山文化申遗内容更加丰富。

红山曙光　红山根系　红山文明

红山文化,是考古学家尹达先生 1954 年根据赤峰市城区东北郊一座名为"乌兰哈达"的山而命名的。"乌兰哈达"蒙古语意就是"红色的山峰"。

红山文化是以辽河流域西拉木伦河、老哈河、大凌河为中心,包括燕山及其南麓至渤海湾在内的新石器考古学文化,分布面积达 20 万平方千米，距今 6500 至 5000 年，延续时间达 1500 年之久。其中心区域在考古学研究中通常称为辽西地区，该地区连接东北平原与中原腹地，属于典型的文化交汇区域，史前文化内涵具有鲜明的东北区域特色，又与中原地区保持了紧密的联系，是探寻中华 5000 年文明起源的重要考古学文化之一。

辽西地区的考古工作早在 19 世纪末就已开始，是中国现代考古学的肇始地之一。1914 年，日本人类学家鸟居龙藏发表文章，首次向世人披露了西拉木伦河流域考古遗存。之后，法国传教士桑志华等人亦到辽西一带调查，发现新石器时代遗址 20 多处。

最早在辽西地区开展考古工作的中国学者是考古学家梁思永先生。1930 年他主持完黑龙江昂昂溪遗址发掘后，转道进入赤峰、林西开展考古调查。1935 年，赤峰红山后遗址出土了一批实物资料。1954 年，考古学家尹达根据梁思永的建议，正式提出红山文化的命名。

经过 80 多年的考古资料积累，辽西地区已初步建立起新石器时代至早期青铜时代考古学文化年代序列和谱系关系。已经确认的考古学文化有小河西文化、兴隆洼文化、富河文化、赵宝沟文化、红山文化、小河沿文化、夏家店下层文化，年代序列完整，相互间具有明显的传承、发展关系。

从中不难看出，红山文化之前，辽西地区有四支重要的考古学文化。红山文化之后，辽西地区又先后出现了两支考古学文化，红山文化处于承前启后的重要位置，这一位置也是中华文明起源和形成的重要时期。

对中华文明的起源，著名考古学家苏秉琦先生提出"满天星斗"说，他认为新石器时代的中华大地存在着发展水平相近的众多文明，如同天上群星璀璨。"满天星斗"时期持续了 2500 至 3000 年或更长。

在此基础上，苏秉琦提出了将考古学文化分类的理论，即分成区、系、类型三个等级。透过对考古学文化的分类，苏秉琦架构起关于中华文明起源的三部曲理论，即古文化、古城、古国。

在这个理论中，苏秉琦将中国考古文化区划分为六大区，其中红山文化所在的辽西文化区属于北方新石器文化区系（重点指以燕山南北长城地带为中心的北方地区），而西辽河流域则是这一区系的中心。

红山文化著名考古学家郭大顺据此提出"东北文化区"概念，并指出："东北文化区不是边远文化区，也不是在中原文化影响下进入文明社会的次生文明区，而是与中原区和东南沿海区并行交汇，在某些重要发展阶段如文明起源和某些重要方面如传统文化因素的形成等，东北区更先走一步，从而成为中华文化起源和文明起源中起到主要作用的三大区域之一。"

郭大顺先生说过："从红山文化对后世文化影响来看，可以说红山文化是中国民族文化这棵大树根系里的直根系。"

从1935年红山文化遗存被首次揭示至今，已走过80多年发展历程，其考古发现与研究成果表明，红山文化是中国东北地区最著名的新石器时代考古学文化之一，也是在东北亚地区具有广泛影响力的一支新石器时代考古学文化，对中国文明起源和早期社会发展进程及商周文明产生了深远的影响。

那么，红山文化是否进入了文明时代？我在系统梳理了红山文化田野考古调查和发掘材料后，对红山文化发现与研究历程、类型与分期、聚落空间分布特点、布局特征、埋葬习俗、祭祀遗存、经济形态、原始宗教信仰、手工业生产的专业化与社会分工、社会分化与等级制度确立、与本地区及相关地区考古学文化关系等问题进行了深入探讨，最终确认距今5300至5000年的红山文化晚期晚段，以牛河梁遗址上层积石冢阶段的埋葬和祭祀遗存，以及兴隆沟、那斯台、哈民等不同规模的聚落遗存为代表，辽西地区进入初级文明社会，红山文明最终形成，成为中华5000年文明的重要组成部分，对中原地区古代文明的形成和发展产生深远影响。

红山文化步入初级文明社会的依据有八个方面。

一、红山文化遗址分布密集，是人口迅猛增长的标志，而聚落间的分级和超大规模中心聚落的出现是社会组织复杂化的印证。

二、在房址形制和聚落布局方面，自小河西文化至红山文化均流行半地穴式建筑，但红山文化时期出现了抹有白灰的居住面，流行瓢形深坑式灶，与其他文化的房址有别。

三、在祭祀性遗址的分布和布局方面，积石冢建在山梁或土丘顶部，有单冢与多冢之分，规模大小有别，牛河梁遗址集坛、庙、冢于一体，分布范围广达50平方千米，是红山文化晚期已知规模最大的一处中心性祭祀遗址。

四、红山文化晚期，社会分化加剧，出现了掌管宗教祭祀大权和社会政治大权的特权阶层，等级制度确立。

五、红山文化中、晚期，农业经济占据主导地位，渔猎、采集经济依旧十分发达，稳定而富足的食物来源为人口的迅猛增长和手工业分化提供了基本保障。

六、红山文化时期，生产力水平显著提高，手工业分化日趋加剧，出现了从事建筑、制陶、玉雕、陶塑与泥塑等专业化人才队伍。

七、红山文化时期的科学和艺术成就引人注目，前者是推动社会发展的强大动力，后者是展示社会繁荣和先民智慧的重要标志。

八、红山文化时期广泛吸纳周邻地区史前文化的强势因素，成为辽西地区史前社会发生质变的重要推动力。

中国境内名山很多，如果说有哪一座山承载了中华 5000 年文明源头的历史，唯有内蒙古赤峰市的红山；辽西地区山梁纵横，如果说有哪一道梁见证了红山文明的崛起与辉煌，唯有辽宁省朝阳市的牛河梁。红山文明研究，让我魂牵梦萦！

口述者简介

刘国祥，1968 年生。内蒙古赤峰人。中共党员。中国历史研究院副院长，机关纪委书记，中国考古博物馆馆长，中国历史研究院科技考古与文化遗产保护重点实验室主任、首席专家，研究员，博士生导师。学术专长为东北地区新石器时代考古学研究、北方草原青铜文化研究、中国古代玉器研究。著有《红山文化研究》等。

厚积薄发阐释红山文化

贾笑冰⊙口述　　郭明⊙整理

　　我是贾笑冰，1970年出生，1988年进入吉林大学考古学系考古专业学习。1992年毕业后分配至中国社会科学院考古研究所史前考古研究室工作。先后在内蒙古赤峰、安徽蒙城、山东茌平、辽宁大连、新疆温泉等地开展田野考古发掘工作。2020年，成为牛河梁遗址考古发掘项目负责人，开始了牛河梁遗址的考古发掘和研究工作；2021年，由我主导的"考古中国——红山社会文明化进程研究"项目获批立项；2022年，红山文化考古中国项目正式实施，协调三省区考古科研单位和高校共同开展的田野工作将红山文化研究推入了一个新的阶段。

　　从1990年第一次参加考古发掘到2020年成为全国重点遗址的发掘领队，30年的时间里我大约每隔10年都与红山文化有短暂接触，似是一场漫长时间里不断的检验和试探，随着接触的加深终于成就了一场双向的奔赴。

　　1990年的第一次考古发掘是参加学校组织的田野考古实习，发掘位于赤峰西道村的点将台遗址，这是一处夏家店下层文化的遗址，虽然发掘的并不是红山文化的遗址，但首次发掘便进入红山文化的核心区域，或许也是为后来多次在辽西地区发掘、最后发掘牛河梁遗址埋下了伏笔。

堆积厚、遗迹关系复杂是夏家店下层文化遗址的普遍特点，对复杂遗迹和堆积的认识是非常难得的田野发掘能力的培训，为从事田野考古工作打下了坚实的基础。

由于当时没有招到工人，从发掘出土到绘图整理资料都得自己完成，我发掘的一个灰坑几乎与负责的探方面积差不多，挖了 4 米多还没到底，工作量可想而知，夏天出汗多的时候背心脱下来都能拧出水。我们是吉林大学考古学系历届以来唯一一个没有女生的考古班，都是小伙子，天太热脱了衣服继续干活儿倒是方便，不用考虑影响。年轻到底是精力充沛，一顿饭可以吃下十几个包子，挖了一天的土之后，仍然有精力踢足球，虽然条件艰苦、工作又累，却从中找到了很多的乐趣，这也为后来继续从事考古工作做好了心理上的预备。

实习结束回到学校，以褚晓波、张宝宗、赵永军和我为主力，还做了个发掘实习汇报图片展，以照片、文字配合简单的展板完成了第一次的"展览设计"，这也可以算是现在流行的"公众考古"了吧。记得当年的展览放在吉林大学老校区文科楼的三楼楼道，众多的文科专业中只有考古系有赴外实习，其他专业的同学们都对野外工作特别是考古发掘充满了好奇，课间休息时，展板前总是围满看热闹的同学。这个展板的设计制作是我和褚晓波完成的，所以我俩的一大乐趣就是站在围观同学的身后，默默听着同学们或惊叹或羡慕的夸赞之词，也算有些自恋吧。当时并未有明确的超前意识，更多的是兴趣使然。

一直到现在，考古实习都是考古专业的学生分流的重要节点，而我则是通过了这次"考验"并从中发现了乐趣的考古学生之一。经过第一次田野实习，虽然对考古有了一定的认识，但对自己未来的发展并没有明确

红山文化之谜
——考古挖掘"三亲"者口述

的定位和清晰的想法。20世纪80年代，牛河梁遗址的风头正盛，世界各地的学者都会来牛河梁遗址参观，看这个5000多年的坛庙冢是什么样的，而苏秉琦先生以超越的眼光将牛河梁遗址的考古发现与中国传统文化联系起来，5000年的文明曙光的意义不言而喻。虽然夏家店下层文化与红山文化时代不同，文化面貌上差别也比较大，但赤峰地区是以上两支考古学文化的核心区，夏家店下层文化是红山文化之后辽西区最为繁盛的"方国"文明，契合了苏秉琦先生"古国—方国—帝国"连续体的学说，这次发掘让我第一次对辽西区古文化发展演变有了直观认识。

本科毕业之后（1992年）我进入中国社会科学院考古研究所工作，被分配到史前考古研究室安徽工作队，机缘巧合，参加工作之后的第一个发掘项目居然仍然在赤峰，发掘兴隆洼遗址。兴隆洼遗址是兴隆洼文化的典型遗址，年代上早于红山文化，属于红山诸文化中的"先红山文化"，红山文化中有许多的文化因素就继承自兴隆洼文化。兴隆洼遗址虽仍可发现少量房址之间存在打破关系，跟之前发掘的点将台遗址相比，堆积相对简单，对平面布局和遗迹间平面上联系的判定的重要性明显增加。可能受这一时期建筑技术还不完善的影响，半地穴式房址修建的时候下挖得比较深，虽然也会受到后期生产生活的破坏，但能够保留下来的遗存也更加丰富。1993年在兴隆洼遗址协助杨虎先生指导吉林大学本科生田野考古实习过程中，一位同学发掘到了两个红山文化灰坑。记得那是两个圆角长方形的灰坑，坑内都有台阶，各自出土了一个陶塑的小人像，当时兴奋不已，算是初步触碰到了红山文化的魅力。

第一个十年在辽西区发掘的内容主要围绕红山文化的外围，在源流两端做工作，但也零星接触到了红山文化遗存。进入考古领域后最初几年的发掘都在辽西区，熟悉了辽西区的文化发展的序列，对于这一区域的堆积特点、遗存特征也有了初步的认识，为进一步了解红山文化打下了基础。

第二个十年有了新的机会，这次不再是在外围打转了，而是可以发掘红山文化遗址了。2001 年到 2003 年，又一次回到赤峰，发掘兴隆沟遗址，这也是我参与发掘的第一处红山文化的遗址。兴隆沟遗址由三个遗址点组成，三个遗址点距离较近，兴隆洼文化、红山文化、夏家店下层文化各自占据一个区域，分布范围明确，第二地点是一处典型的红山文化遗址。

兴隆沟遗址与兴隆洼遗址同属敖汉旗，距离也不算远，环境和堆积情况都较为相似，工作各方面驾轻就熟。与实习的时候发掘的夏家店下层文化点将台遗址复杂的堆积情况不同，红山文化遗址保存浅、堆积薄，遗迹普遍较为简单，但遗迹的判定却并不容易，没有直接的叠压打破关系，遗迹间关系的建立就更加依赖于平面的关系，而这也是红山文化遗址发掘中最为困难的内容之一。而与兴隆洼文化相比，遗迹保存状况较差，由于半地穴房址本身较浅，更容易受到现代活动的破坏，不仅遗迹的开口层面被破坏，甚至遗迹的保存都不完整。修建在向阳坡地上的房址，坡下部分多被破坏，房址内外的界限被打破，而帮助判断遗迹之间平面关系的"地面"更加无从确定。再加上红山文化的房址可能延续的使用时间并不长，房址内外堆积的差异不明显，这些都会影响对遗迹的判定，很考验发掘者的经验和水平。虽然兴隆沟遗址是在赤峰地区发掘的遗迹层位最为简单的遗址，但发掘的困难也非常显著。

经过 2001 年到 2003 年的发掘，清理 8 座房址、几十座灰坑和环壕的局部，由此确认兴隆沟遗址第二地点是一处红山文化的环壕聚落。遗址整体规模不大，遗迹也以房址、灰坑和壕沟为主，相对较为简单，出土了几件小型人塑像，其中印象最深的就是陶塑三人环抱像，这为灰坑增加了几分神秘的色彩。兴隆沟遗址第二地点是继西台遗址之后系统发掘的红山文化中小型居住区，发掘的时候并未能意识到其重要意义，到如今将红山文化作为研究的重点了，才更加注意其特别的意义。红山文化遗址的重要性并不是完全通过遗址的规模来体现的，小型遗址所代表的人群的多样性也是体现红山社会管理的规模和复杂性的重要一环。

有点遗憾的是，由于工作原因离开工地时，兴隆沟遗址第二地点的发掘尚未完全结束，未能完全搞清这个规模不大的红山文化遗址完整的结构和布局，后来在发掘区西侧清理出来的陶人像和房址都显示其结构和功能可能比预想的更为复杂。

这是我第一次发掘红山文化遗址，因为当时确认的主要研究方向已经不在辽西，更多是临时"客串"的性质，发掘的思考更多是着眼于遗址本身的现象，并未深入。

再次与红山文化密切接触就到了2010年，配合中华文明探源工程第三期项目的开展，需要对牛河梁遗址第一地点进行测绘，作为当时为数不多可以熟练掌握测绘技术的年轻人，我成为完成这项工作的首选，而这也进一步加深了我和红山文化的缘分，有机会进入红山文化的核心区。

彼时RTK测量仪器（Real Time Kinematic，实时动态测量）尚未出现，全站仪是最为先进的测绘设备，这项工作需要至少两个人来完成，一个人带着移动靶杆确定需要测绘的遗迹的点位，另一位则操控全站仪主机，通过棱镜反射的激光回波获得测绘点的数据，这项工作由我带领一位掌握测绘技术的技师共同完成。第一地点当时仅发掘了"女神庙"，如何依据地表可见的现象判断遗迹是测绘中面临的另一个关键问题，需要更多的经验和学术判断，所以"跑杆"的工作就自然地落在了我的头上。

牛河梁遗址所在的区域有东北亚面积最大的人工油松林，是按照一米间隔人工种植的，全站仪测绘要求主机位置可以看到移动靶杆上的棱镜才

◎ 全站仪测绘

能定位，密集的林木直接影响了全站仪所要求的通视，需要多次"移站"才能完成一个遗迹的测绘。区域内有多条很深的冲沟，对测绘者的体力和精力无疑是巨大的挑战。由于各种因素的限制，牛河梁遗址第一地点主要遗迹的测绘历时一个多月才完成，这次的测绘成果也被写入牛河梁遗址发掘报告，成为第一地点重启发掘之前最重要的认识第一地点结构布局的实测图。

工作的复杂性增加了工作的时长，也提供了更多了解牛河梁遗址的时间。这时，牛河梁遗址自 1983 年开始的考古发掘工作初步告一段落，进入资料整理和报告出版阶段，由于补充绘图、测绘等需要，遗址尚未回填，保护展示馆也尚未建设完成，所以有机会近距离地看到此前只能在资料、照片上看到的牛河梁遗址。除了测绘的第一地点之外，也见到了遗迹面积最大的第二地点，以及久负盛名的"东方金字塔"（第十三地点）的真容，可以触摸 5000 多年前的石墙，得以对"圣地"形成一个直观的印象。

在"坛庙冢"所共同构筑的有机联系的祭祀礼仪活动体系中，位于第一地点的庙无疑是其中最重要的内容，然而庙的总面积仅有 75 平方米，所在区域地势较低，在其北侧地势较高的山坡上，还有规模更为宏大的"山台"。这不禁让人有这样的疑问，面积、规模更大的山台是否是第一地点乃至牛河梁遗址更为重要的遗迹呢？可能第一地点有着更为重要的认识牛河梁遗址的信息，更可能是全面认识牛河梁遗址的关键所在。带着这样的问题，第一次萌生了想要发掘牛河梁遗址的想法，希望有机会在实践中验证这些认识。这一想法得到了时任中国社会科学院考古研究所所长的王巍先生的支持，经与辽宁省文物考古研究所沟通，初步达成了联合发掘牛河梁遗址的意向。但因为发掘报告尚未出版，发掘未获批准，这也是从事考古工作以来距离发掘牛河梁遗址最近的一次。能在这么重要的遗址开展工作是考古人梦寐以求之事，但因为彼时辽东鞍子山遗址的发掘和新疆博尔塔拉河流域考古调查都在进行中，也没有太长的时间纠结于此，只将其作为职业生涯中一个小小的遗憾。

2012 年，牛河梁遗址发掘报告出版后，辽宁省文物考古研究所组织开展了"大凌河中上游地区考古调查"，并开始规划重新启动红山文化的考古发掘，其间做了一系列的规划。2016 年，国家文物局批准了牛河梁遗址区及周边区域的三个主动性发掘项目，分别是下台子遗址、南梁垱口遗址和牛河梁遗址第一地点。考虑到牛河梁遗址第一地点的结构复杂，且有特别重要的女神庙，发掘力量方面需要特别加强，国家文物局在审批发掘执照时特意提出要求中国社会科学院考古研究所参与发掘工作。

在此之前的几年，我的考古工作的重心刚开始转向辽宁，2004 年开始进入辽宁大连开展贝丘遗址调查，2006 年发掘大连长海县的小珠山遗址，2007 年以小珠山遗址发掘为基础，重新恢复了考古所东北队的建制。牛河梁遗址重启发掘之时，我已经是我们研究所史前考古研究室东北工作队的队长，因此，顺理成章地成为代表考古所参与牛河梁遗址发掘的不二人选。

然而，工作安排又不允许我将全部精力投入到牛河梁遗址发掘中。此前一年，我领队的新疆温泉呼斯塔遗址的发掘刚刚获批，发掘需要持续开展；中国首个中埃联合考古项目——卢克索孟图神庙的发掘也顺利获批，此前并无相关领域的工作经验，作为项目执行领队很多事情必须亲力亲为。幸好三项发掘的主要工作时间不同，不至于分身乏术。

根据各发掘项目的主要田野工作时间不同我做了紧密的安排：埃及和呼斯塔遗址的发掘季较短，且能开展工作的时间较为固定，因此也就开始了冬天奔赴埃及，春、秋赶往牛河梁，夏季去新疆发掘的繁忙旅程。因为此次发掘由辽宁省文物考古研究所主导，有辽宁的同行一直在现场工作，

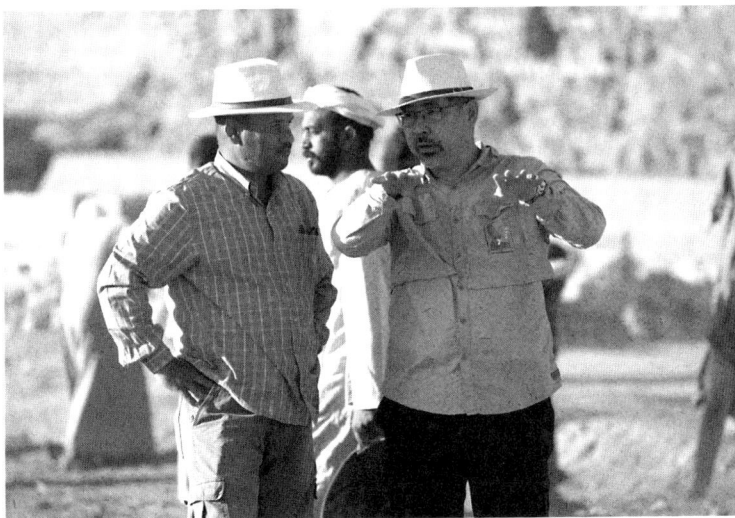

◎ 贾笑冰（右一）在埃及发掘孟图神庙

我所承担的角色更多是在田野操作层面提供指导、建议，虽然不能常驻工地，但可以参与年度项目的开始和结项两个关键时刻的工作。从某种意义上来说，牛河梁遗址的发掘和红山文化的研究成为我个人众多关注点中的一个。

然而这次发掘重启并不顺利，因为牛河梁遗址区是林地，用地手续烦琐，各种关系尚未协调好，所以发掘仅持续了两年。2017 年的发掘仅开展了一个月，刚开始布方发掘即宣告结束；2018 年的工作稍微好一点，完成了一个工作季的发掘，并初步形成了一些新的认识。由于各方面协调得不够顺利，2019 年发掘暂停，也算是给了我一个喘息之机。

2020 年，辽宁省文物考古研究院再度申请牛河梁遗址第一地点的考古发掘，机缘巧合，我成为牛河梁遗址考古发掘项目的领队。与之前不同的是，国家文物局为了让我集中精力做好牛河梁的发掘工作，没有批准呼斯塔遗址的发掘申请。而后由于突发的疫情，埃及的发掘也只能暂停，这意味着我可以暂时结束"多线作战"的状态，专注于牛河梁遗址的发掘，也有时间开始对牛河梁遗址乃至红山文化的系统思考。

此次发掘得到了辽宁省文物考古研究院领导的大力支持，在我还在埃及发掘的时候，时任院长的马宝杰先生就已经带队前往牛河梁协调林地和地方关系。天时地利人和俱全，此次的发掘也格外顺利。

终于在考古生涯的第四个十年开始的时候，我再次来到了牛河梁遗址。这次不同于以往，牛河梁遗址和红山文化研究将成为我未来几年工作的重心。随着同红山文化、牛河梁遗址接触的增加，冥冥之中自己尚未察觉的选择和奔赴终于形成了闭环，达成了"圆满"。

发掘牛河梁遗址是机遇更是挑战，对发掘者的田野水平和经验都有着极高的要求，而将发掘重点确定为第一地点则是更有挑战性的选择。曾经常年在牛河梁遗址发掘的方殿春先生曾说："敢选择发掘第一地点，我佩服你的勇气。"而对于我而言，牛河梁遗址发掘是一项全新的项目，因为此前从未敢妄想可以成为牛河梁遗址发掘的领队，发掘前对于牛河梁遗址的认识仍停留在第一地点测绘和发掘报告发表的资料上，并没有进行深入的研究。没有素常的积累就贸然进入一个各方面已经相对成熟的领域，的确需要很大的勇气。

然而第一地点此前仅做过简单的清理，对其具体结构和内涵并无太多了解。既然是大家都不认识的遗迹，也就谈不上太多的知识积累，我的这种此前无积累、认识有限的短板便也没有那么突出了，正好可以发挥发掘经验丰富，在不同地区发掘见到的遗迹比较多，"见多识广"的优势。此前看似无规律的、完全出于兴趣而在不同区域开展的考古发掘工作则像是命运里埋好的伏笔，成为并无深厚积累的情况下进入牛河梁遗址发掘和红山文化研究领域的"蹊径"。这些看似只随着兴趣变动、毫无规划的随机发掘成为开始牛河梁和红山文化研究的"早有准备"。

牛河梁遗址能够成为影响力最大的史前遗址之一，除了"坛庙冢"的光环之外，也在于其遗址的复杂。牛河梁遗址不仅性质较为特殊，堆积也很复杂，既不是纯粹的软遗址（土遗址），也不是单纯的硬遗址（石构遗址），而是兼有两种特征的混合堆积。土遗址和石构遗址判断遗迹的早晚关系的依据并不相同，以早晚关系的平面表现为例：前者完整的遗迹年代晚而不完整的遗迹年代早；后者则相反，结构完整的遗迹较早而不完整的遗迹多为后期增补扩建，年代较晚。两种堆积的不规律组合无形中增加了发掘的难度，意味着需要随时考虑两种不同的判断遗迹关系的标准。

牛河梁遗址是祭祀礼仪类遗址，作为社会公共空间，虽然延续使用时

间较长，但形成时间较为集
中。与此相对应，堆积分层
并不明显，通常依托山体修
筑的仪式空间都有一层或几
层垫土，与生活类遗址中土
质土色的相对明显差异不同，
由于垫土内较少有遗物掺杂，
对判断遗址遗迹的土质土色
的要求很高。垫土和打破垫
土的遗迹之间的区分非常不
明显，判断遗迹的难度也很
大。石构遗迹的保存状态较
差，少见垒砌很高的清晰的

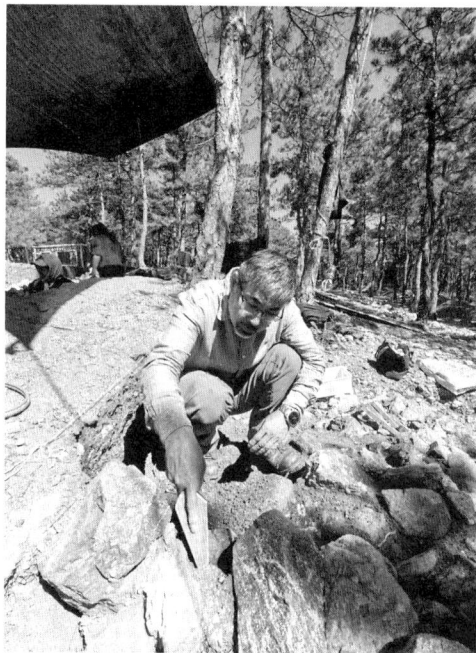

◎ 贾笑冰在牛河梁遗址发掘现场

石墙，散落的石块是红山人有意为之，还是受到破坏的结果？都是发掘中
需要不断思考的问题。

在发掘牛河梁遗址之前近三十年的时间里，我先后发掘了内蒙古点将
台、兴隆洼、兴隆沟，安徽蒙城尉迟寺，山东枣庄前掌大商周墓地、茬
平教场铺，辽宁大连小珠山、吴家村、洪子东遗址和鞍子山积石冢，新疆
温泉阿敦乔鲁和呼斯塔遗址。其间还短暂发掘了香港东湾仔北、南丫岛深
湾、沙下遗址。这些遗址遍布祖国大江南北，发掘的对象和内容也有很大
的差别。由于这些遗址的年代、文化面貌都不相同，而发掘除了要现场分
析处理遗迹现象之外，还需要总结以往的工作成果，了解与之相关的考古
学文化的源流、关系，这意味着每一项新的发掘都是知识库更新的过程。
在发掘内容不断变换的过程中，不知不觉强化了学习的能力，可以快速地进入新的状态。当然这也是有代价的，就是不得不放弃前一阶段的积累。在这些遗址发掘的时间很少超过五年，而从某一个领域深入进去逐渐形成新的认识也是需要一定的时间的，这种变换带来的最直接的结果是，某些灵感刚刚出现却未来得及形成便进入另外一个方向了，这些"了解"是非常重要的积累，却无法继续"精进"。而转向发生的时候，前一项发掘尚未结束，牛河梁遗址发掘开始时，呼斯塔遗址的发掘工作尚未结项，幸好有优秀的年轻人继续这项工作，我也很高兴这样的一批重要资料可以有人继续整理出来。对于一同工作的年轻人来说，我是一个比较慷慨的前辈，可以将自己以往发掘的"遗产"毫无保留地交给后继者。而这种研究方向的频繁变化所带来的最直接的后果就是发表出来的成果不多，被戏称为"只喜爱发掘的考古学家"。

在各地的考古发掘工作，逐渐拼凑起南起东方之珠，北至辽河流域，东起辽东半岛，西至新疆的广阔的发掘版图。通过发掘得以深入了解不同类型的遗址，积累了北方地区常见的土遗址、石构遗址和贝丘遗址的发掘经验，尉迟寺和教场铺是典型的土遗址，小珠山是贝丘遗址，鞍子山和呼斯塔是以石构为主体的硬遗址，这也是不经意间为发掘牛河梁遗址这种结构特殊、土石混筑的复杂堆积做好了准备。

第一地点不仅没有引人注目的玉器，甚至连完整陶器都很难发现，遗迹单位比记录单位大、遗物分布也不密集，如何认识这些看似分散的遗迹并从中获取认识红山社会的信息是对整个发掘团队研究和认识水平的考验。除了对具体遗迹的深入发掘之外，对牛河梁遗址这种复杂遗址的认识也需要有更宏观的视野来"识得庐山真面目"。

苏秉琦先生最早仅依靠建平、凌源、喀左区域内还相当有限的考古发现就提出了其与中华文明起源发展的密切联系和重要意义，并且提出破除

"两个怪圈"。"大一统"的观念就是两个怪圈之一，在这种"大一统"思想的影响下，长城以北的区域自然作为中原文化的边缘区域而被低估，此后虽然学术界一直提出要打破"中原中心论"，但这种中心论已经成为我们下意识的"自觉"。而这种从东到西的发掘不停看到的文化发展的实证则在不知不觉间帮我对抗了这种知识累积而形成的"自觉"，可以更好、更客观地认识北方的文化。此前在其他地区工作所带来的知识边界的扩展也为牛河梁遗址的发掘和研究带来了更为广阔的视野。

牛河梁遗址的发掘不仅让我进入文明起源研究的关键节点，此前经验和认识的长期积累终于在此处派上了用场。

但是再好的心理建设仍然需要面对未知的不确定性，考古发现并不是总如预期般发生，而且，技术层面的困难并不是牛河梁遗址发掘面临的最大的问题。

1986 年，牛河梁遗址还在发掘中，主要的几类遗迹刚刚发现，苏秉琦先生就高度概括了牛河梁遗址的重要意义，高屋建瓴地提出"红山文化坛庙冢、中华文明一象征"，将"坛庙冢"与中国文明起源联系起来，确立了牛河梁遗址在中国文明起源研究中的重要地位，这也无形中提升了牛河梁遗址发掘与研究的门槛。"坛庙冢"的认识已经是常人无法企及的天花板，更遑论想要在此基础上能够有新的认识、进一步推进研究的深入了。

牛河梁遗址的发掘与研究似乎缺了能够突破的点，以大家都觉得认识最为清晰的"积石冢"来看，其结构布局大体相似，发掘似乎只能是增加遗物特别是精美玉器的数量，对研究的推进所能起到的作用微乎其微，况且，即便是再继续下去，能对"坛庙冢"已经达到相当高度的认识和判定起到什么作用呢？能够达到苏秉琦先生的高度吗？如此高的起点之下的突破点在哪里呢？想要"突破"并不是我们的"野心"，而是学科发展的需要。中国考古学发展至今已经不再满足于单纯的资料累积，物质现象已经不再是考古学唯一重要的研究对象，文明起源研究的发展已经将物质现象所体现的社会纳入研究的视野当中，通过考古发现认识其背后的人和社会成为考古研究的重要目标。我们需要以更加清晰的学术目标来引领发掘的工作，考古工作不再是单向地挖到什么研究什么，而是提出了更高的要求，即我们想通过这样的发掘解决哪些问题。

有了这样的意识要形成更为明确的目标不是闭门造车就能够实现的，需要有更宏观的指导和广阔的视野。所以 2020 年中，年度的考古发现基本呈现出来的时候，我们邀请了十几位史前研究领域的专家，召开了一次"牛河梁遗址第一地点考古发掘现场会"。此次现场会我们提出了第一地点的"品"字形山台可以进一步细分，在"品"字形山台的范围之外，还发现了结构不清晰的石构遗迹，应当属于第一地点的附属建筑。这些新的遗迹现象无疑是丰富了牛河梁遗址红山文化祭祀礼仪中心的内涵，但这些发现所提供的仍然是与"坛庙冢"相似的社会精神层面发展的证据，单一类型的证据如何能证明这一时期已经进入了文明社会呢？于是便有了以认识这一时期红山社会特征与发展程度为目标，整合研究力量，统一规划红山文化研究课题的初步设想，于是将申报国家文物局考古中国重大项目"红山社会文明化进程研究"提上了日程。

这一设想得到了辽宁、河北、内蒙古三省区考古研究院所的大力支持，于是在合作发掘牛河梁遗址的郭明老师的协助下，我们很快完成了第一稿的计划书，为各项目参与单位接下来的讨论提供参考。红山文化的发掘与研究工作开始较早，与中国考古百年史同步，虽然系统发掘的遗址较少，但经过百年的发掘与研究工作，遗址分布范围广，信息相对繁杂，对信息的全面掌握是深入和推进研究的关键。考古中国项目工作计划的设计需要也成为迅速投入红山文化研究的主要推动力。

经过多次的讨论和修改，结合当时对红山文化及文明起源研究的相关认识，考虑红山文化居住类遗址系统发掘较少的现状，确定了通过一般性考古调查、重点区域的系统调查和重点遗址的发掘，以点面结合的方式快速形成对红山文化聚落布局的整体了解，进而明晰红山文化的社会发展和组织结构的工作目标。组成了由中国社会科学院考古研究所牵头，三省区考古科研单位、中国人民大学、吉林大学和辽宁大学等多家单位共同参与的项目团队，设计了调查、发掘等多项工作，希望通过这项工作尽快实现红山文化研究的新突破。经过近一年的修改完善，工作计划得到了国家文物局的批准，红山文化考古中国项目正式开始推进。

考古中国项目虽然最后仍落实在对发掘项目的支持上，但其所采取的课题模式实际上将我们此前习惯的发掘与研究的先后关系重新调整为发掘与研究并行的模式，需要将具体遗址的考古发掘放置在认识红山社会发展、文明化进程的宏观框架内，研究和阐释的要求提前到了发掘的过程中，发掘与研究阐释需要同时开展并互相促进。

牛河梁遗址的发掘仍是考古中国红山项目的重点内容，经过几年的考古工作，我们对第一地点有了一些新的认识：在"品"字形山台认识的基础上，将第一地点重新划分为9座台基建筑，为原来独立的4座建筑址建立起结构上的联系；从结构布局的角度重新认识第一地点，认识到9座台基是经过统一规划设计并集中营建的，这也为认识这一时期红山社会的动员能力和社会组织结构提供了新的证据；台基营建过程中的祭祀礼仪活动遗迹为认识红山社会的精神和制度文明的发展提供了重要的证据。

然而，实际的考古发现并没有想象中的丰富，在第一地点发掘的最初两年，不仅没有精美的玉器、陶器，甚至连陶片都很少发现，当时也在牛河梁遗址附近发掘的吉林大学王立新教授开我的玩笑说："我特别佩服你呀，啥都没有，居然还能一直坚持？"虽然理智告诉我解决牛河梁遗址的问题并不是依赖再挖出来怎样的玉器，出土多么精美的文物，然而没有这些发现的确在一定程度上无法振奋人心，幸好这些年做边疆的发掘，我已经习惯了这种状态。说"什么都没有"只是个玩笑，我们发现了很多"残缺不全"的遗迹，包括分间却没有外围边框的石砌基址，本来还很明显却逐渐消失的石墙……最初我们以为这些与我们以往认知不同的现象应该是被破坏的结果，然而却没有发现被破坏的痕迹，诸多不可理解的现象组合到一起，让我们看到了红山人修筑台基的一个特别的原则，并开始试图代入古人的思维，这种似乎能够略略窥见红山人思想的"对话"也在无形中抵消了没有遗物出土的遗憾。

通过考古发掘确认的以"女神庙"及其北侧通道中心线为轴线的第一地点西南建筑群是目前发现年代最早的中轴对称建筑群，台基的结构及导、排水沟渠的设计实现了功能与景观的完美结合。这一发现也验证了2010年第一地点测绘时形成的"女神庙"北侧应有一个与北侧山台相连的通道的判断。说到此处，需要讲一个小插曲，那就是确认女神庙所在的九号台基时我无比激动的心情。记得那是2021年8月，女神庙北侧的五、六号台基的发掘工作告一段落，需要航拍建模。为了保证航拍照片的质量，我们清理了五、六号台基和女神庙之间的杂草。在清理过程中，有人发现在六号台基南侧边缘石墙以外的断面上有夹杂在土中的大石块。这一发现让我立刻意识到这些石块是人为摆放的，因而，断面显示的土层也很可能是人为堆筑的。于是跟项目执行领队郭明商量后，立刻组织人员对这一段断面进行清理，最终发现这些石块是铺垫在人工垫土下的石构基础，而断面显示的土层是人工夯筑的。这是一个重要发现和认识，它意味着五、六号台基并非所谓"山台"的南侧边缘，应该继续向南延伸。考虑到已经确定的几座台基规模，再向南延伸是什么？是女神庙！我们很可能把之前孤零零的女神庙与台基建筑群联系了起来，这是牛河梁遗址第一地点布局的重大突破。当时，我站在这段断面之前，看着清晰的石构基础和夯层，反复推演对它的认识和判断，确定无误时，我激动得几乎落泪，之前一直在殚精竭虑思考的如何在前辈学者创造的辉煌面前更进一步、如何深入发掘牛河梁第一地点的核心价值等问题，终于有了初步的答案。那时，郭明研究员和技师、工人们都在跟前，不好意思在他们面前落泪，就强忍着，但我觉得我说话的声音都变了，假如不是这样，恐怕我就抑制不住激动的泪水了。

牛河梁遗址的考古发现也为发掘者提出了新的要求，需要结合更多的证据来认识这些新的考古发现。以我们发现的可能与祭祀活动有关的坑状遗迹为例，不同于其他地区或其他时期发现的祭祀坑，坑经过了仔细的处理，却并未给我们留下遗物作为证据，由于生物破坏、自然降解等原因，科技手段的分析所获取的信息也相对有限，如何认识这类遗迹则可能需要综合考虑民族学、人类学和文献等方面的信息作为参考。这也让我这个自嘲"没有文化"的史前考古研究者开始注意研读文献，三礼（《周礼》《仪礼》《礼记》）成为书案上最重要的书籍之一。当我们提出牛河梁遗址有"燎祭""裸礼"等遗迹，并试图从"礼制"作为秩序基础的角度认识红山社会的文明化进程时，并未期待能够很快得到学术界的认可，甚至做好了需要长期工作的准备，可能学科发展自有其规律，在相近的时间内，很多研究者都开始不约而同提出礼和礼制在社会发展中的意义、讲述各地礼制的发展。

在发掘牛河梁遗址的同时，我们也一直在思考一个问题，红山文化到底是怎样的一种社会模式，祭祀礼仪类遗迹的高度发达到底是否可以代表红山社会的发展水平，证明红山社会已经进入了文明阶段？牛河梁遗址第一地点在较短时间内建成如此大规模的台基建筑群，让我们可以略略地窥见红山社会的组织能力以及支持社会公共空间营建所需的物质资料的储备能力；相对完善的祭祀礼仪体系体现了红山社会精神和制度文明的高度发达，这些证据更加坚定了我们可以从祭祀礼仪类遗迹及其所反映的社会组织入手认识红山社会，进而明确其文明社会特征的想法。2023 年 12 月 9 日，国家文物局召开的"中华文明探源工程第五期重要成果发布会"公布了"牛河梁遗址是距今 5800 至 5200 年古国时代第一阶段的典型代表"，这让我们意外又兴奋，我们本来准备需要长期努力、准备更多的证据才能得到学术界认可的目标居然这么快就实现了。明确红山古国的内涵及社会特征则成为新的工作目标。

牛河梁遗址、胡头沟遗址以及新近内蒙古自治区文物考古研究院主持发掘的元宝山遗址在墓地的结构布局、随葬品的使用规范等方面都显示出相同的等级规范，这些发现也勾画出以牛河梁遗址为核心、遵守相同礼制规范的"红山古国"的简单轮廓。

除了牛河梁遗址的发掘之外，在制定红山文化考古中国项目的规划时，对红山文化的聚落模式和社会结构尚无特别清晰的认识，因此工作目标的设计参照了其他地区文明社会的发展模式，将红山文明证据链相对薄弱的聚落址（这是一种狭义的聚落的概念，特指日常生活居住为主要功能的遗址）的调查和发掘作为重要的内容，希望通过调查能够发现可以与牛河梁遗址祭祀礼仪中心规模匹配的生活居住区，并希望能在居住区也发现与牛河梁遗址相似的高度的社会分化。

然而，考古中国项目实施以来的调查以及此前辽宁省文物考古研究院开展的大凌河中上游地区考古调查，都未发现预期想要寻找的百万平方米以上的大型、集中的居住区，而多见面积不超过 5 万平方米的中小型遗址。此期间发掘的赤峰松山区彩陶坡遗址，朝阳市朝阳县刺槐山、建平马鞍桥山遗址，遗迹密度较低，被破坏得较为严重，能够获取的信息也相对有限。考虑到红山文化主要分布区的辽西山地，现代社会仍然以小规模散村的模式分布，这一现象也推动我们重新思考红山文化的聚落模式，或许红山文化采取了不同于中原地区的集中居住模式，不是以集中分布的区域而是以空间的延展和控制范围作为判断等级分化的重要依据。在此思考的基础上，我们提出了红山文化聚落布局的"社群"模式，也就是说在考虑遗址规模的时候，不应以单体聚落面积大小为唯一标准，而是需要考虑周边功能互补的几处遗址共同构成的"社群"规模，并以此为聚落分级的依据。当然，这只是我们基于数据的一种推断，希望在未来的工作中可以对此加以验证。

红山文化积石冢在河北宣化的发现应该是考古中国项目实施以来最重要的突破。虽然苏秉琦先生在 20 世纪 80 年代就提出了将内蒙古自治区东南部、辽宁省西部和河北省北部都划归为"古文化上的辽西区"，并且明确指出红山文化的西界已达张家口地区，但是由于考古发现和我们自身认识的局限，我们在很长的时间内都未能领会这句话超前的意义。在规划调查项目时，仍将河北省的调查限定在了东部地区，以此前曾有过线索的承德地区为重点，直至此时才深刻地体会到苏先生的"学术前瞻性"。当然，宣化地区郑家沟积石冢和我们所熟知的牛河梁遗址的积石冢并不完全相同，如何对此正确地认识仍有待更多的发现。

红山文化跨辽宁、内蒙古、河北三地，研究分布在如此广阔地域且延续长达 1000 多年的考古学文化需要团队的合作，考古中国项目所构建的多学科、跨地域的合作模式也是"大考古"理念的重要实践，项目组成员以年轻人为主，他们乐于分享、讨论，对项目的推进做出了重要的贡献。考古中国红山项目也实施了一段时间，恰逢 2024 年是红山文化命名 70 周年，《草原文物》想要做个红山文化的专刊，邀我组稿，这一倡议得到了年轻人的纷纷响应，于是就有了一个集发掘资料、研究、调查方法探讨、科技考古多项内容的红山专刊，这不仅是红山文化考古中国项目实施以来研究成果的展示，也让我对我们这个联系看似较为松散实则紧密的研究团队更有信心了。

我的考古研究生涯从辽西起步，也发掘了红山文化的遗址，但真正关注和了解红山文化则是从 2020 年正式担任牛河梁遗址考古发掘项目的领队开始，此后要联合三省区的考古科研单位及高校申报"红山社会文明化进程研究"考古中国重大项目，系统梳理了红山文化的发掘和研究资料，算是有了一点研究红山文化的基础。经过 5 年多的工作，初步明确了牛河梁遗址第一地点的结构布局，见微知著，也对牛河梁遗址整体有了一定的认识，其中最让人满意的就是让牛河梁遗址的发掘与研究重新成为学术热点，得到全社会的普遍关注。

牛河梁遗址和红山文化研究对我的影响也是非常明显的，有朋友开玩笑说，来了牛河梁之后，似乎是打通了"任督二脉"，不仅文章数量多了，理论探讨也有模有样了。的确，相比其他区域的考古工作，牛河梁遗址的考古发掘与研究的时间并不长，但形成的感觉和认识却是在其他地方工作所未曾有过的。以往的发掘中也会有很多的想法和认识，有很多有意义的思考，在私下里也跟朋友同行交流过，但却很少见之笔端，并且会以"述而不作"来加以解释，以至给人留下了"只挖不写"的印象。的确是从牛河梁遗址的发掘及考古中国项目计划书的撰写开始，写作似乎也变成了相当简单的事，牛河梁遗址的发掘和红山文化的研究让我有了新的动力，似乎多年的积累终于找到了合适的出口。

做了红山文化考古中国项目的负责人也意味着不能单单地专注于一个遗址的发掘，要关注项目的最新进展，也需要在项目组年轻人需要帮助时提供建议，这些都在无形中推动着个人和团队的共同进步。以往是"领队必须坚守工地"原则的践行者，学术会议也参加得少，自认是个不善言辞的人，现如今也可以在会议上侃侃而谈。

虽然投入牛河梁遗址发掘和红山文化研究的时间仅占职业生涯中很短的一段，但应该会成为接下来研究的重心，期待着随着考古发现的增加和认识的深入，我们可以对牛河梁遗址、对其所反映的古国文明有更深刻的认识。对处于中华文明起源与发展关键时期的红山文化研究是需要团队合作来完成的，也希望未来有更多的年轻人加入红山文化研究的团队，实现研究的传承。

口述者简介

贾笑冰，1970年生。历史学博士、研究员。现任中国社会科学院考古研究所世界考古研究室主任。兼任中国考古学会第八届理事会理事，辽宁大学历史学部特聘教授、研究生导师，中国历史研究院"中华文明与世界古文明（古埃及、古巴比伦、古印度）比较研究中心"特邀研究员、理事，内蒙古自治区哲学社会科学重点研究基地"西辽河文明研究基地"学术委员会副主任。

主要研究领域为中国史前考古学研究、中国文明起源研究、世界文明比较研究。国家文物局考古中国重大项目"红山社会文明化进程研究"负责人，牛河梁遗址第一地点考古发掘项目负责人，"中埃联合孟图神庙考古发掘"项目中方负责人。

从牛河梁到半拉山的考古岁月

熊增珑⊙口述　　田野⊙整理

初识牛河梁
——硕士论文以红山文化墓葬为题

　　我是 1998 年考入吉林大学考古学系学习考古专业的。本科论文的选题选择了辽西地区夏家店下层文化城址研究，可能与我们在朝阳北票实习发掘夏家店下层文化遗址有关。其实，在新石器时代考古以及东北考古课程的学习中，通过赵宾福、朱永刚教授传授红山文化的相关知识，我就已经对这一北方地区重要的考古学文化产生了浓厚的兴趣。我在搜集本科论文资料的同时，也对红山文化有了更深的理解。

　　2002 年，我本科毕业后入职辽宁省文物考古研究所，后又通过委培方式继续在吉林大学攻读研究生。当时，牛河梁遗址仍在发掘，在一些基建项目中也发现了红山文化的遗址。在单位年终的业务汇报上，我看到了牛河梁第十六地点、东山岗遗址等新的发掘资料，颇为震撼。在跟导师陈国庆教授商议毕业论文题目时，陈老师认为我在辽宁省文物考古研究所工作，选择以红山文化墓葬为题，有利于我能尽快熟悉相关材料，为将来工作打好基础。

在论文的写作过程中，我又赴内蒙古赤峰相关地区博物馆考察了红山文化的相关遗物，为完成论文写作提供了重要参考。

走进牛河梁
——中美合作开展牛河梁遗址周边区域
系统性考古调查

第一次从事红山文化考古工作，缘于 2014 年与中国人民大学在牛河梁遗址保护范围内开展的系统考古调查工作。这项工作为中美合作在大凌河地区继续开展相关工作奠定了基础。中美双方合作在大凌河上游（喀左地区）开展的考古调查，主要围绕东山咀遗址开展，通过几年的合作研究，取得了新的发现与认识。

为继续探索牛河梁遗址的性质及与周边的遗存关系等重要学术问题，辽宁省文物考古研究所、中国人民大学与美国匹兹堡大学、夏威夷大学合作开展"红山文化社区与分期"项目。2015 年，国家文物局批准了中美合作开展"红山文化社区与分期研究"项目。2016 年启动系统性区域考古调查工作，按计划应该 2020 年结项（由于疫情原因，美方人员未能来辽继续工作）。野外调查和资料整理工作按计划进行，2016 年调查面积约 42 平方千米，2017 年调查面积约 45 平方千米，2018 年完成了 179 个采集单位的精细采集工作。在对调查资料初步整理的基础上，重点分析了牛河梁遗址的聚落形态，尤其是居住遗存与礼仪建筑的匹配关系。结合之前在赤峰地区、大凌河上游和牛河梁遗址核心区的调查和研究成果，我们发现虽然牛河梁遗址的礼仪建筑分布密度很高，但是其聚落规模、人口数量并没有特殊之处。我们认为牛河梁遗址不是一个行政中心，而是礼仪中心，具有红山文化宗教圣地的属性。

区域系统考古调查，也称为"全覆盖调查""手拉手调查"，与我们传统的考古调查相比，其调查细致程度要高很多。以往我们调查一片区域，只要走一遍就可以，但是区域系统性考古调查就要反复走，来确定采集单位。我们设想地面被分割成大致 5 米 ×5 米的方格，调查队员以 5 米间距行走，相当于每名队员都走在 5 米方格的中心线上。如果一名队员在 5 米距离内发现 2 块陶片，那么这个 5 米方格即定为一个采集单位。

因为美方团队均为大学教授及学生，时间的协调上颇有难度。周南、柯睿斯教授等只有 6 月份左右（美方假期）才有时间。但此时辽西地区的气温已经较高，不太适合做野外调查了。但是，为了完成既定学术目标，我们还是顶着酷暑，在丘陵地带开展调查。为了加快调查进度，只能将中午饭、水等全部带齐，一路重负前行。调查队员里女硕士较多，但是大家都能吃苦耐劳。每天步数都在 2 万多步，尤其是在山路走这么多步，大家的辛苦程度可想而知。调查的成果还是相当喜人的，尤其是在牛河梁周边新发现了一些生活聚落址，为研究牛河梁遗址的形成及性质提供了重要的资料。

辽宁省文物考古研究所与美方的合作已经开展多年，双方建立了很好的合作关系，取得了很好的研究成果，完全达到了合作目标。我们总结了以下几点经验。

第一，设立一个契合双方的研究课题。红山文化是东亚地区古代文化走向复杂化的典型代表，在中国文明起源的过程中占有重要地位。辽宁考古所一直将红山文化的研究作为工作的重点，美国匹兹堡大学也将红山文化作为世界文明起源进程中的独特代表而重点关注。合作双方有着非常明确的学术目标，有着强烈的合作意愿，能够达成广泛的共识，为合作的顺利开展奠定了坚实的基础。

第二，组建一支高水平的合作团队。参与项目的中方人员都参加过红山文化遗址的发掘和资料整理工作，承担相关课题并发表过科研成果，有丰富的工作经验，对红山文化有较为深入的认识。美方两位项目负责人都参加过赤峰地区和大凌河上游流域的系统性考古调查，他们研究的主要方向是红山文化的聚落形态和社会结构，对世界范围内的社会复杂化进程开展比较研究。双方学者能够对共同关注的问题开展广泛而深入的交流，发挥各自的优势并形成合力，为合作的顺利推进提供了动力。

第三，制订一份翔实可行的研究计划。研究计划是项目的灵魂，是合作项目成功的关键所在。中美双方在坦诚交换意见的基础上，首先就本项目的学术目标达成了一致，决定对牛河梁遗址及其周边的红山文化的聚落形态、社区结构进行研究，并力图解释其形成过程，阐明牛河梁遗址的性质。接下来结合已有的考古工作成果，开展实地踏查，确定了调查区域和调查面积，进而确定调查方法，细化工作流程、人员分工和年度计划。同时，研究计划也是可以动态微调的。随着工作的逐步开展，会有新的发现从而产生新的想法，就可以对工作流程、人员配置和年度计划等进行调整，以适应新的想法。

第四，培养一群有潜力的青年才俊。中美合作双方在一开始就着力把这个项目作为培养青年考古学家的高端平台来打造。在每年度的项目组人员选用时，双方都积极从高校中选拔优秀的研究生参加进来，尤其是中方的中国人民大学、吉林大学、首都师范大学等高校的研究生积极参与这项高水平的国际合作，开阔了学生的视野，学习了前沿的理论和方法，得到了很好的磨砺。

发掘半拉山红山文化墓地
——为中华文明探源再添实证

2014年至2016年，我主持发掘了辽宁省朝阳市龙城区半拉山红山文化墓地。该墓地是当地文物部门在第三次全国文物普查中发现的，发现时该墓地就已经被盗掘。后经地方文物部门向辽宁省文物局提出申请，进行抢救性考古发掘。省文物局责成省考古所赴现场查看情况，所里派我们赴现场了解具体被盗情况并提出后续保护建议。我们一行人到现场发现，虽然墓地规模不是很大，但是盗洞遍布，触目惊心。考虑到当时发掘人员配备、经费来源、发掘难度等因素，当时上报省局的意见是原址保护，要求地方文物部门加大看护力度。在此过程中，地方文物部门再次报告，该墓地又被盗掘。因为墓地地处偏僻，看护难度很大，于是所领导班子商议后，同意对墓地进行抢救性考古发掘，并报请国家文物局同意后，利用三年的时间对这一重要墓地进行了考古发掘，使墓地的原貌展现在我们面前。

半拉山墓地位于辽宁省朝阳市龙城区召都巴镇尹杖子村大杖子组东北约600米的半拉山顶部，海拔278米。半拉山属于塔子山南麓的一座小山，山势较低矮、平缓，其平面近"半圆形"，似"半个山"之意。山岭两侧是由大凌河支流十家子河冲积而成的平地，视野开阔，南望朝阳市区尽收眼底，十家子河在朝阳市城北汇入大凌河。

红山文化的墓地（积石冢）发掘难度还是比较大的。牛河梁、田家沟等墓地的发掘虽已积累一定的经验，但是土、石混筑的结构，给我们区分不同时期的堆积带来不小的麻烦。因为北边的积石较厚，有些应该是后来人堆上去的，所以要区分出早晚关系，对现场发掘人员来说则是一种考验。执行领队樊圣英因参加过田家沟墓地的发掘，在此方面有一定的经验。经过细致的田野发掘，区分出了早、晚两期垫土，基本搞清了红山文化积石冢的营建过程。在1600平方米的发掘面积内共发掘出墓葬78座、祭坛1处、建筑址1处，出土了140余件玉器及14件人像等重要遗物。此外，还有多项发现如在墓地上的建筑址，玉斜口筒形器出土于祭祀坑内，加工环形玉器的标本。墓内玉龙、玉璧与石钺及兽首形柄端饰的器物组合等均为首次发现。这次发掘取得了重要的学术收获，被评为"2016年度全国考古新发现"，并入围了"2016年度全国十大考古新发现"。

半拉山墓地发现和发掘的过程中，郭大顺、王巍、刘国祥等专家赴现场给予大力指导。该墓地的发掘也促使我们进一步对红山文化内涵等有了更多的思考，如其与牛河梁遗址群的关系等。半拉山墓地的发现，极大地改变了对红山文化社会结构的认识。一段时期以来，学术界都认为牛河梁遗址是大凌河流域红山文化的中心，对以往发现的积石冢如阜新胡头沟、凌源田家沟、建平东山岗等均没有更深入的了解和关注。半拉山墓地距离牛河梁遗址80千米，地处大凌河中游，而且该墓地周边2千米范围内还分布有小罗山墓地、尹杖子东山积石冢，说明半拉山周边地区是一个除牛河梁遗址之外的红山文化活动中心区域，但从墓地规模、单体墓葬的规模以及随葬品的种类上看，均比牛河梁遗址稍低一些。我们初步推测，红山文化晚期，牛河梁遗址是大凌河流域的最高行政和权力中心，半拉山、胡头沟、田家沟等是代表不同地域的行政和权力中心。该墓地的发现和发掘，不仅加深了对红山文化晚期社会组织、结构的认识，更为研究红山文化社会复杂化以及中华文明起源问题，提供了一批值得高度关注的考古资料。

大凌河中上游红山文化调查、发掘
——全面摸清红山文化家底

在半拉山墓地发掘的同时，红山文化墓葬被盗情况非常严重。公安部门不断加大打击力度，并将红山文化盗墓案件列为公安部督办的大案。2015 年 5 月，公安部宣布，中华人民共和国成立以来最大盗墓案告破，共抓获犯罪嫌疑人 225 名，追回涉案文物 2063 件。虽然打击了犯罪分子的嚣张气焰，但是有不少问题需要我们反思。比如盗墓分子指认的作案现场，表明文物部门并不掌握这些遗址或墓地的信息，反映出我们的基础工作依然薄弱，就是对红山文化的家底不清楚。后来，吴炎亮所长、李新全书记等向时任国家文物局文保司的关强司长汇报工作时，关司长明确指出，"盗墓分子都知道在哪里有墓地，文物部门都不知道，说明基础工作不行"，并要我们尽快组织人员进行专题调查，了解红山文化遗址数量。

因为红山文化墓葬的盗掘较为严重，加上辽西地区环境破坏及水土流失的损毁，多处红山文化遗存受到了较为严重的破坏，甚至存在消失的危险。了解红山文化遗存的分布及保存情况，为接下来的保护工作提供依据，开展系统的考古工作势在必行。

在国家文物局的大力支持下，由我负责编制《大凌河中上游地区红山遗存五年考古工作计划（2016—2020 年）》获得国家文物局的批准。我担任该项目的负责人，制定了严密的工作计划和切实可行的工作方案。2017年开始，辽宁省文物考古研究院联合朝阳市文物考古研究所、喀喇沁左翼蒙古族自治县博物馆、建平县博物馆、凌源市博物馆，组成联合考古调查队，对上述地区的红山文化遗址进行了全面考古调查。截至 2019 年，共新发现红山文化遗址（墓地）416 处，其中，遗址 340 处、墓地 76 处，取得了丰硕的阶段性成果。

此次调查，主要沿大凌河（含部分老哈河流域）及其支流两岸台地进行。经调查发现，红山文化遗址多分布在河流两岸的山坡、平缓山梁的梁顶、顶部开阔平坦的山丘顶部。墓地多分布在河流两岸山梁顶部或独立的山丘顶部，少数墓地分布在缓坡处。遗址和墓地多沿河分布，两河交汇区域遗址和墓地较丰富，遗址多选择临近水源、背风向阳、地势开阔平坦的位置。在调查区域南部的大凌河西支、大凌河南支、第二牤牛河和老哈河中游南段地区时发现，红山文化遗址和墓地多相伴分布，墓地多位于山梁、山丘的顶部，遗址多位于离墓地不远的坡地上。在调查区域北部的老哈河中游北段和蹦蹦河地区发现的红山文化遗存时发现，遗址分布密集，数量远远高于墓地数量，在遗址分布的密集区极少发现有墓地。

在遗址中采集的遗物有陶片和石器等。陶片有夹砂陶和泥质陶两种。夹砂陶火候低，陶质疏松，多饰"之"字纹，兼有刻划纹、压印指甲纹、席纹等。泥质陶包括泥质红陶和泥质灰陶，素面为主，有些饰"之"字纹、黑色彩绘、红色彩绘等。石器包括石斧、石铲、石耜、石磨盘、石磨棒、细石器等。墓地采集遗物以祭祀陶器为大宗，兼有少量的石器和骨器。陶器主要为陶筒形器残片，兼有少量塔形器残片。石器主要为细石器。

经过两年多的调查，基本上搞清了喀左、建平、凌源地区的红山文化分布状况，初步掌握了遗址和墓地的分布规律，为下一步调查工作提供了有益借鉴。上述调查资料的获得，为全面研究大凌河流域红山文化分布、内涵、分期、聚落变迁等提供了重要的考古学资料，将进一步推动红山文化的深入研究。

大美与共——宣传红山文化

在半拉山墓地的发掘过程中，中央电视台《探索·发现》栏目《考古进行时》节目组赴现场进行了专题拍摄，在中央电视台科教频道播出，引起了全社会的关注；韩国、日本的学者对此项发现也颇为关注，有的学者专程来现场进行实地考察，扩大了中国考古的国际影响力。发掘结束后，中央电视台《探索·发现》栏目再次对该墓地进行了报道，进一步凸显了该墓地的重要性和影响力。辽宁电视台的新闻节目连续四期对该发现进行了报道，《辽宁日报》用 16 版的大篇幅以及后续跟进连续报道，新华社、中新社等对本次发现进行了报道。

近几年，我利用会议、讲座等平台，如在第一届"中国考古·郑州考古论坛"、第七届"中国公共考古·桂林论坛"研讨会上，在陕西师范大学、内蒙古大学、赤峰学院、辽宁大学、美国匹兹堡大学等开办的讲座上，专门就半拉山墓地考古、红山文化遗址调查及红山文化价值等进行了宣讲，扩大了红山文化的社会影响力。

口述者简介

熊增珑，1980 年生。暨南大学文学院历史学系副主任、教授、博士研究生导师。吉林大学考古学专业毕业，获博士学位。主要研究方向为红山文化、中国古代玉器等。主持抚顺永陵南城址、朝阳半拉山红山文化墓地等考古发掘，参加中美合作项目"红山文化社区与分期"调查、辽宁长城资源调查工作，主持大凌河中上游地区红山文化考古工作。其中，主持发掘的半拉山墓地获得"2016年度全国考古新发现"。发表《辽宁朝阳半拉山红山文化墓地的发掘》《辽宁朝阳半拉山墓地出土玉璧研究》等20余篇论文，参与编写《辽宁省明长城资源调查报告》等4部著作。